라오스 홀리데이

라오스 홀리데이

2017년 7월 10일 초판 1쇄 펴냄

지은이   박애진
발행인   김산환
책임편집   조연수
디자인   이아란
지도   글터
영업 마케팅   정용범
펴낸곳   꿈의지도
인쇄   두성 P&L
종이   월드페이퍼

주소   경기도 파주시 광인사길 217, 3층
전화   070-7535-9416
팩스   031-955-1530
홈페이지   www.dreammap.co.kr
출판등록   2009년 10월 12일 제82호

979-11-87496-43-4-14980
979-11-86581-33-9-14980(세트)

지은이와 꿈의지도 허락 없이는 어떠한 형태로도 이 책의 전부, 또는 일부를 이용할 수 없습니다.
※ 잘못된 책은 바꾸어 드립니다.

LAOS
라오스 홀리데이

글 · 사진 박애진

꿈의지도

프롤로그

'베트남 사람들은 벼를 심고, 캄보디아 사람들은 벼가 자라는 것을 보며, 라오스 사람들은 벼 익는 소리를 듣는다.'

라오스가 프랑스 식민지였던 시절 어느 프랑스인이 한 말이다. 이 낭만적인 표현에는 욕심 없이 과정을 즐기는 라오스 사람들의 여유가 고스란히 담겨있다. 지금 이 순간을 누리는 일, 발걸음을 멈추고 천천히 쉬어가는 것의 다른 표현이다.

'뽀빼냥'은 라오스어로 '괜찮아'라는 뜻이다. 라오스 사람들은 이 말을 참 많이 한다. 나의 실수여도 상대의 실수여도 '뽀빼냥'이다. 한없이 낙천적인 이 말은 때때로 마법을 부린다. 여행 중 머릿속까지 까마득했던 순간, 그때마다 '뽀빼냥'을 외쳤고 어떻게든 문제가 풀리는 것을 몇 번이나 겪었다. 이 마법은 마음까지 길들여 스스로를 너그러워지게 만들었다. 어떠한 순간에도 웃을 수 있는 힘을 주었다.

뽀빼냥의 힘으로 꼬박 한 달 동안 메콩 강을 따라 걸었다. 시간이 멈춘 풍경에 발이 묶였고, 사원과 사원 사이를 누비며 마음이 부자인 사람들을 만났다. 울창한 정글을 헤치고 타잔처럼 폭포 위를 날았다. 가이드북을 만드는 과정은 선택과 집중의 연속이었다. 많은 도시를 훑기보다는 꼭 가봤으면 하는 도시들을 중심으로 다뤘다. 국내엔 잘 알려지지 않은 매력적인 액티비티 소개에도 힘을 썼다. 100% 체험이 담긴 가이드북을 만들겠다는 자부심으로 열심히 걸었다.

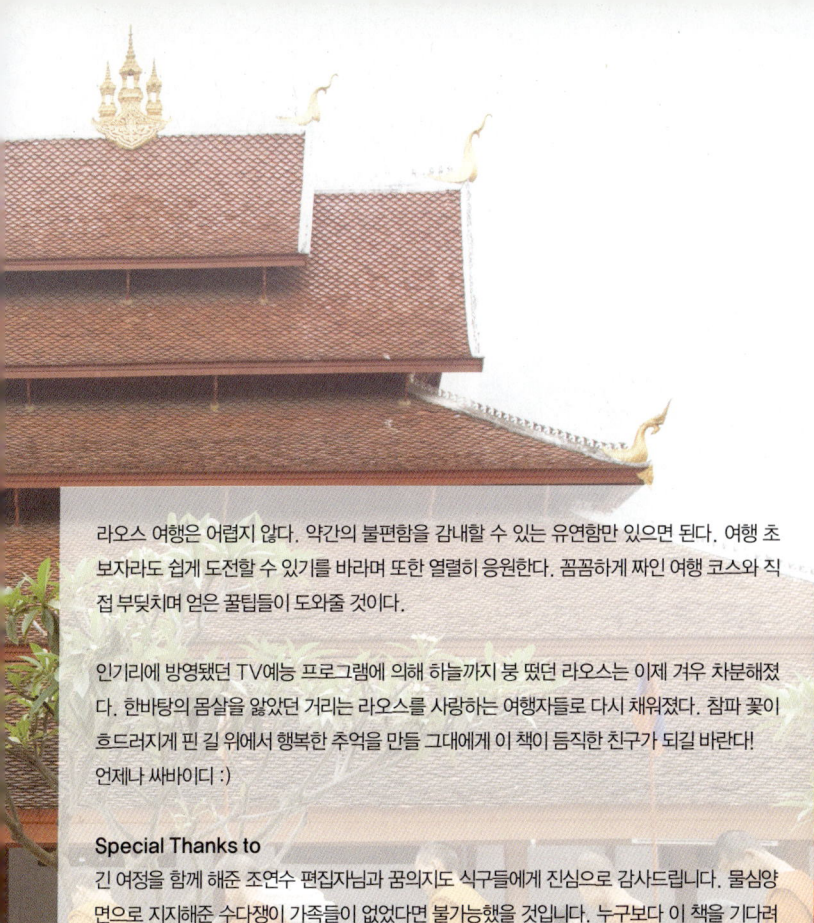

라오스 여행은 어렵지 않다. 약간의 불편함을 감내할 수 있는 유연함만 있으면 된다. 여행 초보자라도 쉽게 도전할 수 있기를 바라며 또한 열렬히 응원한다. 꼼꼼하게 짜인 여행 코스와 직접 부딪치며 얻은 꿀팁들이 도와줄 것이다.

인기리에 방영됐던 TV예능 프로그램에 의해 하늘까지 붕 떴던 라오스는 이제 겨우 차분해졌다. 한바탕의 몸살을 앓았던 거리는 라오스를 사랑하는 여행자들로 다시 채워졌다. 참파 꽃이 흐드러지게 핀 길 위에서 행복한 추억을 만들 그대에게 이 책이 듬직한 친구가 되길 바란다! 언제나 싸바이디 :)

Special Thanks to
긴 여정을 함께 해준 조연수 편집자님과 꿈의지도 식구들에게 진심으로 감사드립니다. 물심양면으로 지지해준 수다쟁이 가족들이 없었다면 불가능했을 것입니다. 누구보다 이 책을 기다려 온 아빠에게 《라오스 홀리데이》를 바칩니다. 웃음과 눈물 모든 순간을 함께하며 든든하게 감싸준 닌나 씨에게도 감사와 사랑을 전합니다. 흙먼지 폴폴 날리는 황톳길 위의 소중한 인연들, 컵 짜이 라이 라이|Khop Chai Lai Lai!

박애진

〈라오스 홀리데이〉 100배 활용법

라오스 여행 가이드로 〈라오스 홀리데이〉를 선택하셨군요. '굿 초이스'입니다.
라오스에서 뭘 보고, 뭘 먹고, 뭘 하고, 어디서 자야 할지 더 이상 고민하지 마세요.
친절하고 꼼꼼한 베테랑 〈라오스 홀리데이〉와 함께라면 당신의 라오스 여행이 완벽해집니다.

1) 라오스를 꿈꾸다
❶ STEP 01 » PREVIEW를 먼저 펼쳐보세요.
손때 묻지 않은 자연경관과 사랑스러운
사람들이 어우러지는 라오스에서
꼭 즐겨야 할 것, 먹어야 할 것들을
안내합니다. 놓쳐서는 안 될 핵심
요소들을 사진으로 만나보세요.

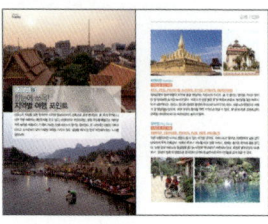

2) 여행 스타일 정하기
❷ STEP 02 » PLANNING 을 보면서
나의 여행 스타일을 정해보세요.
각 지역별 스타일을 통해 여행의 틀을
잡고, 알찬 여행을 보내기 위한 다양한
일정과 최대한으로 시간을 활용할 수
있는 여행 방법에 대해 소개합니다.

3) 플래닝 짜기
여행의 밑그림을 그렸다면 구체적으로
여행을 알차게 채워갈 단계입니다.
❸ STEP 02 » PLANNING 을 보면서
언제 갈 것인지, 일정은 어떻게
짤 것인지 정해봅니다. 가기 전에
알아두면 좋은 역사와 교통에 대해서
알아보고 라오스의 쇼핑과 음식에
대해서도 체크합니다. 여행하는 도시와
여행 방법에 따라 계획이 달라집니다.

4) 지역별 일정 짜기
여행의 콘셉트와 목적지를 정했다면
이제 지역별로 묶어 동선을 짜봅니다.
❹ 라오스 지역편 에서 라오스의
지역별 관광지와 레스토랑,
숙소 등을 소개합니다.
도시를 가장 알차게 여행할 수 있는
효율적인 동선을 제시합니다.

5) 교통편 및 여행 정보
라오스는 교통편이 다양하지 않고 변수도 다양합니다.
여행자를 위해 추천하는 교통편과 여행자가
꼭 알아야 할 여행 정보도 많습니다.
 라오스 지역편 에서는 도시별로 여행지를 찾아가거나
여행지에서 이동할 수 있는 교통편을 제시합니다.

6) 숙소 정하기
어디서 자느냐가 여행의 절반을 좌우합니다. 숙소가 어디인지에 따라 여행 일정도 달라집니다.
 라오스 » SLEEP 에서는 지역별 여행지마다 먹고 잘 수 있는 곳들을 알려줍니다.
워크인으로만 가능한 방갈로 게스트하우스부터 수영장 딸린 럭셔리한 리조트까지 가격대비
만족스러운 곳들을 엄선하여 보여줍니다. 자신의 취향에 맞는 숙소를 정해보세요.

7) D-day 미션 클리어
여행 일정까지 완성했다면 책 마지막의
 여행준비 컨설팅 을 보면서 혹시 빠뜨린 것은
없는지 챙겨보세요. 여행 60일 전부터 출발 당일까지
날짜별로 챙겨야 할 것들이 리스트 업되어 있습니다.

8) 홀리데이와 최고의 여행 즐기기
이제 모든 여행 준비가 끝났으니 〈라오스 홀리데이〉가 필요 없어진 걸까요?
여행에서 돌아올 때까지 내려놓아서는 안 돼요. 여행 일정이 틀어지거나
계획하지 않은 모험을 즐기고 싶다면 언제라도 〈라오스 홀리데이〉를 펼쳐야 하니까요.
〈라오스 홀리데이〉는 당신의 여행을 끝까지 책임집니다.

CONTENTS

008   프롤로그
010   100배 활용법
015   라오스 전도

LAOS BY STEP
여행 준비 & 하이라이트

STEP 01
PREVIEW
라오스를 꿈꾸다

018   01 라오스 MUST SEE
022   02 라오스 MUST DO
026   03 라오스 MUST EAT

STEP 02
PLANNING
라오스를 그리다

030   01 라오스를 말하는 9가지 키워드
036   02 아는 만큼 보인다! 간략하게 살펴보는 라오스의 역사
038   03 한눈에 쏘옥! 지역별 여행 포인트
042   04 나만의 여행 레시피
049   05 어떻게 다닐까? 교통편 총정리
052   06 라오스 음식 백과사전
056   07 너와 나, 모두가 행복한 기념품 리스트
058   08 여행 체크 리스트

LAOS BY AREA
라오스 지역별 가이드

주요 도시 3

| 01 비엔티안 |

068   PREVIEW
069   BEST OF THE BEST
070   GET AROUND
076   ONE FINE DAY
078   MAP
082   ENJOY

096	EAT
112	BUY
114	SLEEP

| 02 방비엥 |

126	PREVIEW
127	BEST OF THE BEST
128	GET AROUND
130	ONE FINE DAY
132	MAP
133	ENJOY
143	EAT
154	SLEEP

| 03 루앙프라방 |

164	PREVIEW
165	BEST OF THE BEST
166	GET AROUND
170	ONE FINE DAY
172	MAP
175	ENJOY
189	EAT
202	BUY
204	SLEEP

라오스 남부

| 01 팍세 |

220	PREVIEW
221	BEST OF THE BEST
222	GET AROUND
224	ONE FINE DAY
226	MAP
228	ENJOY
239	EAT
246	SLEEP

| 02 씨판돈 |

254	PREVIEW
255	BEST OF THE BEST
256	GET AROUND

258	ONE FINE DAY
260	MAP
262	ENJOY
267	EAT
273	SLEEP

라오스 북부

|01 폰싸완|

284	PREVIEW
285	BEST OF THE BEST
286	GET AROUND
288	ONE FINE DAY
289	MAP
290	ENJOY
297	EAT
300	SLEEP

|02 농키아우|

306	PREVIEW
307	BEST OF THE BEST
308	GET AROUND
310	ONE FINE DAY
312	MAP
314	ENJOY
320	EAT
325	SLEEP

|03 루앙남타|

334	PREVIEW
335	BEST OF THE BEST
336	GET AROUND
338	ONE FINE DAY
340	MAP
341	ENJOY
343	EAT
346	SLEEP

| 348 | 여행준비 컨설팅 |
| 360 | 인덱스 |

Step 01
PREVIEW

라오스를 꿈꾸다

01 라오스 MUST SEE
02 라오스 MUST DO
03 라오스 MUST EAT

STEP 01
PREVIEW

1. 라오스의 젖줄, 메콩 강(262p)

PREVIEW 01

라오스 MUST SEE

'라오스에 대체 뭐가 있는데요?' 무라카미 하루키도 물었다. 깊은 역사를 간직한 사원부터 손때 묻지 않은 자연경관, 사랑스러운 사람들. 라오스에는 라오스가 있다.

2. 나만 빼고 다 가본
방비엥 블루라군(137p)

3. 요정들이 날아다닐 것만 같은
꽝시폭포(183p)

4 드래곤볼 만화에 나올 법한
석회 절벽과 남쏭 강(133p)

5 신비로운 미스터리가 가득한
항아리 평원(290p)

6 미니 앙코르와트, 왓 푸(234p)

STEP 01
PREVIEW

7 루앙프라방 최고의 사원, 왓 씨앙통(175p)

8 경건함 그 자체, 탁밧(182p)

9 라오스의 상징, 탓 루앙(083p)

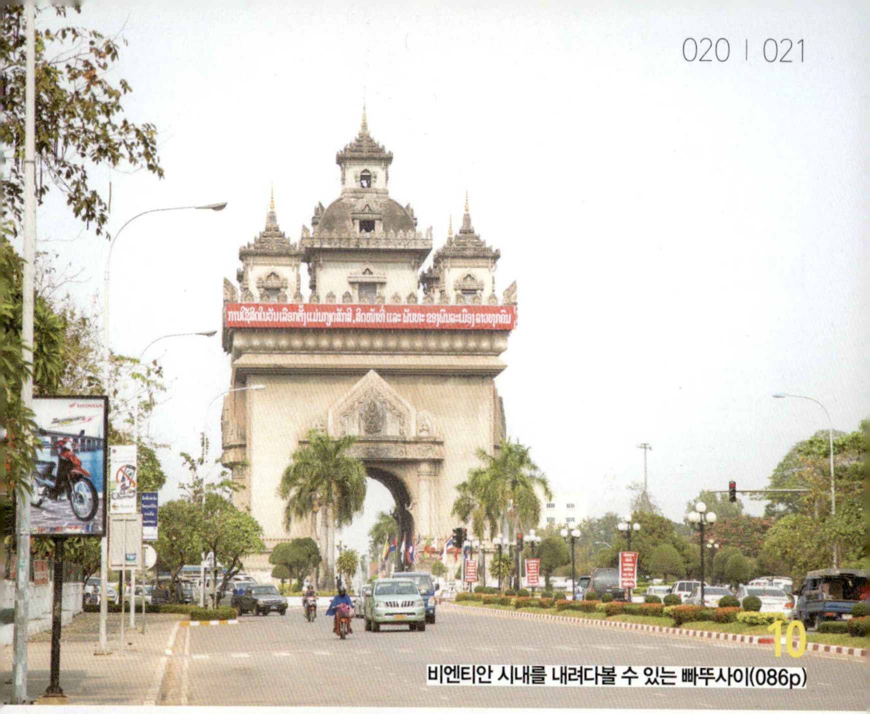

10
비엔티안 시내를 내려다볼 수 있는 빠뚜사이(086p)

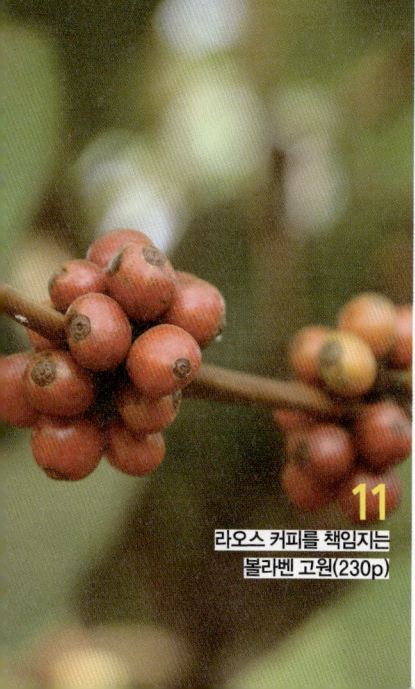

11
라오스 커피를 책임지는
볼라벤 고원(230p)

12
태초 모습 그대로! 라오스 최고의 정글,
남하 국립보호구역(342p)

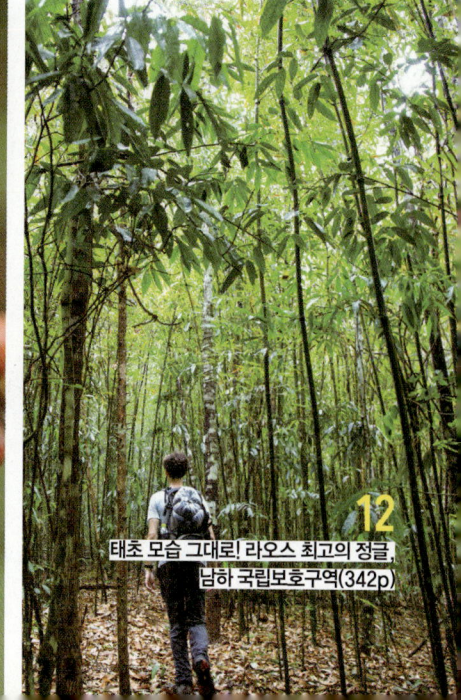

STEP 01
PREVIEW

PREVIEW 02
라오스
MUST DO

힐링과 휴양, 관광과 액티비티, 문화 체험 등 여행자가 원하는 모든 휴가가 가능하다. 평화로움이 넘실거리는 라오스를 200% 즐길 수 있는 버킷리스트를 소개한다.

1 해 지는 메콩 강 바라보며 비어라오 마시기

3 방비엥 블루라군에서 다이빙 도전(137p)

4 볼거리 가득한 루앙프라방 야시장 구경(203p)

2 두둥실 물길 따라 신선놀음, 방비엥 튜빙(133p)

5 폭포 위를 날아보자, 팍세 트리 톱 투어(236p)

STEP 01
PREVIEW

6 라오스 음식과 문화를 배울 수 있는 쿠킹 클래스 참여하기(187p)

9 재래시장 구경하기, 군것질 필수!

10 스님이 손목에 실을 묶어주며 행운을 빌어주는 막켄 참여하기(084p)

7 아무것도 하지 않을 권리! 해먹과 합체하기   **8** 자전거 타고 숨은 마을 탐험하기

11 전기도 수도도 없는 오지마을에서의 하룻밤

STEP 01
PREVIEW

매일 먹어도 질리지 않는
쌀국수

손이 가요 손이 가~ 오묘한
땀막훙

PREVIEW 03

라오스 MUST EAT

'꽃청춘'을 보며 입맛 다셨던 쌀국수와 바게트 샌드위치부터 클리어!
축복받은 자연의 산물들로 만든 라오스의 음식들을 만나보자.
다양한 로컬 푸드를 경험해보는 것은 여행지에서 빼놓을 수 없는 즐거움이다.

행운을 가져다주는 전통음식,
랍

맥주와 먹으면 맛이 배가된다,
바비큐

삼겹살과 샤브샤브의 만남,
신닷

무엇을 찍어먹어도 어울리는 디핑 소스,
째우

든든한 한 끼를 책임지는
바게트 샌드위치

라오스의 국민간식,
카오 람

폭신폭신 달짝지근 코코넛 빵,
카놈콕

마실수록 빠져드는
비어라오

Step 02
PLANNING

라오스를 그리다

01 라오스를 말하는 9가지 키워드
02 아는 만큼 보인다! 간략하게 살펴보는 라오스의 역사
03 한눈에 쏘옥! 지역별 여행 포인트
04 나만의 여행 레시피
05 어떻게 다닐까? 교통편 총정리
06 라오스 음식 백과사전
07 너와 나, 모두가 행복한 기념품 리스트
08 여행 체크 리스트

PLANNING 01

라오스를 말하는
9가지 키워드

아직 알려진 것이 많지 않은 비밀스러운 나라 라오스. 자세히 들여다보면 이웃 나라 태국, 미얀마와 비교해 결코 뒤지지 않는 역사와 문화를 가지고 있다. '세계 최대 빈민국'이라는 수식어는 결코 어울리지 않는다. 마음이 부자인 사람들은 자신이 가진 것을 기꺼이 나누고 주어진 삶에서 행복하게 살아가는 방법을 이미 알고 있다. 라오스를 걸어보자. 목가적인 풍경과 사랑스러운 사람들이 당신의 마음까지 넉넉하게 채워줄 것이다. 웰컴 투 라오스!

01. 메콩 강 Mekong River

매 남콩. 메콩 강의 라오스 이름으로, '어머니의 강'이라는 뜻이다. 라오스 전역을 따라 흐르는 메콩 강은 라오스인의 삶에서 뗄 수 없는 존재이다. 생명들의 서식지가 되어주고 다양한 생선과 먹거리, 농사를 지을 수 있는 물을 제공하며 라오스의 젖줄 역할을 톡톡히 하고 있다. 최근에는 활발한 수력발전으로 전기 공급에 힘쓰고 있다. 총 길이 4,909km의 메콩 강은 세계에서 10번째로 긴 강으로 티벳에서 시작해 중국, 미얀마, 라오스, 태국, 캄보디아, 베트남을 통과해 남중국해로 뻗쳐나간다. 메콩 강의 약 35%가 라오스를 통과하니 그 규모가 어마어마하다. 바다가 없는 라오스지만 삭막하지 않은 것도 메콩 강 덕분이다. 해 질 무렵 메콩 강을 산책하는 일은 라오스에서 꼭 해야 할 1순위다. 오렌지 빛깔의 강을 보는 것만으로도 가슴이 따뜻하게 물들 것이다.

02. 불교 Buddhism

라오스 하면 제일 먼저 떠오르는 이미지는 탁밧일 것이다. 새벽에 일어나 따듯한 밥을 짓고 단정하게 차려입은 후 맨발로 무릎을 꿇고 앉아 공양을 준비한다. 라오스 어디에서든 아침 6시경 주황색 가사를 입고 시주를 다니는 승려들의 행렬을 볼 수 있다. 불교는 라오스의 정신이자 힘이다. 국민의 65%가 불교를 믿으며, 주류 민족인 라오족의 90%가 불교 신자이다. 작은 마을이라도 사원 하나씩은 꼭 있다. 왕정이 무너지고 사회주의체제가 들어서면서 불교를 억압하려 했지만 국민의 반발에 부딪혀 실패했다. 스님들은 나라의 큰 행사를 주관하고 존경을 받는다. 교육시설이 부족한 라오스에서 사원은 고등 교육을 배울 수 있는 기회의 장을 열어준다. 다수의 남자들은 3개월~1년씩 승려 경험을 통해 금욕적인 생활과 인내를 배운다. 축제 역시 종교와 관련된 것이 대부분이며 큰 축제로는 4월의 삐마이, 11월의 분 탓 루앙이 있다.

03. 국경 Border

라오스에는 바다가 없다. 동남아시아 유일의 내륙 국가로 태국, 캄보디아, 베트남, 미얀마, 중국 5개의 국가와 국경이 맞닿아있다. 미얀마를 제외한 네 나라와 개방되어 있어 육로를 이용해 국경을 오갈 수 있다. 메콩 강을 사이에 두고 동쪽은 태국, 서쪽은 라오스로 나뉘는데 접근이 쉽고 체계화되어 있어 인-아웃으로 많이 찾는다. 과거에 메콩 강이 라오스를 가로질렀으나 프랑스 식민지 시절 임의로 나눈 후 독립이 되어 수많은 라오족이 태국 국민이 되었다. 라오스의 서쪽은 베트남 국경과 맞닿아 있지만 산악 지형이라 교통편이 불편하다. 북쪽 도시 보텐으로 가면 중국 모한으로, 최남단 씨판돈으로 가면 캄보디아로 넘어갈 수 있다. 캄보디아와 중국은 비자가 필요하니 관련 서류를 미리 준비해야 한다.

04. 프랑스 France

1893년 태국과의 전쟁에서 승리한 프랑스는 태국의 아래 있었던 라오스를 차지했다. 라오스 왕정을 유지시키면서 루앙프라방에 왕궁을 지어 왕을 머물게 했다. 현재 왕궁은 왕궁박물관으로 사용되고 있다. 약 50년 동안 프랑스의 지배를 받은 라오스 곳곳에서 프랑스 콜로니얼의 건축과 문화를 볼 수 있다. 바게트와 커피는 식민시대의 산물. 프랑스 음식점을 쉽게 찾을 수 있으며 볼라벤 고원에는 유기농 커피밭이 드넓게 펼쳐져 있다. 때문에 고위 관료직은 프랑스어를 선호한다. 국가 행사에도 라오어와 함께 프랑스어가 사용된다.

05. 폭탄 Bombs

1960년대 라오스 인구의 1/10이 죽음을 당하는 참사가 일어났다. 1955년 베트남과 미국 사이 인도차이나 전쟁이 시작된다. 베트남은 전쟁물자 지원을 위해 '호찌민 트레일'이라는 군사 보급로를 확보했다. 일부가 라오스를 지났고 미국은 보급로를 끊기 위해 중립국이었던 라오스에 무자비한 폭탄을 쏟아 부었다. 1964년부터 1973년까지 쏟은 폭탄의 양은 무려 200만 톤이 넘는다. 2차 세계대전에서 일본과 독일에게 사용한 폭탄보다 더 많은 양으로 9년 동안 8분마다 폭탄을 투여했다는 통계가 나온다. 당시 해당 지역의 주민의 80%, 라오스 인구의 1/10이 사망했다. 40년이 지난 지금까지도 피해가 계속되고 있다. 미국이 사용한 폭탄은 클러스터 봄Cluster bomb. 1~2m의 어뢰 속에 수백 개의 주먹만 한 폭탄들이 들어있는 형태다. 넓은 지역을 짧은 시간 내 초토화시킬 수 있도록 고안되었다. 이중 30%가 아직 불발탄인 상태로 남아있다. 멋모르는 아이들이 가지고 놀다가 목숨을 잃고 농사를 짓다가 불구가 되는 사고가 아직까지 끊이지 않고 있다.

06. 사회주의 Communism

라오스는 사회주의 국가다. 1975년 인도차이나 전쟁에서 베트남이 승리하면서 자연스레 공산당이 정권을 잡았다. 하지만 사회주의 하면 떠오르는 강압적인 분위기는 전혀 느껴지지 않는다. 국민들의 사유재산을 인정하며 경제활동에 제한을 두지 않아 자유 시장 경제 체제와 다를 바 없다. 뿌리 깊게 자리 잡은 불교 의식으로 관용과 나눔이 몸에 배어있다. 자유롭게 여행하는 데 아무런 문제가 없으며 치안 또한 좋은 편이다. 마약과 성매매는 엄격하게 단속하니 참고하자.

07. 소수민족 Ethnic Minorities

인구수는 적어도 민족은 다양하다. 100개도 넘는 소수 민족이 있으며 사는 지역에 따라 크게 3가지로 분류된다. 평지에 사는 라오 룸loum, 산에 사는 라오 숭sung, 구릉에 사는 라오 퉁theung. 라오 룸이 주류 민족으로 60%를 차지한다. 우리가 흔히 만나는 라오 사람들이다. 라오 퉁의 대표 민족으로는 크무 족이, 라오 숭의 대표 민족으로는 아카, 몽, 야오 족이 있다. 고유의 삶의 방식과 문화, 종교, 언어를 가지고 있다. 북쪽을 여행한다면 소수민족 마을을 구경하거나 홈스테이를 경험해보자.

08. 뽀빼냥 Bor Pen Nyang

라오스를 여행하다 보면 느림의 미학을 넘어서 해탈의 경지에 도달하는 순간이 종종 온다. 뽀빼냥은 라오스어로 '괜찮아' 혹은 '신경쓰지마'라는 뜻이다. 고맙다고 해도 뽀빼냥, 미안하다고 해도 뽀빼냥이라고 답한다. 문제는 정말 괜찮지 않아도 괜찮다고 하는 경우다. 길을 잃었다고 해도, 왜 버스가 오지 않느냐고 물어도 마냥 뽀빼냥이다. 신기하게도 어떻게든 문제가 해결되는 라오스지만 뽀빼냥을 그냥 그 자체로 믿으면 안 된다.

09. 여유 Easy Going

라오스 사람들은 여유가 넘친다. '싸바이디' 하며 조용히 미소를 건넬 뿐 부담스럽게 다가오지 않는다. 인상을 쓰거나 언성을 높이는 경우는 보기 힘들다. 주문한 식사가 나오지 않아도, 버스가 1시간이 늦어도, 이웃집에서 밤새 고성방가를 해대도 화내는 경우는 드물다. 자신도 언제 누군가에게 실수를 하거나 피해를 끼칠 지도 모르니 미리 용서를 구하는 것이다. 언뜻 이해하기는 힘들지만 곰곰 생각해보면 이해와 관용이 배어있는 삶의 방식이다. 무한이기주의, 분노조절장애라는 말까지 생기는 시대에 사는 우리들이 한 번쯤 생각해볼 만한 마음가짐이 아닐까.

PLANNING 02
아는 만큼 보인다! 간략하게 살펴보는 라오스의 역사

우리나라처럼 라오스 역시 침략과 다른 국가들의 개입으로 얼룩진 가슴 아픈 역사를 가지고 있다. 라오스의 역사는 크게 세 부분으로 나눌 수 있다. 란쌍 왕국, 프랑스의 지배, 베트남 전쟁. 굵직한 줄기만 알아도 라오스를 보는 깊이가 달라질 것이다.

자랑스러운 600년의 역사, 란쌍 왕국

라오스의 시초는 란쌍 왕국이다. 14세기 초까지 라오족들은 국가를 이루지 못하고 도시 형태로 뭉쳐 살았다. 서기 1353년 파 음웅Fa Ngum 왕이 루앙프라방을 중심으로 란쌍Lan Xang 왕국을 건국했다. 란쌍은 '백만의 코끼리'라는 뜻으로 강대한 국가의 힘을 암시하고 있다. 당시 란쌍 왕국은 동남아에서 가장 넓은 영토를 가지고 있었으며, 큰 번영을 누렸다. 15대 왕까지 평화로운 시대가 이어진다. 15대 왕 포티싸랏은 불교만을 유일한 종교로 인정하고 더 강력한 불교국가를 만들고자 힘썼다. 그 시기 버마(오늘날의 미얀마)의 급속한 성장으로 동남아의 주변 정세가 어지러워지기 시작한다. 16대 쎘타티랏 왕은 버마의 위협을 피해 수도를 비엔티안으로 옮긴다. 버마의 침략으로부터 나라를 지키고 탓 루앙과 왓 프라깨우를 건설했다. 이후 약간의 혼란기를 겪고 란쌍 왕국의 마지막 왕조인 쑬리아 웡싸 왕이 쇠약하진 란쌍을 다시 일으켜 놓는다. 하지만 후계자를 정하지 못하고 죽는 바람에 왕위계승 문제로 내분이 발생하여 비엔티안 왕국, 루앙프라방 왕국, 참파삭 왕국 3개로 나뉘지게 된다. 자연스레 힘도 약해지면서 버마에 이어, 씨암(오늘날의 태국)의 지배를 받게 된다. 이 시기 통일을 꿈꾸며 저항하던 비엔티안은 전쟁의 불길에 휩싸였으며, 신성한 불상 프라깨우를 비롯해 많은 유물을 빼앗기게 된다.

프랑스의 등장과 긴박하게 돌아가는 동남아시아

1893년 동남아시아 땅따먹기에 힘을 쏟던 프랑스가 씨암과의 전쟁에서 승리하면서 속국이었던 라오스까지 거느리게 되었다. 프랑스 보호령이 된 라오스는 무늬만 왕정을 유지한다. 프랑스 정부는 루앙프라방에 새롭게 왕궁을 건설해 씨사왕웡 왕을 머물게 했는데, 현재 왕궁 박물관으로 사용되고 있는 곳이다. 제2차 세계대전 말 일본군의 도움을 받아 라오 이싸라(자유 라오스라는 뜻)라는 조직을 결성, 독립을 선언하지만 무력으로 재점령한 프랑스에 의해 짧은 꿈으로 끝이 난다. 프랑스는 베트남, 라오스, 캄보디아를 재지배하기 위해 제1차 인도차이나 전쟁을 일으킨다. 1954년, 8년에 걸친 전쟁은 베트남의 승리로 막을 내리며 라오스는 독립을 얻는다. 하지만 제네바 협정을 통해 베트남은 호찌민이 이끄는 북부와 미국의 지배를 받는 남부로 분할된다.

고래싸움에 새우 등 터진다, 미국의 개입

1956년 왕립라오정부와 빠뗏 라오가 휴전에 합의, 연립 정부를 구성한다. 왕립라오정부는 프랑스의 지배를 받던 라오스 왕국의 정부이며, 빠뗏 라오는 '조국 라오스'라는 뜻으로 라오스의 독립에 앞장선 공산당, 반反프랑스 조직이다. 둘은 나름 균형있는 정치를 펼치려 노력했지만 평화는 오래가지 못한다. 소련과 중국의 공산화에 이어 동남아시아까지 번질까 노심초사하던 미국이 왕립라오정부를 지원하기 시작한다. 이에 북부 베트남 군대가 빠뗏 라오를 지원하면서 이데올로기를 건 내전은 깊어지게 된다. 1965년 2월 미군이 북부 베트남 전쟁에 폭격을 다하면서 제2차 인도차이나 전쟁이 발발하였다. 베트남은 라오스 일부를 통과하는 군사 보급로를 이용하여 물자를 운송하였는데(호찌민 트레일) 미국이 이를 봉쇄하기 위해 폭탄으로 라오스를 초토화시켰다. 10년의 아픔 끝 미군은 베트남에서 철수, 베트남은 독립을 맞는다. 미군이 빠진 라오스 정부군은 빠뗏 라오에 의해 손쉽게 무너졌다. 빠뗏 라오는 1975년 8월 23일 비엔티안에 입성하여 라오스 마지막 왕인 씨싸왕 왓타나 왕을 폐위, 라오 인민민주주의공화국Lao people's Democratic Republic을 공식적으로 출범하였다. 1972년 빠뗏 라오라는 조직명을 라오 인민혁명당으로 바꾸고 현재까지 실권을 장악하고 있다.

PLANNING 03
한눈에 쏘옥!
지역별 여행 포인트

라오스의 지도를 보면 중국부터 시작해 캄보디아까지 남쪽으로 길게 뻗어있다. 총 18개 주州로 나뉘며 주를 대표하는 메인도시를 두고 있다. 비엔티안과 루앙프라방, 몇몇 주도를 빼놓고는 대부분 작은 농어촌 마을이다. 더 멀리 떠나는 만큼 라오스의 향기는 짙어진다. 한 나라지만 지형과 기후가 다르고 소수민족이 많아 다양한 매력을 가지고 있다. 일정을 짜기 전 먼저 자신에게 맞는 도시를 골라보자.

비엔티안 Vientiane
키워드로 보는 여행

#수도, #맛집, #먹스타그램, #시티투어, #야시장, #여행시작, #벌써마지막밤

국제공항이 있어 여행의 시작과 끝을 책임지는 라오스의 수도다. 볼 것 없다는 평판을 가지고 있지만 잘 찾아보면 숨겨진 보석이 많다. 라오스의 상징 황금 탑 탓 루앙과 프랑스 개선문을 닮은 빠뚜사이가 대표적이다. 라오스 정치와 경제의 중심이자 미식의 도시이기도 하다. 프랑스의 영향으로 카페가 잘 발달되어 있으며, 세계 각국의 음식을 착한 가격으로 만날 수 있다. 해 질 녘 메콩 강변에 앉아 태국을 바라보며 마시는 비어라오도 놓치지 말자.

방비엥 Vang Vieng
키워드로 보는 여행

#블루라군, #꽃보다청춘, #액티비티, #남쏭, #꿀잼, #파티올나잇

작은 마을이지만 누구나 청춘이 될 수 있는 뜨거운 곳이다. 카르스트가 빚어낸 석회절벽과 남쏭 강이 어우러져 무척 아름답다. 낮에는 튜브나 카누를 타고 강을 누비고, 밤에는 흥겨운 음악에 몸을 맡긴다. 남쏭 강과 카르스트 동굴들을 즐기는 다양한 액티비티가 마련되어 있다. 유명한 블루라군도 이 중 하나. '꽃보다 청춘'의 영향으로 한국인이 급격하게 늘면서 한국어 사인들을 쉽게 찾을 수 있다.

루앙프라방 Luang Prabang
`키워드로 보는 여행`

#사원, #탁밧, #야시장, #푸시산, #유토피아, #힐링, #감성여행

라오스의 시초 란쌍 왕국부터 오랜 시간 수도였다. 수십 개의 사원이 모여 있으며 현지인들의 정신적 지주 역할을 하는 도시다. 유네스코로 지정된 올드타운은 여유롭고 고즈넉한 분위기를 가지고 있어 산책 삼아 걷는 것만으로 힐링이 된다. 전통양식과 콜로니얼 건물의 조화가 카메라만 가져다 대면 빈티지한 인생 사진을 탄생시켜줄 것. 라오스에서 가장 인기 있는 관광지로 지구촌 곳곳에서 여행자들이 모여든다.

팍세 Pakse
`키워드로 보는 여행`

#커피, #재정비, #오토바이여행, #데이투어, #트리톱투어, #우정스타그램

라오스 남부 지방의 경제와 행정의 중심지이다. 여행 인프라가 잘 되어있어 머물며 여행을 재정비하기 좋다. 도시는 자그마하고 유명한 문화유산도 없지만 주위로 볼거리가 많다. 특히 유네스코 세계문화유산으로 지정된 왓 푸와 드넓은 커피밭이 펼쳐진 볼라벤 고원은 놓치기 아까운 곳들이다. 빠른 시간 내에 알차게 골고루 볼 수 있는 현지투어를 이용하거나 오토바이를 빌려 보고 싶은 곳만 콕콕 찝어 다녀올 수 있다.

씨판돈 Si Phan Don
`키워드로 보는 여행`

#해먹, #비키니스타그램, #석양, #꿀맛휴가, #유유자적, #배낭여행

제2의 방비엥으로 각광받는 곳이다. 젊은 배낭여행자들이 모여들면서 활기가 넘치고 히피스러운 분위기까지 감돈다. 4,000개의 섬이라는 뜻의 씨판돈은 라오스 최남단 섬들이 모여 있는 지역을 가르킨다. 메콩 강 위 수많은 섬들이 떠있는데 여행자들이 가장 많이 찾는 곳은 돈 뎃이다. 느지막이 일어나 해먹에 걸터앉아 책을 읽고, 더우면 바로 앞의 강으로 뛰어든다. 대낮부터 비어라오를 마시며 새로운 사람들과 유쾌한 인생을 공유한다. 이것이 씨판돈 스타일이다.

농키아우 Nong Khiaw
키워드로 보는 여행
#신선놀음, #보트투어, #풍경스타그램, #치유, #자전거, #빈둥빈둥잼

사심을 담자면 숨겨두고 싶은 여행지이다. 기대 이상으로 수려한 풍광과 친절한 사람들, 의외의 모험거리가 숨어있다. 병풍처럼 둘러진 석회절벽 사이로 흐르는 남우 강의 모습은 청아함 그 자체다. 강가 앞 방갈로를 아지트 삼아 마음껏 뒹굴자. 자전거를 타고 이른 아침 열리는 시장을 구경가거나 옆 마을 산책을 다녀와도 좋다. 시간적 여유가 된다면 오지마을에서의 하룻밤도 추천한다.

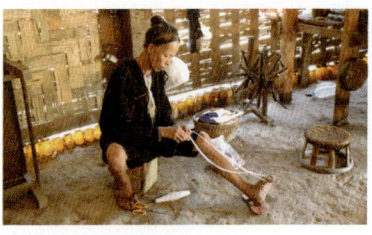

폰싸완 Phonsavahn
키워드로 보는 여행
#미스터리, #전쟁, #어드벤처, #오토바이, #데이투어, #온천

가장 유명한 것은 항아리 평원이다. 야트막한 언덕에 4,000개 이상의 돌 항아리들이 흩뿌려져 있다. 누가, 어떻게, 왜 이토록 많은 돌 항아리들을 가져다 놓았는지는 아직까지 미스터리. 평화롭게만 보이는 라오스의 아픔을 느낄 수 있는 곳이다. 폰싸완이 있는 씨엥쿠앙 주는 지구상에서 가장 많은 폭탄을 맞았다. 씨엥쿠앙 왕국은 불에 타 사라졌고 여기저기 전쟁의 폐허가 고스란히 남아있다. 북중부 지방 해발 1,000m 고원에 위치하여 다른 지역보다 서늘한 편이다.

루앙남타 Luang Namtha
키워드로 보는 여행
#소수민족, #자전거, #산책, #트레킹, #오지체험, #걷고또걷고, #정글의법칙

순수, 청정의 라오스를 오롯이 느낄 수 있는 곳이다. 여행자들이 묵는 신시가지 자체는 별 다른 매력이 없으나 자전거를 빌려 조금만 밖으로 나가면 자신만의 방식으로 살아가는 소수민족들을 만날 수 있다. 루앙남타를 찾는 여행자의 대부분은 남하 국립보호구역 트레킹을 위해서다. 해발 2,000m의 산악지역으로 라오스 최대의 원시림을 이루고 있으며 웅장한 태초의 모습을 간직하고 있다. 투어를 이용해 트레킹과 소수민족 마을에서의 홈스테이를 경험할 수 있다.

PLANNING 04

나만의
여행 레시피

누구나 저마다의 여행스타일이 있다. 코스를 짜기 전 가장 중요한 것은 자신의 여행스타일을 파악하는 것. 그 후 주어진 시간과 예산에 맞춰 알찬 여행 스케줄을 만들어보자. 대표 도시만 돌아보는 5일짜리부터 라오스를 속속들이 파헤치는 15일 일정까지! 주어진 시간을 최대한 효율적으로 활용할 수 있는 실속만점 코스들을 소개한다.

짧지만 강렬하게! 비엔티안+방비엥 4박 5일 코스

휴가 기간이 짧다면 너무 무리하게 코스를 잡지 않는 것이 좋다. 5일 만에 루앙프라방까지 보겠다고 와서는 루앙프라방-비엔티안 비행기 티켓을 포기하는 사람 여럿 보았다. 짧은 만큼 집중하여 효율적으로 즐겨보자.

DAY 2. 비엔티안 → 방비엥

전날 밤에 도착해 피곤하겠지만 조금 일찍 일어나 부지런을 떠는 것이 좋다. 비엔티안 시내 구경과 빠뚜사이, 탓 루앙을 놓치면 섭섭하다. 1시 버스를 타고 방비엥으로 출발. 4시간 정도 소요된다. 도착하는 순간 느껴지는 흥에 어깨가 들썩들썩할 것.

DAY 1. 한국 → 라오스(비엔티안)

약 5시간의 비행 후 수도 비엔티안에 도착. 라오항공 이용 시 오후에, 진에어와 티웨이 이용 시 저녁 늦게 도착한다. 오후에 도착한다면 비엔티안을 돌아보고 다음날 오전 버스를 타고 방비엥으로 떠날 수 있다.

DAY 3, 4. 방비엥

하루는 남쏭 강 액티비티, 하루는 블루라군으로 여유롭게 잡는 것이 좋다. 다양한 투어가 있으니 입맛에 따라 골라보자. 하루 동안 오롯이 물놀이를 즐기고 이튿날 암벽등반, 동굴탐험 등 색다른 것에 도전해보는 것도 가능하다. 풍경이 아름다워 자전거나 오토바이를 타고 마을 외곽으로 나가면 빤하지 않은 방비엥을 만날 수 있다.

DAY 5. 방비엥 → 비엔티안 → 인천

한국행 비행기는 저녁에 떠난다. 오전 버스로 비엔티안에 넘어와 마지막 만찬을 즐길 시간이다. 메콩 강에서 비어라오를 마시고, 야시장에서 남은 낍을 다 털어 자신에게 선물을 하자. 아쉬운 마음 가득 안고 '또 올게, 꼭!' 하고 속으로 수십 번은 되뇌게 될 것이다.

알짜배기 라오스! 주요 도시 6박 7일 코스

라오스의 주요 도시 비엔티안, 방비엥, 루앙프라방을 돌아보는 코스다. 라오항공을 이용한다면 바로 국내선으로 환승하여 루앙프라방으로 가서 거꾸로 코스를 짜는 것도 괜찮다.

DAY 1~4. 비엔티안&방비엥

떨리는 마음 안고 드디어 라오스에 입성! 수도 비엔티안을 구경 후 방비엥으로 간다. 디테일은 비엔티안+방비엥 4박 5일 일정 참조. 4일째 밤에 슬리핑버스를 타고 루앙프라방으로 떠난다. 야간버스가 싫다면 방비엥 혹은 루앙프라방에서의 하루를 포기하고 오전 미니밴을 이용하자. 소요시간 약 7~9시간.

DAY 7. 루앙프라방 → 비엔티안 → 인천

국내선을 타고 비엔티안으로 돌아온다. 오후 1시경 비행기를 가장 많이 이용한다. 못다 한 먹방과 쇼핑, 마사지로 시간을 보낸다. 굿바이, 라오스.

DAY 5, 6. 루앙프라방

이른 아침 비몽사몽으로 루앙프라방에 도착. 시간이 맞으면 바로 탁밧을 볼 수 있다. 다행히도 라오스는 얼리 체크인에 관대하여 이른 오전에도 방만 있다면 체크인이 가능하다. 왕궁과 사원이 즐비한 올드타운을 돌아보고 푸시산에서 일몰을 감상하는 것도 놓치지 말자. 반나절이 소요되는 꽝시 폭포와 빡우 동굴 투어도 인기가 많다.

액티비티와 휴양을 동시에! 남부 5박 6일 코스

남들 다가는 코스는 거부한다. 관광객이 많이 몰리는 북부에 비해 비교적 한적하게 나만의 여행을 즐길 수 있다. 휴양이 주목적이지만 투어와 액티비티가 잘 발달되어 있어 지루할 틈이 없다.

DAY 1. 한국 → 비엔티안

DAY 2, 3. 팍세
오전에 국내선을 이용하여 팍세로 날아가는 것이 제일 빠르고 편한 방법이다. 첫날은 도시를 둘러보고 둘째 날은 데이투어나 오토바이를 빌려 외곽으로 나가는 것을 추천한다. **Tip** 육로로 이동 시 10시간 정도 소요된다. 버스는 자주 있지만 슬리핑 버스를 이용하는 것이 편하다.

DAY 4, 5. 씨판돈
오전에 팍세에서 출발하여 점심쯤 돈 뎃에 도착한다. 강변에 위치한 방갈로 하나 빌렸다면 이제부터 할 일은 마음껏 빈둥거리는 것! 해 질 무렵에는 튜브에 몸을 싣고 오렌지빛 강에 젖어들거나, 세계 각국에서 온 사람들과 바비큐 파티를 하는 낭만을 누려보자.

DAY 6. 씨판돈 → 팍세 → 비엔티안 → 인천
바쁜 하루다. 아침 일찍 버스를 타고 팍세로 돌아온다. 점심 후 비엔티안으로 비행기로 이동. 비엔티안 구경 후 한국으로 귀국한다.

Tip 친자연적이고 활동적인 사람이라면 일정을 1~2일 늘려 팍세에서 트리톱 투어에 참여해보자(236p 참조). 잊지 못할 추억을 만들어줄 것이다.

역사 따라, 자연 따라! 북부 15일 코스

모험심 가득한 여행자를 위한 15일간의 일정. 한 걸음 내딛을 때마다 새로운 발견으로 충만해질 것이다. 다듬어지지 않은 터프함을 풍기는 중북부 지방을 요리조리 누벼보는 코스를 소개한다. 트레킹을 싫어한다면 루앙남타는 제외하자.

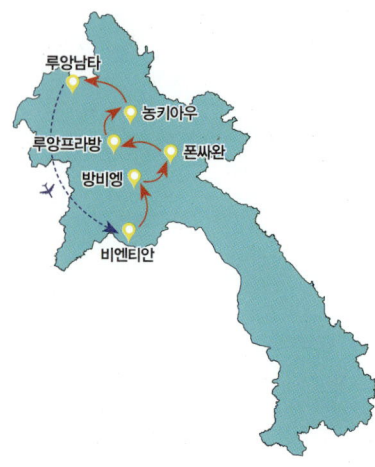

DAY 1~4. 한국 → 비엔티안 → 방비엥
비엔티안+방비엥 4박 5일 코스 참조.

DAY 5, 6. 방비엥 → 폰싸완
오전에 출발하는 미니밴을 타면 늦은 오후 폰싸완에 도착한다. 불발탄에 관한 정보를 접할 수 있는 MAG와 불발탄생존자센터를 돌아본 후 다음 날 항아리 평원을 방문하면 더욱 진한 여운을 남길 수 있다.

DAY 7, 8. 폰싸완 → 루앙프라방
이른 아침 미니밴을 타고 루앙프라방으로 출발. 약 8시간 소요된다. 고풍스러운 올드타운과 활기 넘치는 야시장을 누비다 보면 하루가 금방 간다. 다음 날은 꽝시 폭포와 푸시산 일몰을 즐겨보자.

> **Tip** 비정기적으로 루앙프라방까지 야간 로컬버스를 운영한다. 필요 시 여행사에 문의.

DAY 9, 10. 루앙프라방 → 농키아우

역시 늦잠 잘 새 없이 부지런히 움직여야 한다. 점심쯤 농키아우에 도착한다. 강변 방갈로에서 여유를 만끽하며 시간을 보낸다. 다음 날 므앙응오이로 떠나거나 농키아우에서 하루 더 아무것도 하지 않을 자유를 누리는 것도 좋다.

DAY 11, 12. 농키아우 → 루앙남타

직행이 없어 므앙싸이(우돔싸이)에서 갈아타야 한다. 농키아우에서 11시 므앙싸이행 버스가 출발, 4시간 정도 소요된다. 4시쯤 출발하는 루앙남타행 버스가 있다. 타이밍이 잘 맞으면 루앙남타까지 하루 만에 가능하다. 하지만 변수가 많은 라오스인지라 방심은 금물. 므앙싸이에서 하룻밤 지낼 가능성을 열어두는 편이 마음 편하다. 아침 8시 30분 버스를 타고 루앙남타로 출발한다. 루앙프라방으로 돌아와 루앙남타행 버스를 타는 것도 가능하다.

DAY 13, 14. 루앙남타

루앙남타까지 왔다면 남하 국립보호구역 트레킹 도전하자. 때 묻지 않은 자연과 사람들을 만날 수 있다. 울창한 밀림 속 걸어서 밖에 갈 수 없는 곳에서 살아가는 소수민족과의 만남은 두고두고 곱씹어지는 소중한 추억을 선사할 것이다.

DAY 15. 루앙남타 → 비엔티안 → 한국

마지막 날은 여유롭다. 점심 먹은 후 오후 비행기를 타고 비엔티안으로 돌아온다. 마사지와 먹방으로 마무리한 후 한국행 비행기에 오른다.

라오스 완전 정복 `15일 코스`

이쯤 되면 내가 라오스 요리사! 때 묻지 않은 북부vs놀멍쉴멍 남부, 둘 다 포기할 수 없는 사람을 위한 코스다. 스케줄과 여행 스타일에 따라 도시 수를 줄이거나 일수를 늘려도 무방하다. 돌아올 때쯤이면 몸과 마음 모두 여유와 충만, 따뜻함으로 가득 찰 것이다.

DAY 1~10. 한국 → 라오스 중북부
비엔티안+방비엥 4박 5일 일정&북부 15일 코스 참조.

DAY 11. 농키아우 → 루앙프라방
11시 버스를 이용해 루앙프라방으로 간다. 며칠 전 머물면서 아쉬웠던 점을 채워보자.

DAY 12~14. 루앙프라방 → 팍세, 씨판돈
아침 비행기 타고 남부 지방의 중심지 팍세로 날아간다.
※남부 5박 6일 코스 참조.

DAY 15. 씨판돈 → 팍세 → 비엔티안 → 인천
아침 일찍 버스를 타고 팍세로 돌아온다. 점심 후 비엔티안으로 비행기로 이동. 비엔티안 구경 후 한국으로 귀국한다.

PLANNING 05

어떻게 다닐까?
교통편 총정리

라오스를 육로로 이동하다 보면 두 가지를 배울 수 있다. 인내와 불가능은 없다는 마인드. 버스 고장으로 허염없이 기다리는 것은 일상다반사, 여기저기서 변수가 툭툭 튀어나온다. 지나친 걱정은 금물! 배낭을 메고 떠나는 순간 해답은 길 위에 있다. 역설적이게도 이 혼돈 속에서 여유를 찾는 자신의 모습을 발견하게 될 것이다.

I City to City I

비행기

수도 비엔티안을 중심으로 남쪽으로는 팍세와 싸완나켓, 북쪽으로는 루앙프라방, 폰사완, 루앙남타, 훼이싸이, 우돔싸이에 국내선이 연결되어 있다. 라오항공과 라오센트럴항공, 라오스카이웨이 세 항공사에서 운영한다. 가격은 10만 원대로 비싸지만 버스로 이동하면 10시간이 넘는 구간이 많아 시간을 절약할 수 있다. 게다가 공항이 도심에서 멀지 않아 이동이 번거롭지 않은 것도 장점이다. 최소 인원 미달 시 취소될 수 있으니 미리 확인하자.

미니밴

여행자들 사이에서 각광받는 교통수단으로 인기 여행지들을 연결하고 있다. 도요타 미니밴 혹은 스타렉스가 주로 쓰이는데 에어컨이 잘 나오고 시설도 좋은 편이다. 여행사를 통해 예약하면 조금 더 비싸지만 숙소까지 데리러와 편리하다. 여행자들끼리만 타는 경우가 대부분이라 더 쾌적하게 여정을 즐길 수 있다. 단, 유명 여행지가 아닌 도시의 로컬 터미널에서 타는 미니밴은 여행사에서 운영하는 미니밴과 차이가 크다.

버스

익스프레스니 VIP버스니 언뜻 들어서는 복잡해 보이지만 걱정 뚝! 가장 좋은 버스는 이름처럼 VIP버스이다. 우리나라 일반 고속버스 격으로 대부분 에어컨이 나온다. VIP의 최고는 슬리핑 버스로, 잠을 잘 수 있도록 침대칸이 마련되어 있다. 1인용도 있고 다른 사람과 나눠 쓰는 2인실도 있다. 그 외에는 상태가 비슷한 로컬 버스다. 국내 중고 시내버스 혹은 승합차를 수입한 것으로 에어컨이 없고 낡았다. 이때 목적지까지 바로 가면 익스프레스, 마을들을 들러들러 가면 일반 로컬 버스이다. 더 자세한 팁은 각 도시별 겟어라운드를 참조하자.

> **Tip** 구불구불 산길이 많고 도로가 좋지 않으니 필요하다면 멀미약을 미리 먹는 것이 좋다. 베스트 좌석은 맨 앞좌석이 안된다면 창가를 사수하도록 노력하자.

보트

도로사정이 좋지 않고 강줄기가 많은 라오스에서 보트는 마을을 연결하는 유용한 수단이다. 여행자들이 자주 찾는 므앙응오이와 씨판돈은 보트가 유일한 수단이기도 하다. 루앙프라방과 훼이싸이를 잇는 구간은 보트로 이틀이나 걸리지만, 아름다운 풍경과 여유를 즐기기 위해 찾는 사람들이 점점 늘고 있다.

| In a City |

툭툭
라오스의 개인택시. 도심 어디에서든 쉽게 잡을 수 있고 원하는 곳까지 데려다준다. 2인승부터 10인승까지 크기가 다양하다. 크기별로 이름이 썸러, 점보 등으로 다르지만 통상 툭툭으로 통한다. 금액은 인당 계산하며 여행자 바가지가 심한 것이 흠이다. 흥정은 필수! 미리 예상 가격대를 알아보고 잡는 것이 좋다.

썽태우
트럭을 개조해 만든 시내버스이다. 화물칸에 긴 의자를 양옆으로 두고 천장을 덮었다. 도심 내를 돌거나 마을과 마을, 지방 소도시를 연결하며 현지인들의 발이 되어주고 있다. 가격도 무척 저렴하다. 앞 혹은 옆면에 목적지가 적혀있는데 라오스어 밖에 없어 현지인의 도움이 필요하다. 의자는 딱딱하고 여정 내내 흙먼지를 뒤집어 쓰지만 라오스 사람들과 부대끼며 현지 삶을 엿보고 싶다면 추천한다.

오토바이&자전거
라오스를 즐기는 최고의 방법! 자전거나 스쿠터를 타고 흙길을 달려 마을을 구경하는 것이다. 한가로운 시골 풍경에서 오롯이 자신만의 경험을 만들 수 있다. 도시 어디에서든 쉽게 빌릴 수 있다. 따로 면허증은 확인하지 않으며 여권 혹은 보증금을 맡겨야 한다. 오토바이는 하루 5만 낍부터 시작, 종류와 상태에 따라 달라진다. 일반 도시에서는 10만 낍, 관광지에서는 20만 낍까지 올라간다. 가스 비용은 포함되어 있지 않다. 자전거는 하루 1~2만 낍. 빌리기 전 상태를 꼼꼼하게 체크하는 것은 필수. 의료 시스템을 잘 갖추지 못한 곳이 많으니 조심히 타도록 하자.

라오스
음식 백과사전

역사적으로는 프랑스 식민지 시대를 거치면서, 지리적으로는 5개의 나라와 국경을 맞닿고 살면서 조화와 융합이 돋보이는 식문화를 갖추게 되었다. 바다는 없지만 메콩 강과 울창한 숲 덕분에 식재료가 풍부하며 다양한 퓨전요리들을 만나볼 수 있다. 라오스 본연의 음식은 쌀을 주식으로 국과 반찬을 함께 먹는 우리 식탁과 비슷하다. 고추와 마늘을 팍팍 넣어 대부분 한국인의 입맛에 놀랄 만큼 잘 맞는다. 이제 쌀국수 말고 다른 음식도 도전해볼 차례다.

퍼 Pho
진한 고기 국물이 일품인 쌀국수. 베트남 쌀국수로 잘 알려져 있지만 라오스 국민 음식이기도 하다. 입맛에 따라 야채와 허브, 소스를 넣어 먹는다.

카오삐약 Khao Piak
정확한 명칭은 까오삐약 센. 라오스식 칼국수로, 쌀로 만든 면발이 오동통하고 쫄깃쫄깃하다. 퍼보다 향신료가 덜 느껴지고 국물이 깨끗하다.

카오쏘이 Khao Soy
북부 지방에서 많이 먹는 쌀국수. 다진 돼지고기를 고추장과 된장을 섞은 듯한 소스에 볶아 국수 위에 올려준다. 먹을수록 끌리는 오묘한 맛.

카오삐약 까우 Khao Piak Khao
카오삐약 육수에 쌀을 넣고 끓인 쌀죽. 낯선 음식을 소화하느라 힘든 위를 달래주는 착한 음식이다. 아침으로 좋다.

카오 니아우 Khao Niaw
대나무 통에 넣어 찐 찰밥. 라오스 사람들의 주식으로 요리와 함께 먹는다. 찐득한 식감으로 스티키 라이스 Sticky rice라 불린다.

카오 람 Khao Lam
대나무에 찰밥과 타로, 코코넛을 넣고 숯불에 구은 죽통밥. 중요한 행사에 빠짐없이 등장하는 라오스 국민 간식이다. 대나무를 벗겨 손으로 떼어 먹는데 달짝지근 맛있다.

삥 Ping
삥은 구이를 뜻한다. 생선구이는 삥 빠, 치킨은 삥 까이, 돼지고기는 삥 무. 특히 압도적인 비주얼을 자랑하는 삥 빠는 꼭 먹어봐야 할 메뉴. 숯불에 구워 담백하고 짭조름한 맛이 일품이다. 땀막홍과 함께 먹으면 맛이 두 배. 맥주와도 잘 어울린다.

목 빠 Mok Pa
목 빠는 양념한 생선을 바나나 잎으로 싼 후 찌는 찜 요리다. 촉촉하고 부드러운 식감을 오롯이 느낄 수 있다. 허브와 바나나 잎이 어우러져 향긋하다. 향이 강해 호불호가 갈린다. 치킨을 넣은 목 까이도 있다.

오 람 Or Lam
북부 지역에서 즐겨먹는 스프. 고기 혹은 생선과 레몬그라스, 바질 등을 넣고 끓인다. 향긋하면서 매콤한 맛을 내는 것이 특징. 익숙하지 않은 향신료 때문에 거부감이 들 수 있지만 먹을수록 입에 착착 붙는다.

카오 팟 Khao Phat
여행자들의 든든한 친구, 볶음밥이다. 치킨을 넣으면 카오 팟 까이, 돼지고기는 카오 팟 무, 채소만 넣으면 카오 팟 팍이라 부른다. 피시소스를 곁들이면 동남아의 풍미가 살아난다.

땀막홍 Tam Mak Houng
파파야 샐러드라는 이름만 보고 시켰다간 낭패 당하기 십상. 잘게 썬 파파야에 젓갈, 고추, 향신료와 버무려 짭조름하고 맵다. 김치처럼 대중적인 반찬으로 구이와 함께 먹으면 잘 어울린다.

랍 Laap
땀막홍과 함께 라오스를 대표하는 요리. 얇게 저민 고기나 생선에 양념과 향신료를 첨가해 버무린다. 카오 니아우와 같이 먹는다. 행운을 가져다 주는 음식으로 여겨져 잔칫상 단골메뉴다.

신닷 Sindat
바비큐와 샤브샤브의 환상적인 만남. 철판에 고기를 구우면서 육수를 내 야채와 면을 넣어 먹는다. 곁들이는 소스도 입맛에 맞아 쌈장이 그립지 않다. 한국 바비큐에서 따왔다고 해 신닷 까올리라고 불린다.

소시지 Sausages
노점 바비큐에서 흔히 볼 수 있다. 길쭉한 것은 싸이 우아, 비엔나소시지처럼 통통한 것은 싸이콕이라 부른다. 싸이 우아는 돼지고기를 다져 향신료를 넣어 만들었으며 싸이콕은 향신료가 적어 좀 더 본연의 맛을 느낄 수 있다.

째우 Jeow
찰밥, 소시지, 야채 등 다양한 음식에 찍어 먹는 소스이다. 째우가 없으면 어떻게 밥을 먹을까 싶을 정도로 대중적이다. 재료와 종류가 다양하다. 토마토, 가지, 고추로 만든 째우는 우리 입맛에도 잘 맞는다.

열대과일 Tropical Fruits
다른 동남아 국가와 마찬가지로 다양한 열대과일을 만날 수 있다. 한국인이 사랑하는 망고와 망고스틴은 계절의 영향을 받아 5월부터 한여름까지가 맛있다. 그 외에도 코코넛, 두리안, 람부탄, 용과 등을 저렴하게 맛볼 수 있다.

비어라오 Beer Lao
비어라오 없는 라오스는 앙꼬 없는 찐빵이고 탄산 없는 콜라이다. 칼스버그와 라오스 정부가 공동으로 운영하는 LBC에서 생산한다. 진하면서도 깔끔한 뒷맛을 가진 라거 맥주다. 비어라오 골드, 블랙도 있다.

라오라오 Laolao
라오스 위스키 혹은 라오라오라고 한다. 쌀로 만든 증류주로 우리나라 소주와 비슷하다. 집 혹은 마을에서 직접 만들며 도수는 10도대부터 50도까지 다양하다. 시장에 가면 생수통 같은 플라스틱 병에 담아 판매한다.

카이팬 Kaipan
강에서 채취한 녹조류를 건조시켜 만든 민물 김이다. 구워먹기도 하며 튀긴 후 고추와 깨 등으로 양념하기도 한다. 찰밥을 얹어 째우에 찍어 먹는다.

카놈콕 Kha Nom Kok
쌀가루 반죽에 코코넛 밀크와 설탕을 넣고 철판에 구운 코코넛 풀빵이다. 포슬포슬한 식감과 달콤한 코코넛 향이 일품. 금방 구운 것일수록 맛있지만 안이 무척 뜨거우니 조심하자.

> **알아두면 편리하다!**
> **식당에서 쓰는 라오스어**
> - 고수 빼주세요.
> - 버 싸이 빡홈
> - 맵게 해주세요.
> - 막 펫
> - 짜요.
> - 켐
> - 맛있어요.
> - 쎕 라이
> - 화장실 어딨어요?
> - 헝남 유 싸이?
> - 얼마예요?
> - 타오다이?

PLANNING 07
너와 나, 모두가 행복한
기념품 리스트

유명 백화점도, 브랜드도 없다. 믿어야 할 것은 자신의 감각뿐! 라오스에서는 라오스다운 것을 사는 것이 성공 포인트다. 골목 여기저기 숨어있는 재래시장과 메콩 강변을 따라 난 야시장이 주 무대다. 초롱초롱 눈을 크게 뜨고 살펴보면 숨은 보석이 가득하다.

코끼리 바지
입는 순간 어마어마한 편안함에 놀랄 것이다. 디자인도 다양해 고르는 재미가 있고, 가격도 착해 선물용으로도 좋다. 비슷한 풍의 원피스도 여행 사진을 살려줄 잇 템.

전통치마 씬
라오스 여자들의 전통치마. 중요한 행사뿐 아니라 일상생활에서도 즐겨 입는다. 실크로 된 것이 가장 비싸다. 우리에게는 반짝이는 실크보다는 면으로 된 것이 활용도가 높다.

스카프
직물 공예가 잘 발달되어 있는 라오스. 고치에서 실크를 뽑아 천을 짜고, 천연 색소로 염색하는 작업까지 모두 수작업으로 이루어진다. 핸드메이드 스카프는 색이 곱고 결이 아름다워 부모님 선물로 최고다.

여행용 스피커
대나무를 잘라 만든 휴대용 스피커. 따로 배터리 필요 없이 가운데 구멍에 전화기만 놓으면 작동 완료. 기대 이상의 성능까지 갖췄다. 단, 수제다 보니 약간씩 차이가 있다. 미리 들어보고 살 것.

카이팬
강의 녹조류를 말린 후 살짝 튀겨 양념한 라오스식 김이다. 째우(소스)에 찍어 밥이랑 먹는 반찬이다. 한국에 돌아와 맥주와 먹으면 라오스 상사병을 조금이나마 잠재워줄 것이다.

유기농 커피&차
프랑스 식민지 시절부터 커피를 재배해 좋은 품질의 아라비카를 구입할 수 있다. 유기농 블랙 티와 레몬그라스 티도 인기. 예쁘게 포장되어 있어 선물용으로도 많이 찾는다.

가방
그 자리에서 그림을 그려주는 핸드메이드 에코백부터 에스닉한 느낌이 물씬 나는 자수 백까지 다양하다. 가볍고 실용적인 에스닉 백팩은 추천 또 추천.

파우치
귀여운 문양이 수놓아진 파우치는 실용적이고 저렴해 선물용으로 최고다. 몇십 개씩 사가는 사람들도 있을 정도. 크기와 문양이 다양해 쇼핑할 맛이 난다.

찹쌀밥 통
라오스의 주식인 찹쌀밥. 예쁜 대나무 통에 담겨 나오는데 볼수록 탐난다. 식기로서의 역할은 물론, 테이블에 올려놓거나 벽에 걸어두면 인테리어 효과를 톡톡히 한다.

라오라오
라오스 위스키. 쌀로 만든 증류주로 우리나라 소주와 비슷하다. 대량 생산되는 라오라오는 초록 라벨에 참파 꽃이 그려진 참파 카우가 있다. 도수는 45%. 병에 담겨져 있어 한국 반입이 가능하다.

코코넛 오일
식용과 마사지용으로 두루두루 유용한 코코넛 오일. 이미 수많은 셀러브리티들이 뷰티 비법으로 코코넛 오일을 밝혀 화제가 되었다. 24도 이하에서는 하얗게 굳어버리는데 상한 것이 아니니 당황하지 말자. 로션과 비누도 인기다.

티셔츠
비어라오 티셔츠, 사쿠라 바 티, 방비엥 반바지 등 라오스를 기념할 수 있는 옷들이 한가득이다. 친구들과 맞춰 입으면 더 유쾌하다. 여기에 동남아 분위기 물씬 나는 헤어밴드와 팔찌로 마무리해주면 이 구역의 패션리더는 당신!

흑생강
귀한 천연약재 중 하나로 킹담이라고 불린다. 인삼보다 사포닌이 5배나 더 많고 면역력 증가와 간 기능 개선에 탁월한 효과가 있다. 이미 국내에서도 관심이 높다. 말린 것을 우려서 마시면 된다. 재래시장에서 구입 가능하다.

PLANNING 08
여행 체크리스트

설렘만큼이나 걱정도 클 당신을 위해 준비했다. 가기 전 꼭 알아야 할 유용한 정보 대방출 코너!

라오스 여행, 언제가 좋을까?

라오스 날씨는 크게 건기와 우기로 나뉜다. 11월부터 5월까지는 건기, 5월 말부터 10월 초까지는 우기이다. 여행하기 가장 좋은 시기는 12~3월이다. 지나치게 덥지 않고 쾌적하다. 4~5월은 가장 더운 시기이며 남부 지방은 35도 이상까지 올라간다. 또, 우기 전 농사 준비를 위해 들판에 불을 질러 공기가 탁하고 하늘이 뿌옇다. 우기라고 해도 스콜성이라 여행에 큰 지장을 주지는 않지만, 산간지방과 비포장도로가 많아 야간 버스는 삼가는 것이 좋다. 지리적 특성상 북부와 남부 지방 기온차가 큰 편. 11~1월 북부지방은 밤에 0도까지 내려가는 곳이 있으니 두툼한 점퍼를 꼭 챙겨야 한다.

비자가 있다, 없다?

6개월 이상 유효기간이 남은 대한민국 여권 소지자라면 무비자로 15일간 여행이 가능하다. 무비자 조항은 라오스에 입국할 때마다 적용되기 때문에 육로로 인접 국가를 갔다가 다시 입국하면 15일이 자동 연장된다. 체류 기간을 넘길 시 하루 10달러라는 무시무시한 벌금을 내야 하니 유의하자. 장기 체류할 계획이라면 공항(혹은 국경)에 도착하여 30일 관광비자를 신청할 수 있다. 준비물은 여권사진과 30달러($).

라오스어를 못해도 괜찮을까?

라오스의 공용 언어는 라오스어다. 다양한 소수민족이 살고 있으며 고유의 언어를 사용한다. 태국어와 비슷하며 성조가 있어 외국인에게는 발음이 어렵다. 관광지에서는 영어로 소통하는데 불편함이 없다. 외곽으로 나가면 통용률이 훅 떨어지지만 여행하는데 크게 어려지지 않다. 영어 메뉴판이 느는 추세이며 터미널 시간표와 도로 사인은 영어로 되어 있다. 여행사를 찾아가면 영어하는 사람을 쉽게 찾을 수 있다. 현지의 도움이 필요하다면 두 손을 가슴에 모으고 미소를 띠며 '싸바이디' 하고 말을 건네보자. 친절하게 도와줄 것이다. 미소는 만국공용어이다.

라오스의 화폐와 환전은 어떻게?

공식화폐는 '낍kip'으로 'K'라고 표기된다. 500낍부터 10만 낍까지 총 8종류의 지폐가 있다. 동전도 있지만 잘 사용하지 않는다. 한국에서는 바로 낍으로 환전이 불가능하다. 미국 달러로 바꿔간 후 현지에서 환전해야 한다. 환율은 1$=8,000K으로 계산한다. 10,000낍에 1,500원 정도라고 생각하면 편하다. 돈 단위가 커 처음에는 멘붕이 오기 쉽다. 시간이 걸리더라도 환전 시 그 자리에서 세어보아야 한다. 주요 도시뿐만 아니라 외곽 시내에서도 은행은 쉽게 찾을 수 있으니 환전과 ATM은 걱정하지 않아도 된다. 환율은 떨어지지만 호텔과 여행사에서도 가능하다.

> **영어로 큰 숫자 읽기**
> 10,000 = ten thousand
> 100,000 = one hundred thousand
> 1,000,000 = one million
> 천千 다음 만萬 단위가 있는 우리나라와는 달리 영어는 콤마에서 끊어 읽는다. 별거 아닌 듯하지만 은근 헷갈린다. 십만 낍인데 헌드레드라는 단어만 듣고 백만 낍으로 알아듣는 경우도 종종 있다.

예산은 얼마나 잡을까?

기본예산 = 항공권 + 숙박비 + 현지비용
(식비, 교통비, 투어, 쇼핑)

당연한 얘기지만 어디서 묵고, 어떤 음식을 먹고, 무엇을 하느냐에 따라 예산은 달라진다. 비엔티안과 루앙프라방, 방비엥에는 고급 리조트부터 배낭여행자들을 위한 게스트하우스까지 골고루 갖추고 있다. 주요 도시를 벗어나면 게스트하우스가 대부분이다. 시설이 더 좋고 낡았고의 차이만 있을 뿐이다. 숙소가 가장 비싼 비엔티안과 루앙프라방을 제외하고는 8~10만 낍이면 괜찮은 콘크리트 게스트하우스에서 묵을 수 있다. 낡은 방갈로는 3~5만 낍도 가능하다. 식비는 현지식당 이용 시 인당 2만 낍이면 한 끼 식사가 가능하지만, 여행자들에게 인기가 있는 레스토랑을 간다면 5~7만 낍은 필요하다. 투어는 개별로 가거나 업체를 통해 가는 방법이 있다. 인원이 많을 때는 개별로 가는 것이 저렴하다. 두세 명에서 여러 곳을 가고 싶다면 단체 투어를 이용하는 편이 낫다. 각 지역 챕터에 투어와 교통편을 정리해두었으니 참조하자. 물놀이와 짚라인 등 안전과 관련된 액티비티 이용 시 너무 저렴한 투어보다는 믿을 만한 에이전시를 찾는 것이 좋다.

라오스 심카드 이용하기

여행 중에서 만큼은 스마트폰을 놓으라 하지만 말처럼 쉬운 일이 아니다. 맛집도 검색해야 하고 길도 찾아야 하고 자랑스타그램도 해야 하니 오히려 더 쓸 일이 많다. 라오스의 느린 와이파이가 주는 홧병과 데이터 폭탄을 피하기 위해 유심칩을 사용하는 여행자들이 늘고 있다. 현지에서 심카드(유심칩)를 구입해 장착하면 바로 개통된다. 비엔티안 라오 텔레콤에 가면 알아서 개통해준다. 장기 여행자라면 크레딧을 계속 충전해서 쓰면 된다. 통신사뿐만 아니라 슈퍼에서도 쉽게 살 수 있다.

라오스 예의! 이것만은 지키자

- 불교 사원에서는 존경을 표하고, 옷차림을 단정히 해야 한다.
- 여성은 승려의 몸이나 옷에 손을 대서는 안 된다.
- 남의 머리를 만져서는 안 된다. 영혼이 깃들었다고 믿고 있기 때문.
- 남의 집에 들어갈 때는 신발을 벗는다.
- 노출이 과한 차림으로 돌아다니거나 공공장소에서의 애정행각은 굉장히 무례한 일이다.
- 성매매는 불법으로 엄격하게 다스린다.

다른 나라로 넘어갈 때
라오스에서 다른 나라로 여행할 경우 그 나라의 비자와 필요 서류들을 미리 알아보고 준비해두자. 육로를 통해 태국과 베트남, 캄보디아, 중국으로 넘어갈 수 있는데 나라별로 요구사항이 다르다. 태국은 무비자로 90일간 체류가 가능하고, 베트남의 경우 라오스와 마찬가지로 15일 무비자 입국이 가능하다. 단, 출국 후 30일 이내 재입국이 불가능하니 주의하자. 캄보디아는 국경에서 비자를 발급받아야 하며 4x6 사이즈 증명사진과 30달러가 필요하다. 웃돈을 요구하는 경우가 많으니 1~2달러 정도는 준비해가는 것이 좋다. 중국 역시 관광비자가 필요한데 국경에서 발급해주지 않으니 중국 대사관에서 미리 발급받아두어야 한다. 미얀마와는 국경을 맞닿고 있지만 육로 이동은 불가능하다. 방콕 미얀마 대사관을 거쳐 들어가는 것이 일반적이다.

국경도시 List
라오스-태국 비엔티안-농카이, 훼이싸이-치앙콩, 타켓-나콘파놈, 싸완나켓-묵다한, 팍세-총맥
라오스-베트남 쏩훈-떠이짱, 나파오-짜로, 단싸완-라오바오
라오스-캄보디아 원캄-동 크랄로
라오스-중국 보텐-모한

항공권 똑 부러지게 예매하기
국내 저가항공사의 활발한 취항으로 더 친밀해졌다. 라오항공, 대한항공, 진에어, 티웨이항공에서 인천-비엔티안 직항을 운행한다. 라오스 국적기인 라오항공은 일주일에 3회 부산-비엔티안 노선도 갖추고 있다. 라오항공 이용 시 오후에, 국내 항공사 이용 시 늦은 저녁에 비엔티안에 도착한다. 돌아오는 편은 모두 저녁에 있다. 성수기와 비수기 스케줄이 달라지니 미리 체크하자. 항공권은 평균 40~50만 원 선. 프로모션을 이용하면 20~30만 원에도 득템 가능하니 항공사 SNS 주시를 느슨히 해선 아니 되겠다. 원하는 가격대를 맞추려면 미리 예약하는 것은 필수다. 최근 라오항공에서 한국 승객을 위한 공식 판매지사를 두어 훨씬 편리해졌다.

한국 공식 웹사이트 www.e-laoair.com
진에어 www.jinair.com
티웨이항공 www.twayair.com

LAOS BY
AREA

라오스 지역별 가이드

01 주요 도시
02 남부
03 북부

꼭 가봐야 할
라오스
주요 도시 3

1. 비엔티안
2. 방비엥
3. 루앙프라방

Laos By Area

01

비엔티안
VIENTIANE

세상에서 가장 여유로운 수도이다.
동남아시아 최대의 물줄기 메콩 강이 유유히
흐르고 자연과 불교에 순응하며 살아가는
사람들이 그 속에 있다. 웅장한 자연 경관도 없고
침략과 전쟁의 역사 속에 문화유산은
다 타버렸다. 하지만 현지의 삶에 가까이
다가가는 것을 좋아한다면 비엔티안은 결코
볼 것 없는 도시가 아니다. 황금색 사원과 프랑스
콜로니얼 건물들이 조화롭게 늘어서 있는 거리를
걸으며 도시 곳곳에 숨겨진 보물들을 찾아보자.

Vientiane
PREVIEW

비엔티안의 현지 이름은 '위앙짠'. '달의 도시'라는 낭만적인 뜻이다. 시간이 천천히 흐르는 나라의 수도다운 이름이다. 1563년 쎗타티랏 왕이 미얀마의 위협을 피해 루앙프라방에서 이곳으로 수도를 옮기면서 지금까지 라오스 정치와 경제의 중심지 역할을 하고 있다. 5개의 국가와 맞대고 있는 지리적 특성과 프랑스의 식민 지배 역사를 가진 나라의 수도답게 다양한 문화가 균형과 조화를 이루고 있다.

ENJOY

남푸 분수를 중심으로 여행자거리가 형성되어 있다. 쎗타티랏 로드를 따라 사원들이 줄지어 있으니 산책하듯 둘러보자. 라오스의 상징 탓 루앙은 걸어가기에는 멀어, 자전거를 빌리거나 툭툭을 이용하는 것이 좋다. 부다파크와 연계한 관광 상품을 이용하는 것도 괜찮다. 느긋하게 둘러보다 메콩 강에서 마시는 비어라오 한 잔이면 소소한 행복의 시간을 보낼 수 있다.

EAT

비엔티안은 먹거리 천국이다. 동남아의 정취가 담긴 쌀국수부터 프랑스 전통 쿠진까지 없는 게 없다. 다른 지방의 다양한 음식도 쉽게 접할 수 있다. 여러 나라 음식을 저렴한 가격으로 맛볼 수 있으며 프랑스의 영향으로 카페 문화도 잘 발달되어 있다. 매일 저녁 메콩 강변을 따라 펼쳐지는 노천 포장마차 역시 놓쳐선 안 될 큰 즐거움이다.

BUY

라오스에서 쇼핑은 포기해야 할 부분 중 하나지만, 시장이 주는 즐거움은 단연 최고다. 신기한 식재료가 가득한 아침 재래시장은 물론, 해 질 무렵이면 메콩 강변을 따라 야시장이 들어선다. 여행 내내 입기 좋은 코끼리 바지를 득템할 수 있고, 선물용으로 제격인 파우치와 실크 머플러 등을 판매한다. 공정무역을 하는 기념품 가게가 군데군데 있는데 시장보다 퀄리티가 좋다. 대형 슈퍼마켓과 늦게까지 여는 편의점도 많아 불편한 점은 크게 없다.

SLEEP

라오스 내 숙박이 가장 비싼 도시이다. 여행자들이 머무르는 다운타운에 고급 호텔부터 저렴한 게스트하우스까지 다양한 숙소들이 모여 있다. 직접 발품 파는 워크인이 더 싸지만 새벽에 도착하는 비행 스케줄이 부담스럽다면 미리 예약하는 것이 좋다. 워크인 시 방을 먼저 보고 결정하는 것은 당연한 일이니 당당하게 요청하자.

Vientiane
BEST OF BEST

라오스 여행의 시작과 끝을 책임지는 비엔티안. 설렘은 배로 키워주고,
아쉬움은 조금이나마 달래줄 비엔티안 볼거리, 먹을거리, 즐길거리 베스트를 소개한다.

볼거리 BEST 3

석가모니의 사리가 묻힌
황금탑, 탓 루앙

파노라마 뷰가 환상적인,
빠두사이

역사를 잊어서는 안 된다,
코프 방문자 센터

먹을거리 BEST 3

진한 국물과 쫄깃한
면발의 조화, 쌀국수

착한 가격으로 즐기는 고품격,
프랑스 요리

여행의 시작과 끝은 항상,
비어 라오

즐길거리 BEST 3

툭툭타고 진짜 라오스 엿보기,
툭툭 사파리

쇼핑과 먹거리 모두
만족스러운, 메콩 강변 야시장

힌두와 불교의 만남,
부다 파크

Vientiane
GET AROUND

🚙 어떻게 갈까?

연이은 국내 항공사의 라오스 취항 소식에 높아진 인기를 실감할 수 있다. 현재 인천과 비엔티안을 잇는 항공사는 라오스 국적기인 라오항공과 국내 저가항공인 진에어와 티웨이가 있다. 라오항공의 경우 가격은 비싸지만 비행 시간표가 좋아 일정이 짧은 사람들에게 인기가 있다. 성수기에는 부산-비엔티안 구간도 오픈한다. 국내 항공사 이용 시 저녁 늦게 비엔티안 왓타이 Wattay 국제공항에 도착한다. 택시 걱정은 하지 않아도 된다. 공항이 무척 작은데다 나오면 택시와 미니밴이 줄 서 있다. 공항에서 숙소들이 몰려 있는 다운타운까지 약 4km 정도로 가깝다. 7달러 정찰제 택시라서 기사와 실랑이하지 않아도 된다는 반가운 뉴스! 1대당 가격이므로 다른 여행객과 합석하면 더 저렴하다. 또한 에어아시아에서 방콕-비엔티안, 방콕-루앙프라방을 잇는 항공편을 무척 저렴하게 판매하고 있어 프로모션 티켓이 많은 방콕과 연계해서 여행하는 사람들이 늘고 있다. 15일 이상 머물 예정이라면 공항 입국 시 비자를 연장해야 한다(059p 참조).

| 비엔티안 다운타운에서 공항가기 |

아쉬운 마음 가득 안고 한국으로 돌아가야 할 시간. 숙소나 레스토랑에 문의하면 택시를 불러준다. 역시 정찰제로 6달러. 거리에서 툭툭을 잡는다면 4~5만 낍 정도다. 가장 저렴한 방법은 딸랏 싸오 버스터미널에서 30번과 49번 버스를 이용하는 것이지만(편도 4,000낍) 운행시간이 오후 5시 30분까지로 짧다.

| 라오스 비엔티안-태국 농카이 국경 넘기 |

비엔티안은 메콩 강을 사이에 두고 태국 국경 농카이와 마주보고 있다. 1994년 호주의 투자로 지어진 우정의 다리Friendship bridge 덕분에 배를 탈 필요 없이 편하게 국경을 넘을 수 있다. 국경은 오전 6시부터 밤 10시까지 열려있다. 태국에서 국제 버스를 타고 라오스로 들어올 시 탈랏 싸오 버스터미널에서 내린다. 반대로 탈랏 사오 터미널에서 국제 버스를 타고 태국 농카이로 넘어갈 수 있다(편도 15,000낍). 15일짜리 라오스 비자를 연장하기 위해 잠시 나갔다 들어오는 것도 가능하다. 이 경우 국제 버스가 아닌 시내버스 14번을 타고 국경으로 가서 출국 절차를 밟는다(편도 6,000낍). 출국 절차를 마치면 우정의 다리를 건너 태국까지 데려다줄 셔틀버스를 타야 한다(편도 4,000낍). 태국 입국장을 통과 후 그대로 셔틀버스를 타고 다시 건너와 라오스 입국장으로 입국하면 비자 연장 끝! 말로 복잡해 보이지만 막상 가면 물 흐르듯 진행되어 별로 어려울 것은 없다. 라오스 쪽은 그다지 까다롭게 굴지는 않지만 오히려 태국 쪽에서 장기체류자들을 꼼꼼히 심사하니 참고하자. 많은 사람들이 이용하기 때문에 시간을 잘못 맞춰 가면 줄이 어마무시하다.

> **Tip** 만약 비자 연장하는 날이 주말 혹은 공휴일이거나, 오후 4시가 넘은 시간이라면 시간 외 서비스 추가 요금(10,000낍)이 발생한다. 여권에 찍힌 날짜보다 더 머물렀을 시 하루당 10달러의 벌금이 발생하므로 주의하자. 라오스에서는 태국 바트 사용이 가능하지만, 태국에서는 라오스 낍이 통용되지 않는다. 태국으로 완전히 넘어가는 사람이라면 낍을 미리 환전하는 것이 좋다.

어떻게 다닐까?

메콩 강변을 따라 나 있는 파 음웅Fa ngum 로드와 남푸 분수가 있는 셋타티랏Setthathirath 로드 주위로 여행자거리가 형성되어 있다. 볼거리, 레스토랑, 숙소가 몰려있어 걸어 다니는 데 무리가 없다. 탓 루앙과 왓 씨므앙처럼 중심가에서 떨어져 있는 곳을 갈 때는 자전거를 빌리거나 툭툭을 이용한다. 짧은 시간만 머무르는 여행자를 위해 여행사와 툭툭 기사들이 핵심 코스 투어를 진행하고 있다. 라오스 내 유일하게 시내버스를 볼 수 있다. 다른 도시로 이동할 경우 여행사를 통하거나 시외버스터미널에서 직접 티켓을 구입하면 된다.

| 교통수단 |

1. 툭툭

오토바이를 개조해 뒤나 옆에 사이드카를 붙인 현지식 택시이다. 크기별로 이름이 다르지만 통틀어서 툭툭이라고 부른다. 크기가 크다고 더 비싼 것은 아니다. 비엔티안의 툭툭 기사들의 바가지는 악명 높다. 정가제라고 쓰여 있는 표를 보여주는 뻔뻔함까지 갖췄다. 가장 많이 찾는 탓 루앙은 편도 2만, 왕복 5만 낍 정도면 충분하다. 동행이 있을 시 돈을 더 받으려고 하는데 인원수대로 주지 말고 적절히 흥정해야 한다. 왕복으로 이용하면 기다리는 비용까지 지불해야 하니 편도로 이용하는 편이 낫다. 널린 게 툭툭이다. 길에서 기다리고 있는 툭툭보다 지나가는 것을 잡아야 바가지가 덜 하다. 핵심 여행지인 빠뚜싸이와 탓 루앙, 왓 씨무앙을 엮어 투어처럼 다니는 것도 가능하다. 흥정은 부르는 가격에 절반을 깎고 그 전후로 딜을 하는 것이 좋다. 인원수에 따라 차이는 있지만 인당 10달러 이하.

2. 썽태우
픽업트럭이나 포터를 개조해 만든 현지 스타일 버스이다. 앞에 라오스어로 목적지가 쓰여 있고 썽태우 정류장이 따로 있지만 지나갈 때 손을 들면 태워준다. 근처 툭툭 드라이버나 현지인에게 얘기하면 잡아준다. 시내 지역 금액은 5,000낍으로 딸랏 싸오나 탓 루앙을 갈 때 이용하면 저렴하게 갈 수 있다. 마을과 마을을 잇는 시외버스 역할도 한다.

3. 버스
딸랏 싸오 버스 터미널에서 비엔티안 주변을 오가는 시내버스와 태국으로 넘어가는 국제버스를 탈 수 있다. 일본의 지원으로 생겼기에 버스마다 일장기가 그려져 있다. 에어컨이 나오고 쾌적하다. 터미널에 가면 영어로 된 노선표가 적혀 있다. 14번 버스를 타면 유명 관광지인 부다 파크를 갈 수 있다.

4. 렌터카
한인 여행사와 한인 쉼터에서 렌터카를 연결해주는 서비스를 하고 있다. 렌터카와 기사를 함께 빌려 편안하게 원하는 여행지를 골라 둘러볼 수 있다. 사람이 많을수록 가격은 내려간다. 혼자 왔다면 한인 쉼터에서 마음에 맞는 여행자를 찾아보는 것도 방법이다. 한인이 운영하기 때문에 문제가 생겼을 때 쉽게 처리할 수 있다는 장점이 있다.

| 비엔티안에서 다른 도시로 이동 시 |

1. 비행기
수도인 만큼 라오스 교통의 중심지 역할을 톡톡히 하고 있다. 태국, 베트남 등 주변국과 연결되는 국제선과 라오스 전역을 연결시키는 국내선을 이용할 수 있다. 왓타이 국제공항 내 국제선과 국내선 청사가 함께 있다. 국내선은 라오항공, 라오스카이웨이항공, 라오센트럴항공 세 곳에서 운행한다. 국내선 공항이 있는 지역은 루앙프라방, 팍세, 폰싸완, 사바나켓, 루앙남타, 우돔싸이, 훼이싸이다. 승객이 적으면 결항되기도 한다. 최근 라오스카이웨이항공에서 비엔티안-루앙프라방 구간을 저렴하게 판매하고 있어 인기가 높다. 라오스 남쪽을 여행하려는 사람이 늘어나면서 팍세행 비행기도 많이 이용하는 추세다.

Data 라오항공 www.laoairlines.com 라오스카이웨이항공 www.laoskyway.com
라오센트럴항공 www.flylaocentral.com 라오항공 한국지사 www.e-laoair.com

2. 버스

철도가 없는 라오스에서 주요 교통수단은 버스다. 다른 도시로 이동할 때뿐만 아니라 다른 나라로 넘어갈 때도 버스를 이용한다. 버스의 종류가 다양해 다소 헷갈릴 수 있다. 크게 일반(로컬) 버스와 익스프레스, VIP, 슬리핑버스, 미니밴이 있다. 로컬 버스는 낡고 에어컨이 없으며 지붕 위에 짐을 가득 싣고 승객들을 꽉꽉 태우는 것이 일반적이다. 익스프레스는 로컬 버스와 비슷하지만 경유지가 적어 소요시간이 짧다. 에어컨은 복불복. VIP버스는 우리나라 시외버스급이다. 하지만 한국에서 낡은 차를 들여와 수리한 것이라 큰 기대는 금물. 슬리핑 버스는 크고 2층 침대가 놓여있어 장시간 이동할 때 편리하다. 미니밴은 스타렉스 혹은 도요타 벤을 흔히 사용하며 에어컨이 나오고 작아서 속도가 빠르다는 것이 장점이다. 차량의 상태는 장담할 수 없으며 구입 티켓과 달리 버스 종류가 바뀌는 경우도 가끔씩 생긴다. 비엔티안에는 3개의 버스터미널이 있으며 각 버스터미널마다 국내와 국제버스를 운행한다. 딸랏 싸오 터미널과 북부터미널, 남부터미널이 있다. 북부터미널에서는 말 그대로 비엔티안보다 위쪽, 남부터미널은 아래쪽으로 가는 버스들을 탈 수 있다. 직접 가서 구입할 수도 있지만 중심가에서 떨어져 있어 주로 다운타운에 위치한 여행사나 숙소를 통해 구입한다. 이 경우 픽업비용과 약간의 수수료가 추가되지만 훨씬 편리하다. 금액 차이도 3~5천 원 정도로 크지 않다.

1. 딸랏 싸오 터미널

목적지	출발시간	소요시간	가격(낍)
방비엥	07:00, 09:30, 13:00	4시간	4만
카시	08:30	5시간	5만
태국 농카이	07:30, 09:30, 12:40, 14:30, 15:30, 18:00	2시간	15만
태국 우돈타니	08:00, 09:00, 10:30, 11:30, 14:00, 15:00, 16:30, 18:00	3시간	22만
태국 콘켄	08:15, 14:45	4시간	50만
태국 방콕	18:00	12시간	25만

※문의전화: 021-216-507

2. 북부버스터미널

목적지	출발시간	소요시간	가격(낍) 일반	VIP	Van	슬리핑
루앙프라방	06:30, 07:00, 07:30, V08:00, 08:30, V09:00, 11:00, 13:30, 16:00, 18:00, 19:00, V19:30, S20:00, S20:30	10시간	11만	13만	15만	15만
후에싸이(보케오)	S10:00, 17:30	28시간		23만		25만
루앙남타	08:30, 17:00	18시간	20만			
우돔싸이	06:45, V13:45, S16:00, V17:00	17시간	15만	17만		19만
퐁살리	07:15, S18:00	28시간	21만			23만
폰싸완	06:30, 07:30, 08:30, 09:30, 16:00, 18:40, S20:00	10시간	11만		12만	15만
쌈느아	07:00, V09:30, V12:00, S14:00, V17:00	20시간	17만	19만		21만
태국 방콕	V17:00	11시간		25만		
중국 쿤밍	V14:00, V18:30	30시간		70만		

※파란색- 벤, V-VIP버스, S-슬리핑 버스, V파란색- 벤과 VIP 둘 다 운행
※문의전화: 021-612-384

3. 남부버스터미널

목적지	출발시간	소요시간	가격(낍)		
			일반	익스프레스	VIP
타켓	04:00, 05:00, 06:00, 12:00, V13:00	6시간	6만		8만
사바나켓	05:30, 06:00, 06:30, 07:00, 07:30, 08:00, 08:30, 09:00, V20:30	8시간	7만5천		11만
팍세	07:15, 10:00, 12:30, 13:00, 13:30, 14:30, 15:00, 15:30, 16:00, E18:00, E19:00, E20:00, V20:30, V21:00	11시간	11만	14만	17만
돈 콩	10:30	15시간	15만		
콩로 동굴	10:30	7시간	8만		
베트남 하노이	S19:00, 19:30	22시간			23만
베트남 다낭	18:30, 19:00	22시간			23만
베트남 빈	19:00	16시간			16만
베트남 후에	(월, 목, 토)19:30	24시간			18만

※V-VIP버스, E-익스프레스 버스
※문의전화: 021-740-521
※소요시간은 현지 교통 상황에 따라 달라질 수 있습니다.

LAOS BY AREA 01
비엔티안

Vientiane
ONE FINE DAY

1일차

10:40
내 청춘을 꽃 피워줄
라오스로 출발

14:00
비엔티안 도착!

15:00
숙소 체크인 후
본격적인 여행 모드 ON

16:00
왓 미싸이부터
왓 씨사켓까지 사원 산책

2일차

08:00
라오스와 친해지기,
툭툭 사파리 스타트

21:30
길거리 포장마차에서
비어라오 한 잔

20:00
야시장 구경, 여행 사진을
살려줄 옷 득템하기

18:00
라오 키친에서
현지 음식 먹기

09:00
라오스 사람들의 주식,
찹쌀밥 장인 만나보자

10:00
전통 방식을 고집하는
은 세공소 견학

11:00
신기한 식재료가
가득한 재래시장 구경

12:30
가벼운 현지식 점심

라오스는 넓고 휴가는 짧은 각박한 현실에서 비엔티안은 여행지로 외면당하고 있다. 방비엥을 가기 위한 경유지 정도로만 여겨지는 것이 사실. 비엔티안은 한 나라가 응축된 미니 라오스다. 이 도시를 이해하는 것만으로도 라오스를 더 잘 느끼게 될 것이다. 비엔티안의 속살을 살포시 훔쳐볼 수 있는 2박 3일 코스를 소개한다. 여행 일정이 짧다면 둘째 날을 생략하자.

14:00
현재진행형이라 슬픈, 콥스 방문자 센터

15:00
부처님께 바칠 화관 막 뱅 만들기

16:00
왓 씨무앙, 부처님께 절 올리기

3일차

08:00
르 바네통에서 우아하게 유럽식 아침 누리기

21:00
촉디 바에서 분위기와 맥주에 취하기

20:00
막펫에서 업그레이드된 라오 음식 도전

18:00
참파 스파에서 마사지 즐기기

09:00
빠뚜싸이에 올라 비엔티안 전경 보기

10:00
탓 루앙에서 탑 돌아보기

11:30
쌀국수 사대천왕 퍼쎕에서 호로록 호로록

13:00
아쉬움과 설렘을 안고 방비엥으로 출발

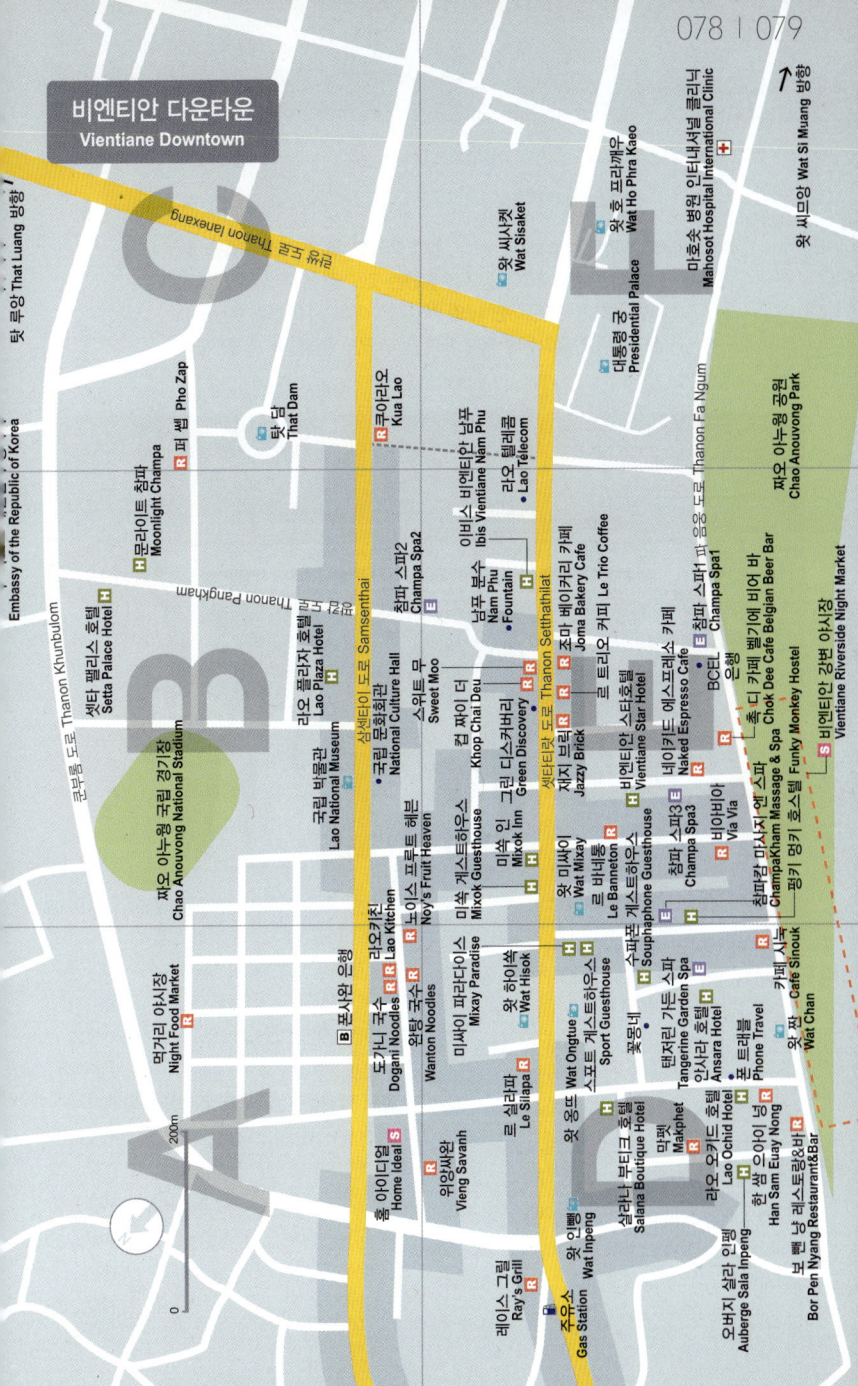

|Theme|
라오스 여행 시작부터 끝까지 완벽하게!

여행 첫날의 기억은 강렬하게 남는다. 설렘 반, 두려움 반으로 도착한 낯선 나라. 낯선 땅을 밟으며 이국적인 공기에 취하는 것도 잠시, 무엇부터 해야 할지 막막해지는 것은 비단 남의 이야기가 아니다. 여행의 혼돈을 잠재워주고 알아두면 피가 되고 살이 되는 꿀팁들을 소개한다.

첫날에 필요한 이모저모

• 왜 돈이 있어도 쓰질 못하니, 환전하기

비엔티안에서 가장 먼저 해야 할 일은 환전이다. 한국 은행에서 라오스 낍으로 환전이 불가해 미국 달러를 가져와 현지에서 환전하는 것이 일반적이기 때문이다. 달러 사용이 가능한 곳도 많지만 환율적으로 손해를 본다. 한 번에 많이 할 필요는 없지만 방비엥에서 쓸 돈까지 환전해서 가는 것이 낫다. 환율 차이가 많이 나 한 푼이 귀중한 배낭여행자라면 피눈물을 흘릴지도 모른다. 환율은 비엔티안 〉 루앙프라방 〉 방비엥 순이다. 환전은 은행과 사설 환전소에서 가능하다. 여행자들이 가장 많이 찾는 곳은 파 음웅 로드에 있는 비엔티안 은행 BECL의 환전소. 아침 8시 30분부터 오픈하며, 주말에도 운영한다. 또한 라오 텔레콤과도 멀지 않아 동선이 편리하다. 24시간 ATM 기기도 쉽게 찾을 수 있어 국제현금카드 사용도 가능하다.

• 라오 텔레콤을 찾아라, 유심칩 구입하기

여행에서 만큼은 스마트폰을 꺼둘 수 있다면 좋겠지만, 여행만큼 검색이 많이 필요한 상황도 드물다. 하루 만 원씩 하는 비싼 데이터 로밍과 오락가락하는 현지 와이파이 사이에서 갈등 중이라면 현지에서 유심칩을 구입하는 것을 추천한다. 라오텔레콤, 유니텔 등 현지 통

신사에서 심카드를 구입하고 데이터를 충전하여 사용하는 선불 방식이다. 방법도 어렵지 않고 저렴해 많은 여행자들이 이용하고 있다. 특히 비엔티안에 있는 라오텔레콤은 영어도 잘 통하고, 심카드 교체와 연결까지 직접 해주어 기계치인 사람도 문제없다. 7일 동안 1.5GB 데이터를 사용할 수 있는 패키지를 가장 많이 구입한다(심카드 10,000낍+데이터 사용료 10,000낍). 남푸 분수 근처에 있는 라오 텔레콤이 접근성이 좋다. 이비스 호텔을 바라보고 오른쪽 방향으로 걷다보면 라오텔레콤 서비스 센터라고 쓰인 노란 건물이 나온다. 그 건물로 들어가지 말고 옆 골목으로 조금만 들어오면 하얀 건물의 서비스 센터가 나타난다.

• **잘 이용하면 꿀이득, 한인 쉼터**

한인 쉼터를 잘 이용하면 여행을 윤택하게 만들어준다. 유명한 곳은 비엔티안 한인 쉼터와 꽃몽네가 있다. 에어컨이 팡팡 나오고 무료로 핸드폰 충전과 와이파이 사용이 가능하다. 해외에서 먹으면 더 꿀맛인 라면까지 준비되어 있다. 가장 유용한 서비스는 짐 보관과 샤워. 조금만 돌아다녀도 땀범벅이 되는 날씨에 다른 도시로 이동하기 전 혹은 마지막 날 비행기를 타기 전 샤워할 수 있다는 것은 행복이다. 1인 2만 낍 저렴한 가격으로 공항으로 데려다주는 샌딩 서비스를 함께 이용하면 금상첨화. 다양한 여행자를 만나 꿀팁을 얻을 수 있으며, 혼자 온 여행자라면 동행자를 구할 수도 있다. 방비엥으로 가는 버스와 렌트카 예약, 환전도 가능하다. 꽃몽네에서는 소금마을과 부다파크를 함께 갈 수 있는 외곽투어도 진행한다.

Data 비엔티안 한인 쉼터
전화 020-5611-6448, 카카오톡 bbh3331,
홈페이지 cafe.daum.net/lighthouseatlaos
꽃몽네 전화 020-5472,0285, 카카오톡 kwj1734

마음이 정화되는 신성한 사원

셋타티랏 로드를 따라 쭉 이어진 사원들을 거닐며 산책해보자. 안타깝게도 태국과의 전쟁으로 대부분 불에 타 원형을 잃어버렸지만, 라오스 사람들의 불심과 염원은 뜨겁게 살아있다. 불교에 관심이 없더라도 사원 특유의 고즈넉함에 마음속 나쁜 기운이 녹아 없어지는 평온을 느낄 수 있을 것이다.

유일한 역사의 산증인
왓 씨사켓 Wat Sisakhet

비엔티안에서 가장 오래된 사원으로 태국의 침략에서 유일하게 살아남았다. 란쌍 왕조의 마지막 왕조 짜오 아누웡 왕이 1818년에 준공하였으며 태국의 건축 양식을 본떠 지어졌다. 금, 은, 보석 등으로 화려하게 꾸며진 왕실 사원이었지만 현재는 흔적만 남아있을 뿐이다. 19세기 초 태국과의 전쟁 당시 점령군의 본부로 사용되어 소실을 막을 수 있었다. 왓 씨사켓에서 놓치지 말아야 할 두 가지가 있다. 바로 회랑과 대법전이다. 대법전을 둘러싼 회랑에는 다양한 크기와 재료로 만든 16~19세기의 불상들이 전시되어 있는데, 그 수가 무려 6,840개나 된다. 5층 지붕의 대법전은 태국과 라오스의 건축 양식이 합쳐진 독특한 모습으로 가치가 높다. 또한 목판을 세공하여 만든 외부 장식이 그대로 남아있는데 그 정교함이 놀랍다. 이른 오전에 방문하면 현지 사람들이 기도를 하고 음식을 공양하는 모습을 볼 수 있다. 민소매나 짧은 하의 차림으로는 입장할 수 없다.

Data 지도 079p-F
가는 법 Thanon Setthathirath과 Thanon Lan Xang의 교차점
운영시간 08:00~12:00, 13:00~16:00
요금 입장료 5,000낍

라오스 엽서의 단골손님
탓 루앙 That Luang

라오스 관련 팸플릿 표지를 장식하는 금빛 사원. 국가의 상징이자 라오스에서 가장 신성시되는 건축물이다. 3세기 경 인도의 아소카 왕이 파견한 승려들이 부처님의 가슴뼈 사리와 유물을 루앙 언덕(푸 루앙)에 묻고 돌기둥을 지은 것이 기원이라 전해진다. 1566년 쎗타티랏 왕이 루앙프라방에서 비엔티안으로 수도를 옮긴 후 불심을 다잡으려 황금 탑을 건설하였다. 입구에 있는 동상이 바로 쎗타티랏 왕이다. 450kg의 금으로 지어 화려함을 뽐내던 탑은 18~19세기 미얀마와 태국, 중국의 침략으로 대부분 파괴되었다. 프랑스 통치 시기 중 복원공사가 이루어졌고 1995년 황금색을 입혀 현재와 같은 모습이 되었다. 웅장함과 위상은 당시와 비교할 바 못되지만, 라오스 사람들에게 굉장히 의미있는 곳이다. 11월에 열리는 탓루앙 축제에는 승려들과 전통의상을 갖춰 입은 사람들이 모여 건강과 안녕을 기원하며 탑돌이를 한다. 평생 꼭 한 번 참가하는 것이 소원일 만큼 탓 루앙에 대한 존경은 대단하다. 최근 단체관광객들이 많이 찾으면서 시끌벅적한 모습이 인상을 찌푸리게 한다. 즐거운 여행도 좋지만, 다른 종교와 문화를 배려하는 성숙한 여행 문화가 필요하다.

Data 지도 078p-C
가는 법 빠뚜사이에서 북쪽으로 약 2km
운영시간 08:00~12:00, 13:00~16:00
요금 입장료 5,000낍

소원을 말해봐
왓 씨므앙 Wat Si Muang

늘 북적북적 활기가 넘치는 비엔티엔의 어머니 격 사원이다. 과거에는 도시를 건설할 때 번영을 기원하는 기둥 '락 므앙'을 세워 수호신의 역할을 해왔다. 왓 씨므앙은 1563년 셋타티랏 왕이 비엔티안으로 수도를 옮긴 후 기둥 자리에 건설된 사원이다. 락 므앙은 현재 일부만 남아 대법전 두 번째 방에 전시되어 있다. 방 가운데 황금빛으로 칠한 비석모양의 돌기둥이 색색의 천에 쌓여있다. 전설에 따르면 화가 난 영혼을 달래기 위해 젊은 임산부가 기둥을 세울 자리에 스스로 몸을 던져 희생했다고 한다. 그녀의 이름 '씨므앙'을 따서 사원의 이름을 지었으며 건물 뒤쪽에 씨므앙의 동상이 아담하게 세워져있다. 정령을 숭배하는 고대 신앙과 불교의 조화가 재미있다. 물을 뿌리며 흰색 실을 손목에 묶어주며 행운을 빌어주는 스님, 꽃과 과일을 바치는 사람들, 나무 막대기가 든 통을 흔들어 점을 치는 학생들 등 이색적인 장면이 펼쳐진다. 현지인들은 이곳에서 소원을 빌면 들어준다고 믿는다. 독특한 점은 소원과 약속을 교환해야 한다. 소원을 빌면서 자신이 무엇을 하겠다고 어떠한 약속을 하고, 지키면 소원이 이루어진다는 것! 밑져야 본전, 한 번 빌어보자. 관대한 라오스 신이 소원성취해주실지도.

Data 지도 078p-E
가는 법 Thanon Setthathirath. 왓 씨사켓에서 동쪽으로 도보 15분
운영시간 06:00~19:00
요금 입장료 무료
홈페이지 www.watsimuang.com

라오인의 서러움이 담긴
왓 호 프라깨우 Wat Ho Phra Kaeo

맞은편의 왓 씨사켓과 달리 전쟁의 화살을 피할 수 없었다. 역사적으로 무척 중요한 곳임에도 불구하고 파괴되고 재건축되고를 3번이나 반복했다. 15세기 쎗타릿 왕이 수도를 천도하면서 루앙프라방에서 옮겨온 옥으로 만든 불상을 모시기 위해 만들어진 절이다. 파 깨우 혹은 프라깨우Phra kaeo라 불리는 이 불상은 왕실과 국가의 번영을 가져다준다고. 때문에 라오스뿐만 아니라 주위 불교국가에서도 매우 신성시한다. 하지만 1828년 태국과의 전쟁에서 사원도 소실되고 불상도 빼앗겨 라오스인의 한이 서린 곳이기도 하다. 현재 불상은 태국의 왕실사원에 보존되어 있으며, 호 프라깨우는 사원의 기능보다 불상을 전시한 작은 박물관으로 사용되고 있다.

Data 지도 079p-F 가는 법 왓 씨사켓 맞은편에 위치
운영시간 08:00~12:00, 13:00~16:00 요금 입장료 5,000낍

희망이 깃들어있는
왓 미싸이 Wat Mixay

다운타운 중심가에 위치한 작은 사원. 쎗타티랏 왕 시절 버마와의 전쟁에서 승리한 것을 기념하기 위해 지어졌다. 사원 안쪽으로 들어가면 뜻밖에 보물 같은 장소를 발견하게 된다. 바로 캐러멜 박스 모양의 아담한 초등학교. 학생들의 낭랑한 목소리를 듣고 있자면 기분까지 밝아진다. 옆에 위치한 왓 옹뜨에는 비엔티안에서 가장 큰 황동 불상인 '프라 옹뜨'가 있으니 같이 들르면 좋다.

Data 지도 079p-E 가는 법 Thanon Setthathirath, 조마 베이커리에서 도보 3분 운영시간 06:00~18:00 요금 입장료 무료

> **Tip 사원을 돌아볼 때 이것만은 지켜주세요!**
> - 여성은 민소매와 무릎 위로 올라간 하의 피하기(체크하지 않더라도 예의에 어긋난 행동)
> - 승려는 여성과 몸이 닿아서는 안 되니 조심하기
> - 큰 목소리로 떠들지 않기
> - 스님에게 카메라를 들이대지 않기
> - 종교에 대한 존경을 보이며 예의 갖추기

| 비엔티안 다운타운 100배 즐기기 |

위풍당당 비엔티안의 중심
빠뚜싸이 | Patuxai

산스크리트어로 빠뚜는 문, 싸이는 승리를 뜻한다. 프랑스 독립전쟁에서 사망한 사람들을 기리기 위해 만들어진 승리의 문이다. 미국이 공항 건설을 위해 지원한 시멘트로 만들었기 때문에 '서있는 활주로'라는 별명이 생겼다. 겉모습은 프랑스 개선문이지만 내부는 라오스 양식의 독특한 건축물이다. 동서남북으로 나있는 4개의 아치에는 나가(머리 7개가 달린 전설 속의 용)가 장식되어 있으며 천장에는 힌두 신과 신화 속 인물들이 조각되어 있다. 중간중간 불상이 놓여있으며 꼭대기에 있는 5개의 탑은 불교의 5대 가르침을 뜻한다. 꼬불꼬불 계단을 따라 7층을 올라가면 비엔티안 시내가 펼쳐진다. 라오스 건축법상 주변에 빠뚜싸이보다 높은 건물을 짓지 못하게 되어있어 탁 트인 전경을 자랑한다. 낮은 현대식 건물과 공원이 어우러져 정돈된 유럽 소도시 같은 느낌을 준다. 공산혁명정부가 들어선 후 과거 정부의 유물이라는 이유로 없어질 뻔했지만 다행히 살아남아 현재 도시의 중심을 잡아주고 있다. 빠뚜싸이 왼쪽에는 정부청사가 있으며, 대통령궁부터 빠뚜싸이, 탓 루앙까지 뻗은 거리는 정부의 각종 기관과 은행이 있는 심장부다. 빠뚜싸이를 둘러싼 분수공원은 낮에는 시원한 야자 그늘로, 밤에는 아름다운 분수와 음악이 연주되어 시민들의 휴식공간으로 인기가 높다.

Data 지도 078p-C
가는 법 Thanon Lanxang, 남푸 분수에서 도보 15분
전화 020-7772-4569
운영시간 08:00~16:00
요금 입장료 3,000낍

비엔티안의 수호신
탓 담 That Dam

검은 탑이라는 뜻이지만 원래는 순금으로 덮여있었다고 전해진다. 종 모양의 탑에는 머리가 7개인 전설의 용 나가가 살고 있으며 태국의 침략으로부터 나라를 지켜줄 것이라 믿어져 왔다. 제대로 관리되지 못한 채 세월을 맞으며 화려한 모습을 잃었지만 비엔티안 사람들에게는 여전히 도시의 수호신으로 여겨진다.

Data 지도 079p-C 가는 법 남푸 분수 오른쪽 라오텔레콤 지나 골목으로 직진 요금 입장료 무료

현재진행형이라 더 슬픈
코프 방문자 센터 COPE Visitor Center

COPE는 교정재활협력기구 Cooperative Orthotic and Prosthetic Enterprise의 약자로 불발탄 폭발로 인해 피해를 입은 사람들을 위해 설립되었다. 베트남 전쟁 시 미국은 베트남의 물자 보급을 끊기 위해 라오스에 무차별 폭격을 가했다. 1964년부터 1973년까지 58만 번 이상 폭탄을 투하했으며 양은 2백만 톤에 다다른다. 더 슬픈 것은 이는 단지 기록된 것만 카운팅한 것이라는 사실. 비극은 여기서 그치지 않는다. 이 폭탄 중 30%는 불발탄으로 남아 지금까지도 사고가 끊이지 않고 있다. 폭발에 많은 사람들이 목숨을 잃고 장애를 얻었다. 코프는 이들을 지원하고 돕는 비영리 조직으로, 재활치료를 위한 의족, 의수 제공하고 불발탄을 제거하는 사업을 한다. 코프 방문자 센터에는 전쟁 당시 참혹함을 알 수 있는 폭탄과 자료들이 전시되어 있다. 또한 불발탄 사고의 위험성과 현재까지도 라오스 사람들의 삶에 얼마나 영향을 미치고 있는지도 잘 보여주고 있다. 따뜻한 미소 뒤에 감춰진 아픔을 느낄 수 있는 시간이 될 것이다.

Data 지도 078p-F
가는 법 Thanon Khou Vieng, 왓 씨므앙에서 도보 3분. 그린파크 부티크 맞은편
전화 021-218-427
운영시간 09:00~18:00
요금 입장료 무료
홈페이지 www.copelaos.org

조용하게 둘러보기 좋은
국립 박물관 Lao National Museum

콜로니얼 양식을 그대로 갖춘 2층 건물. 한 나라를 대표하는 박물관이라고 하기엔 다소 아담하지만 역사와 문화를 간략하게나마 이해할 수 있도록 도와준다. 식민지 시절 프랑스 주지사의 저택이었던 건물을 1985년부터 혁명 박물관으로 사용, 2000년 이후 국립 박물관으로 불리게 되었다. 1층에는 선사시대 유물과 크메르 문화를 나타내는 유적들이 전시되어 있으며, 2층에는 파텟 라오(라오스 공산당)의 라오스 독립에 대한 이야기가 펼쳐진다. 인도차이나 전쟁과 독립, 사회주의 정부 수립 등 굵직한 사건들의 파악하기 좋다. 단, 예전 혁명 박물관이었던 만큼 이야기의 초점이 라오스 정부의 주관적이라는 점을 참고하자. 내부 촬영을 철저하게 금지한다.

Data 지도 079p-B
가는 법 Thanon Samsemthai Rd, 남푸 분수에서 도보 3분
전화 021-212-460
운영시간 08:00~12:00, 13:00~16:00
요금 입장료 10,000킵

대통령은 없어요
대통령 궁 Presidential Palace

우아한 프랑스 건축 스타일이 돋보이는 저택이다. 맞은편 왓 씨사켓과 함께 프랑스와 라오스라는 절묘한 그림을 만들어낸다. 1973년 황실의 거주지로 지어지기 시작했으나 1975년 빠텟 라오가 정권을 잡은 후 11년 동안 완공되지 못했다. 현재 일반인에게는 공개하지 않고 있으며 국가적인 행사에만 가끔 사용된다. 밤에는 조명이 들어와 예쁜 사진을 찍을 수 있다.

Data 지도 079p-F
가는 법 Thanon Setthathirath과 Thanon Lan Xang의 교차점
운영시간 24시간, 내부입장 불가

> **Tip 비엔티안 알차게 돌아보는 코스 소개**
> 시간과 관심사에 따라 코스는 짜기 나름. 아래 동선으로 움직이면 알짜배기를 볼 수 있다.
> 왓 미싸이 → (도보 10분) 대통령 궁 → (도보 1분) 왓 호 프라깨우 → (도보 2분) 왓 씨사켓 → (도보 15분) 빠뚜싸이 → (툭툭 5분) 탓 루앙 → (툭툭 10분) 왓 씨무앙 → (도보 5분) 코프 방문자 센터

|Theme|
비엔티안 속으로 풍덩~! 툭툭 사파리

특색 없고 영혼 없는 빤한 투어는 사절! 라오스에서 매우 친근한 이동 수단인 툭툭을 타고 비엔티안의 속살을 누비는 툭툭 사파리를 만나보자. 라오스인 에라와 호주인 페타 부부가 운영하는 투어로, 유명 관광지를 소개하는 투어가 아니다. 동남아 여행 중이던 페타가 우연히 에라가 몰고 있던 툭툭을 탔고, 두 사람은 사랑에 빠졌다. 결혼까지 골인 후 툭툭을 이용해 여러 가지 아이디어를 구상했다. 직접 논에 들어가 모내기 혹은 추수를 하거나, 함께 장을 보고 요리하기, 로컬들과 밥 먹기 등 '레알 라오스'를 경험할 수 있는 다양한 프로그램들을 진행한다. 역사와 문화에 관심이 많은 유럽인들 사이 입소문을 타더니 현재 트립어드바이저 투어 부분 1위를 달리고 있다. 가장 인기 있는 투어는 '라오사람으로 하루 살아보기 live lao for one day'. 그들의 문화, 식생활, 종교, 역사를 두루 살펴볼 수 있는 알찬 하루를 약속한다.

Data 전화 020-5433-3089
요금 데이투어 1인 32~70달러
홈페이지 www.tuktuksafari.com

> **Tip** 툭툭이 1대밖에 없어 투어 시간이 제한되어 있다. 24시간 전 사전예약은 필수, 성수기에는 그 전에 미리 예약하는 센스가 필요하다. 예약은 홈페이지를 통해 할 수 있다.

| Traveler's diary |
'라오사람으로 하루 살아보기'

Course

숙소 픽업 → 왓타이 마을에서 찰밥 냠냠 → 참파란쌍 은 세공소 구경 → 탓루앙 브리지 마켓 탐험 → 점심 → 코프 방문자 센터 → 왓 씨무앙 → 숙소 드롭

09:00 카오 람 장인의 집

첫 번째 코스는 매콩강변에 있는 왓타이 노이 탓Wattay Noy That 마을이다. 라오스 사람들의 주식 스티키 라이스sticky rice를 전통방식으로 만드는 곳이다. '끈적거리는 밥'이라는 뜻의 스티키 라이스는 찰기 있는 쌀을 대나무통에 넣어 찐 찹쌀밥으로 쫀득쫀득하면서 부드러운 게 특징이다. 반찬과 함께 먹는 일반적인 찹쌀밥과 디저트로 먹는 달콤한 버전이 있다. 라오어로 찹쌀밥은 카오 니아우Khao niaw, 대나무 통에 담긴 달콤한 찹쌀밥은 카오 람Khao larm이라고 부른다. 이곳에서는 카오 람을 만드는 것을 코앞에서 볼 수 있다. 집안 대대로 만들어 왔으며 장인으로 인정받는 곳이다. 매일 약 12kg의 쌀을 이용해 만드는데 행사가 있는 날이면 시장에 가지 않아도 사람들이 집으로 찾아와 금세 품절이 된다. 카오 람을 만드는 것은 쉽지 않다. 쌀을 불려 타로와 코코넛 밀크를 섞고, 대나무 통에 넣어 숯불에 구운 뒤, 대나무의 껍질을 벗겨 속살만 남겨야 완성이다. 타지 않도록 불 앞에서 돌려가며 굽는 일도, 뜨거운 대나무를 잡고 껍질을 벗기는 일도 어느 하나 쉬운 것이 없다. 하얀색과 보라색 카오 람, 두 가지를 맛볼 수 있다. 하얀 카오 람은 코코넛 맛의 달콤한 풍미가 좋고 보라색 카오 람은 흑미를 사용하여 고소하다.

10:30 외길인생, 참파란쌍 은 세공소

라오스 사람들은 은이 불운으로부터 자신을 보호해준다 믿는다. 종교의식용 그릇뿐만 아니라 팔찌, 벨트 등 몸에 지니는 액세서리까지 즐겨 찾다보니 은 세공이 발달했다. 대량 생산의 영향으로 요즘은 전통적인 방법으로 만드는 곳이 줄고 있다. 참파란쌍 은 세공소는 28년 째 수작업을 이어나가고 있다. 벽에는 각종 상장과 훈장들이 걸려 있다. 세심하게 은을 자르고 녹여 어떻게 문양이 완성되는지 볼 수 있다. 말 그대로 한 땀 한 땀 만드는 것을 보면 평범한 은 팔찌로 보이지 않을 것. 작업하는 사람들의 나이가 무척 어린데 형편상 학교를 갈 수 없는 아이들에게 기술을 가르쳐주는 로컬 커뮤니티 역할도 하기 때문이다.

11:30 냉커피가 예술인, 탓루앙 브리지 마켓

재래시장 구경은 언제나 신이 난다. 처음 보는 식재료가 가득 하고 활기찬 발걸음으로 오가는 사람들을 보는 재미가 쏠쏠하다. 과일인지 야채인지 모를 신기한 무언가를 보았는데 시장 사람 대부분 영어를 전혀 못해 답답한 경험이 있을 것이다. 툭툭 사파리 투어에서 궁금증을 해소해보자. 식재료에 대한 설명과 요리하는 방법을 알려주고, 맛도 볼 수 있다. 하이라이트는 바로 커피. 시장 귀퉁이에 앉아서 마시는 달달한 커피 한 잔의 맛을 알면 이제 라오스 사람 다 된 것. 뜨거운 커피는 사약 같이 쓴 커피와 연유가 함께 나오고, 아이스커피를 시키면 달달한 인스턴트커피가 커다란 비닐봉지에 담겨 나오는데 별미 중 별미다.

14:30 현지인 다 됐다! 왓 씨무앙에 절 올리기

마지막 코스로 비엔티안의 어머니 사원 왓 씨무앙을 방문한다. 자세히 보면 라오스 사람들이 기도를 할 때 꽃을 바치는 것을 알 수 있다. 그중 메리골드는 스님의 옷 색깔과 닮은 오렌지 빛이 행운을 가져다준다 여겨 흔하게 쓰이는 꽃 중 하나다. 바나나 나뭇잎을 3단으로 쌓은 후 주위에 메리골드를 꽂은 꽃 탑을 볼 수 있는데 라오어로 막 뱅Mak beng이라고 한다. 왓 씨무앙에 가기 전 막 뱅을 직접 만드는 경험을 하는 것이 포인트. 어설픈 솜씨로 바나나 잎을 찢고 붙이다 보면 어느새 뚝딱 완성이다. 정성 가득, 손수 만든 막 뱅을 들고 왓 씨무앙으로 가서 바치며 기도를 하고 나면 정말 소원이 이루어질 것만 같다.

> **Tip 영어를 잘 못하는데 괜찮나요?**
> 한인 여행사가 아닌 이상 투어를 신청하면서 언어의 장벽을 걱정하지 않을 수 없다. 역사적 배경과 문화적 설명을 잘 알아듣지 못한다면 투어를 100% 즐기기는 어렵겠지만, 전체적으로 보고 체험하는 것이 많기 때문에 영어를 잘하지 않아도 큰 상관은 없다. 다른 국가에서 온 여행자들을 만날 수 있는 것도 장점 중 하나이다.

| 반나절 외곽 투어 |

비엔티안은 머물수록 매력 있는 곳이다. 도시를 걷는 것도 좋지만 조금만 시간을 내 외곽으로 나가보자. 또 다른 색깔의 비엔티안을 만날 수 있다. 소금마을에서는 치열하게 살아가는 삶의 무게를, 부다 파크에서는 잠시 무게를 내려놓고 만끽하는 휴식의 여유를 느껴보자.

바다는 없지만 소금은 있다
콕사앗 소금마을 Khok Sa Ath Salt Village

5개 나라에 둘러싸인 동남아시아 유일의 내륙국가지만 염전이 존재한다. 염전 옆에 쌓인 대나무 바구니에는 하얀 소금이 넘실거린다. 라오스가 먼 옛날에는 바다였다는 이론을 증명하는 것이다. 그때 형성된 암염층에서 염수를 끌어올려 소금을 만든다.

Data 지도 078p-C
가는 법 다운타운에서 북서쪽으로 21km, 차로 30분 소요
요금 입장료 무료

소금은 염전에서 자연증발시키거나 가마에 끓여서 얻는다. 콕사앗 마을은 비엔티안 근교에 있는 소금마을 중 가장 크고 차로 30분 이내 갈 수 있어 가볼 만하다. 40여 개의 지하수를 끓이는 모판이 모여 있고 뒤로는 넓은 염전이 펼쳐져 있다. 염전 중간에는 지하수를 끌어올리는 펌프가 설치되어 있다. 20시간 이상을 가마에서 졸여야 살균처리가 된 정제 소금이 된다. 눌어붙지 않도록 매시간마다 저어줘야 한다. 열기 따위에 아랑곳하지 않고 비 오듯 땀을 흘리며 작업하는 사람들을 보고 있자면 소금의 귀중함은 물론, 왠지 모를 애잔함까지 든다. 가벼운 마음으로 놀러갔다가 묵직한 마음으로 돌아오는 곳이다.

 Tip 들어서는 순간부터 아이들이 따라다닌다. 사탕, 문구 등 작은 선물을 준비해가면 아름다운 미소로 보답해줄 것이다.

부처와 시바 신의 오묘한 조화
부다 파크(씨엥쿠안) Buddha Park(Xieng Khuan)

비엔티안 시내에서 25km 떨어진 곳에 위치한 조각공원이다. 많은 이의 존경을 받는 태국 고승 분루아 수리랏의 작품이다. 불교뿐만 아니라 힌두교까지 정통한 그는 1958년 두 종교의 원리를 형상화한 200여 점의 조각들로 공원을 채웠다. 부다의 일대기와 힌두 신, 라마야나 설화 등이 펼쳐져 있으며 얽힌 이야기를 알면 훨씬 더 알차게 즐길 수 있다. 가장 돋보이는 것은 거대한 와불상. 파란 하늘을 배경으로 길이 40m의 누워있는 부처의 모습은 압도적이다. 초입에 놓인 커다란 호박 모양의 조형물은 부다파크의 상징이자, 전경을 한눈에 볼 수 있는 전망대이다. 3층의 세계로 나눠져 있는데 각 지옥, 현생, 천국으로 재현해두었다. 전망대 위 호박 꼭지처럼 보이는 것은 다음 생을 결정짓는 생명의 나무를 표현한 것이다. 종교적인 의식보다는 휴식의 장소로 많이 찾는다. 공원 안쪽으로 메콩 강을 바라보며 음식을 즐길 수 있는 식당도 마련되어 있다. 입장료 외 촬영 값 3,000낍을 따로 받는데 가방에 넣어서 입장하면 굳이 내지 않아도 된다.

Data 지도 078p-F
가는 법 딸랏 사오 터미널에서 14번 버스 이용
전화 021-212-248
운영시간 08:00~17:00
요금 입장료 5,000낍, 촬영비 3,000낍

> **Tip** 콕사앗 소금마을과 부다파크 둘 다 돌아보고 싶다면 개별적으로 툭툭 혹은 택시를 렌트해야 한다. 비싸고 흥정도 만만치 않아 소규모 인원이라면 여행사 상품을 이용하는 편이 낫다. 폰 트래블과 한인 쉼터 꽃몽네에서 외곽투어를 진행하고 있다.

| 여행의 시작과 끝은 마사지와 함께 |

*비엔티안은 대부분 라오스 여행의 시작과 끝을 담당한다. 한국에서 가져온 피로를 내려놓고 가볍게
여행할 수 있도록 도와주고, 떠나기 전에는 아쉬운 마음을 달래기 딱 좋은 마사지! 눈 높은 한국
여행자들의 마음을 사로잡을 수 있는 마사지 숍을 소개한다.*

지친 몸과 마음을 위한 선물
탠저린 가든 스파 Tangerine Garden Spa

여행자거리에서 보기 드문 고급스러움이 입구부터 묻어나는 곳이다. 안살라 호텔 맞은편 짙은 녹음 사이로 빛나는 오렌지색 간판과 하얀 외벽이 어우러진 단정한 건물이 보인다. 안으로 들어서면 보기보다 넓은 실내가 펼쳐진다. 개별 룸으로 나누어져 프라이버시가 보장되며 일행과 오붓하게 즐길 수 있다. 시그니처 마사지는 텐저린 아로마 마사지. 자신의 몸 상태에 맞는 오일을 사용해 스트레스로 뭉친 몸을 부드럽게 풀어준다. 지압과 스트레칭을 결합한 타이 요가 마사지는 컴퓨터 앞에서 굳었던 몸을 가볍게 하는데 최고. 파워풀한 마사지를 좋아하는 사람에게 추천한다. 스파와 사우나 시설을 갖추고 있으며, 스파와 페이셜, 보디 스크럽, 마사지를 결합하여 만든 다양한 패키지가 준비되어 있다. 마사지 전에는 더위를 진정시킬 시원한 웰컴 드링크와 타월을, 마사지 후에는 따뜻한 차와 타월을 준비하는 배려가 돋보인다. 길거리 마사지 숍보다 가격은 비싼 편이지만, 한국에서 기본 마사지 한 번 받을 돈으로 럭셔리한 패키지를 즐길 수 있다. 합리적인 가격으로 즐기는 나를 위한 호사, 이게 바로 동남아 여행의 묘미가 아니겠는가.

Data 지도 079p-D
가는 법 쑤파폰 게스트하우스 옆 골목으로 들어와 도보 3분
전화 021-251-451
운영시간 09:00~21:00
요금 발마사지 80,000낍~, 아로마 마사지 220,000낍
홈페이지 facebook.com/tangerinegardenspa

실력+시설+가격, 만족 3종세트
참파 스파 Champa Spa

여러모로 만족도 갑! 한국인들에게 인기가 많은 곳으로 다운타운에만 벌써 3개의 지점을 가지고 있다. 발 마사지 6만 낍, 전신 마사지 8만 낍으로 다른 숍들과 가격은 비슷하면서, 훨씬 더 쾌적한 시설을 자랑하니 사랑받을 수밖에. 사실 태국만큼 마사지가 발달된 나라가 아니기에 어설픈 곳에 갔다간 쓰담쓰담만 당하기 부지기수지만, 참파 스파는 전문적인 테라피스트들을 갖추고 있어 안심할 수 있다. 조금 더 럭셔리한 경험을 원한다면 천연 에센셜 오일을 사용한 아로마 마사지와 19가지 허브를 넣은 허브볼로 꾹꾹 눌러주는 허벌 마사지를 추천한다. 다양한 마사지를 받아볼 수 있는 콤비네이션 코스도 있다. 헬시 스파 패키지는 따뜻한 허브로 몸을 감싸는 보디 스팀과 묵은 때를 날려주는 스크럽, 아로마 마사지를 한 번에 받을 수 있는 디톡스 프로그램이다. 일상에서 쌓아왔던 독소와 안녕하고 한결 가벼워진 몸을 느낄 수 있을 것이다.

Data 지도 079p-E 가는 법 1~3호점이 가까이 있다. 남푸 분수에서 메콩 강 쪽으로 내려가면 1호점이, 북쪽으로 올라가면 2호점이 있다. 3호점은 1호점 옆 골목 Manthaturat Rd에 위치 전화 021-251-926 운영시간 09:00~22:00 요금 라오 전통 마사지 80,000낍
홈페이지 www.champaspa.com

우유, 피부에 양보하세요
참파캄 마사지 앤 스파 ChampaKham Massage&Spa

참파 스파와 견주어도 손색이 없는 곳. 깨끗한 외관만큼이나 실내도 잘 꾸며놓았다. 발마사지와 전신마사지가 1시간에 6만 5천 낍으로 무척 저렴한데 오전 10시부터 오후 1시까지는 프로모션으로 추가할인이 된다. 사우나와 스파 시설도 갖추고 있다. 눈여겨볼 프로그램은 우유를 이용한 밀크 마사지와 밀크 바스. 각질 제거와 미백에 뛰어난 우유에 몸을 담고 있자니 뜨거운 햇볕에 지친 피부가 다시 살아나는 기분! 한 번만으로도 한결 촉촉하고 부드러워진 피부를 느낄 수 있을 만큼 탁월한 효과를 자랑한다.

Data 지도 079p-E 가는 법 왓 옹뜨와 왓 미싸이 사이 골목으로 들어와 도보 5분 전화 020-9565-9956 운영시간 10:00~22:00 요금 마사지 65,000낍~

 Tip 대부분의 숍에서 라오 낍뿐만 아니라, 태국 바트와 미국 달러 사용이 가능하다. 규모가 큰 곳에서는 신용카드도 가능하지만 3% 이상의 추가 금액이 붙는다.

먹기 위해 여행하는 사람을 위한 도시! 비엔티안은 라오스에서 먹거리가 가장 발전된 미식의 도시다. 전통 음식부터 세계 각국 다양한 요리를 맛볼 수 있다. 프랑스 식민지 시대의 향수를 간직한 프렌치 레스토랑과 카페도 많다. 입이 즐거운 비엔티안에서는 하루 세끼가 부족하다.

| 라오스는 국수다. 쌀국수 사대천왕 |

이것이 쌀국수다!
퍼 쎕 Pho Zap

1958년에 오픈한 쌀국수의 정석을 보여주는 곳이다. 퍼는 '쌀국수', 쎕은 '맛있다'라는 뜻의 라오스 말이다. 진한 국물은 먹자마자 감탄이 절로 나오며 이제껏 먹은 것은 쌀국수가 아니었음을 깨닫게 될 것. 제공되는 신선한 허브와 야채들을 찢어 넣고, 숙주를 듬뿍 올린 후 라임으로 맛의 균형을 잡아주면 준비 완료. 식탁 위에 여러 양념장이 놓여있다. 고추를 빻아 만든 빨간 양념장과 고추 피클을 넣으면 얼큰하다. 사이즈는 점보, 라지, 스몰이 있는데, 양이 제법 많은 편. 쌀국수 외 볶음밥 등 다른 메뉴도 있다. 오후 3시까지 영업하며 늘 현지인들로 가득하다. 비엔티안 내 세 지점 중 탓 담 근처에 있는 2호점이 이용하기 편리하다.

Data 지도 079p-C
가는 법 Thanon Pai Nam. 탓 담에서 도보 3분
전화 021-213-430
운영시간 06:00~15:00
가격 퍼 20,000~30,000낍

> **Tip** 영문 표기만 보고 포 잡이라고 읽으면 현지에서 통하지 않는다. 간판 사진만 보여줘도 알 정도로 유명하니 못 찾겠으면 물어보자.

쫄깃한 면발이 예술
한 쌈 으아이 넝 Han Sam Euay Nong

'세 자매 집'이라는 뜻으로 유명하다. 깔끔하게 차려진 가게 안에는 세 자매의 사진과 상장들이 장식되어 있다. 쌀국수 퍼뿐만 아니라 칼국수와 비슷한 카오삐약, 루앙프라방 스타일의 얼큰한 카오쏘이, 달달한 베트남식 볶음국수 비훈까지 다양한 국수 종류가 있는 것이 장점. 국수와 곁들이기 좋은 프레시 스프링롤도 추천메뉴. 라이스페이퍼에 삶은 쌀국수 면과 허브, 견과류를 넣어 돌돌 만 것으로, 튀기지 않아 담백하고 깔끔하다. 땅콩소스와 무척 잘 어울린다. 고수를 싫어한다면 미리 빼달라고 말할 것. 메콩 강변에 가까운 중심가에 위치하고 있으며, 저녁까지 오픈하여 오다가다 들르기 좋은 곳이다.

Data 지도 079p-D
가는 법 Thanon Chao Anou, 라오 오키드 호텔 옆
전화 020-2367-7899
운영시간 08:00~22:00
가격 누들 20,000~30,000낍, 스프링롤 13,000낍~

한국인의 입맛에 딱
도가니 국수 Dogani noodles

퍼 쎕이 쌀국수의 정석이라면, 도가니 국수는 한국인의 입맛에 잘 맞는 쌀국수를 선보인다. 향신료가 적고, 사골국물처럼 구수한 육수 때문. 메뉴는 단 하나, 스몰과 빅 중 사이즈만 고르면 된다. 면도 굵은 면과 얇은 면 중 고를 수 있는데 미리 말하지 않으면 기본인 얇은 면으로 나온다. 아낌없이 들어간 살코기와 도가니를 함께 나오는 달콤 짭짜름한 라오스 된장에 찍어먹으면 된다. 고기 특유 누린내가 나지 않고 부드럽다. 빨간 고추 양념장을 넣으면 얼큰하여 해장이 절로 되는 느낌이다. 오픈 키친에서 삶아지는 도가니와 고기들을 볼 수 있다. 라오키친을 등지고 오른쪽으로 조금만 걸어오면 있다. 한인 쉼터 꽃몽네에서 지원한 한국어 간판이 있어 쉽게 찾을 수 있다.

Data 지도 079p-A 가는 법 Thanon Hengboun, 미쏙 게스트하우스 옆 골목으로 들어가 직진 후 좌회전 전화 021-214-313 운영시간 07:30~14:00, 17:30~20:30 가격 스몰 18,000낍, 빅 22,000낍

LAOS BY AREA 01
비엔티안

색다른 국수가 땡길 때
완탕 국수 Wanton Noodle

도가니 국수 맞은편, 간판도 없이 허름하지만 늘 사람이 북적거린다. 완탕 누들이라고 써있는 작은 메뉴판만이 이곳의 정체성을 드러낼 뿐이다. 홍콩에서처럼 뛰어난 완탕은 아니지만 라오스에서 먹는 맛은 또 별미다. 향신료가 거의 들어있지 않아 한국인의 입맛에 잘 맞는다. 육수가 무척이나 담백하고 깔끔한 편이다. 야채는 따로 제공되지 않으며 함께 나오는 소스로 간을 하면 된다. 가격도 소자가 10,000낍으로 무척 저렴한데, 다른 곳에 비해 양은 적은 편이다.

Data 지도 079p-A
가는 법 Thanon Hengboun, 도가니 국수 맞은편
전화 020-5620-0433
운영시간 07:00~20:00
가격 10,000~15,000낍

> **Tip 쌀국수 맛있게 즐기는 법**
> 1. 현지 식당의 테이블 위에는 간장, 설탕, 피쉬소스, 고추기름, 스리라차(한국 베트남 쌀국수 가게에서 나오는 빨간 소스), 고추 피클, 라오스식 새우젓갈 등 여러 가지가 놓여있다. 현지 사람들은 거의 모든 소스를 다 넣고 섞어 자신만의 맛을 낸다. 하지만 여행자가 성공하기는 쉽지 않으니 조금씩 넣어가며 자신만의 맛을 찾아보자. 워낙 국물 맛 자체가 강한 편이라 아무 것도 넣지 않거나 약간의 고추기름만 넣어도 우리 입맛에 충분히 맞다.
> 2. 식당에 가면 컵에 물 혹은 차를 내주는 집이 있고 그렇지 않은 곳이 있다. 컵에 내주는 것은 무료이며, 테이블에 생수병과 음료가 놓여있는 곳은 유료다.
> 3. 우리나라 사람들은 호불호가 갈리지만, 고수는 라오스 음식에 필수다. 고수가 싫다면 "버 싸이 빡홈"이라고 미리 말하자. 솔직히 말하면, 빼줄지 말지는 주인장 마음이다.

| 여행자들을 위한 로컬 푸드 레스토랑 |

나만 알고 싶은 레스토랑
순타라 Suntara

메콩 강변 최고의 선셋 뷰를 자랑하는 레스토랑이다. 여행자들에게 인기가 많은 레스토랑 컵 짜이 더와 같은 계열사인 인티하라 그룹이 2016년 2월 야심차게 오픈했다. 이미 중산층의 현지인들과 비엔티안에 거주하는 외국인들 사이에서 입소문이 자자하다. 중심가와 조금 떨어져 있어 여행자들은 거의 없다. 시야가 탁 트인 뷰가 일품으로 메콩 강과 건너편 태국까지 보인다. 전통적인 라오 음식부터 퓨전 요리까지 맛볼 수 있다. 현지식을 먹어보고 싶으나 로컬 식당에서 먹기 살짝 두려웠다면 순타라가 정답. 서비스가 좋고 레스토랑 자체 분위기가 고급스러워, 로맨틱한 시간을 보내기도 딱이다. 커피 혹은 맥주만 즐기는 것도 가능하다. 짜오 아누웡 공원을 지나 메콩 강변을 따라 쭉 내려오면 오른편에 있다. 오갈 때 메콩 강을 즐기는 사람들을 보는 재미도 쏠쏠하다. 산책하는 사람. 단체로 에어로빅을 하는 사람, 행상 등 다양한 사람들이 모인다. 라오스 물가에 비하면 가격이 사악하나, 분위기와 음식 수준을 보면 가치가 있다.

Data 지도 078p-E
가는 법 Mekong Shore Boardwalk. 메콩 강 제방 길을 따라 동쪽으로 직진. 짜오 아누웡 공원에서 도보 15분
전화 030-280-0789
운영시간 07:00~24:00
가격 메인요리 40,000낍~

뭘 시켜도 기본 이상은 하는
라오키친 Lao Kitchen

노란 간판과 인테리어로 여행자들을 유혹한다. 현지인보다는 여행자들을 위해 만들어진 느낌이 팍팍 풍기는 이 레스토랑은 기본적인 라오스 음식 대부분을 취급한다. 맛도 깔끔하고, 가격도 합리적이어서 편하게 이것저것 시켜먹기 좋다. 영어로 된 메뉴판을 갖추고 있으며, 직원들이 간단한 영어를 할 수 있는 것도 장점이다. 메뉴에 따라 맵기의 정도, 고기의 종류를 고를 수 있다. 한국인에게 사랑받는 메뉴는 볶음밥과 판단 잎으로 싸서 구운 치킨, 스프링롤이 있다. 특히 바삭하게 튀긴 스프링롤과 함께 나오는 향긋하고 새콤고소한 소스는 환상의 궁합을 자랑한다. 라오스식 김치인 파파야 샐러드를 곁들이면 금상첨화. 조금 더 라오스와 친해질 준비가 되었다면 랍과 째우에 도전해보자. 디저트 망고 스티키 라이스로 입가심하면 완벽한 라오스식 한 끼 완성! 코코넛 우유를 넣고 찐 찰밥과 망고의 조화라니 의아할 수 있지만 한 번 먹어보면 반하게 될 것이다.

Data 지도 079p-A
가는 법 Thanon Hengboun. 미쏙 게스트하우스 옆 골목으로 들어와 직진 후 좌회전
전화 021-254-332
운영시간 11:00~22:00
가격 볶음밥 25,000낍~, 그릴드 치킨 39,000낍
홈페이지 www.lao-kitchen.com

마음씨 착한 레스토랑
막펫 Makphet

라오스 정부와 민간단체에서 청년지원사업을 위해 만든 소셜 레스토랑이다. 가격이 착하지는 않지만 수익금 전액이 청소년들을 위해 쓰인다. 먹는 것만으로 빈곤층의 청소년에게 도움을 줄 수 있다는 뿌듯함은 덤. 거기에 맛까지 훌륭하다. 아시아 최고의 레스토랑을 선정하는 밀레 가이드에 소개된 수준 높은 맛집이다. 라오스 퓨전 요리를 선보이며 매콤한 커리와 라오 위스키로 재워둔 스테이크, 메콩 강에서 잡은 생선 필렛을 추천한다. 메뉴에 반달 표시가 있는 것은 절반 사이즈로 주문 가능하니, 여러 가지 음식을 시도해볼 수 있다. 실내에는 수공예 기념품을 판매하는데 눈여겨볼 만하다. 저녁에는 야외석에 앉으려면 예약 필수.

Data 지도 079p-D **가는 법** 파 움 로드 인터씨티 부티크 호텔 기준 서쪽 골목 **전화** 021-260-587 **운영시간** 11:00~22:30
가격 버팔로 커리 66,000낍, 메콩 피쉬 필렛 65,000낍
홈페이지 www.makphet-restaurant.org

ⓒ신선한 리루씨네

자유분방한 느낌이 물씬
컵 짜이 더 Khop Chai Deu

여행자들 사이 조마 베이커리와 더불어 비엔티안에서 가장 유명한 레스토랑. 넓은 정원이 딸린 예쁜 콜로니얼 스타일 건물이다. 1층은 칵테일 바와 야외 테이블로 이루어져 있으며, 2층은 에어컨이 나오는 실내석을 갖추고 있다. 저녁 시간에는 나무와 천장에 매달린 동그란 조명들에 불이 들어오면서 훨씬 이국적인 분위기로 변한다. 세계 각지에서 온 여행자들의 왁자지껄한 에너지가 더해져 늘 활기가 넘치는 곳이다. 다른 곳보다 늦게까지 오픈해 술 한잔하기도 좋다. 안주하기 좋은 가벼운 스낵부터 팟타이, 피자, 스테이크까지 메뉴 범위가 매우 넓다. 라오스 위스키에 열대과일이 들어간 라오리아 한 잔이면 분위기가 더욱 운치 있어진다.

Data 지도 079p-E
가는 법 Thanon Setthathirath, 조마 베이커리 맞은편
전화 021-263-829
운영시간 07:00~24:00
가격 생맥주 10,000낍, 피자 55,000낍

골목 안 귀여운 아지트

쿵스 카페 Kung's Cafe

여행자거리에서 살짝 벗어난 작은 마을 내에 있다. 아무것도 없을 듯한 골목 안을 따라 들어오면 아기자기한 화단을 품은 쿵스 카페가 짠하고 나타난다. 메뉴는 바게트와 팬케이크로 이루어진 아침식사와 볶음국수와 볶음밥, 쌀국수, 커리로 구성된 점심식사가 전부다. 근처에 관공서가 있어 점심시간이면 무척 붐빈다. 그 틈에 섞여 밥을 먹고 있으면 현지인이 된 것만 같다. 서비스가 느린 편이니 마음을 느긋하게 먹는 것이 좋다.

Data 지도 078p-E
가는 법 왓 씨므앙에서 도보 5분. 보건복지부(Ministry of Health) 맞은편 골목
전화 021-219-101
운영시간 07:00~15:00
가격 조식 10,000낍~, 볶음국수, 커리 15,000낍

한국인 입맛 저격 탕탕

위앙싸완 Vieng Savanh

'위앙싸완'보다는 '냄느엉'이라는 이름이 더 익숙한 곳. 냄느엉은 돼지고기를 갈아 만든 베트남식 떡갈비이다. 라오스 음식점은 아니지만 라오스 현지 분위기를 마음껏 느낄 수 있는 곳. 냄느엉을 주문하면 라이스페이퍼와 데친 쌀국수면, 각종 야채, 허브가 나온다. 라이스페이퍼에 취향대로 넣고 돌돌 말아 땅콩소스에 찍어 먹으면 엄지가 척 들릴 만한 맛이다. 베트남식 비빔국수 비분 역시 강력 추천메뉴. 비분은 얇은 쌀국수 면에 돼지고기와 오이를 얹고 땅콩소스에 비벼 먹는 차가운 볶음국수이다. 냄느엉과 마찬가지로 한국인에 입맛에 무척 잘 맞는다. 메뉴판에 어떤 허브가 들어갔는지 그림으로 표기해두었으니 향신료에 민감한 사람이라면 체크하자. 홈 아이디얼 건물 1층 대장금 식당 맞은편에 위치한다.

Data 지도 079p-D
가는 법 Thanon Hengboun. 홈 아이디얼 맞은편
전화 021-213-990
운영시간 09:00~21:00
가격 냄느엉 2인 세트 40,000낍

| 다양하게 즐기는 인터내셔널 요리 |

하루쯤은 파리지엥
르 실라파 Le Silapa

오랜 시간 프랑스의 통치하에 있었던 만큼 프렌치 레스토랑을 쉽게 찾아볼 수 있다. 르 실라파는 기본에 충실한 요리와 합리적인 가격으로 각광받는 곳이다. 소박한 2층짜리 건물 2층에 자리하고 있다. 낮에는 편안한 느낌을 주는 비스트로였다가 저녁에는 파인 다이닝으로 변한다. 화이트 톤의 내부는 훨씬 모던하다. 명암대비가 강렬한 그림의 액자와 은색 테이블보로 은은한 고급스러움을 풍긴다. 시그니처 요리는 푸아그라가 올라간 스테이크. 말만 들어도 입이 떡 벌어지는 조합이다. 스테이크는 호주산 블랙 앵거스와 캐나다산 립아이를 사용한다. 꼬냑 소스를 곁들여 구운 농어 요리 역시 담백한 맛이 일품인 추천메뉴다. 오전 11시부터 오후 2시까지 제공되는 런치 세트를 이용하면 더욱 저렴한 가격으로 프랑스 요리를 접할 수 있다. 애피타이저, 메인, 디저트를 갖춘 3코스 요리가 12만 낍, 한화로 2만 원 정도라니 놀랍다. 메뉴는 시즌별로 바뀐다. 한국에서는 비싸서 엄두도 못 냈던 정통 프렌치 쿠진을 근사하게 즐겨보자.

Data 지도 079p-D
가는 법 Thanon Setthathirath, I-beam 건물 2층
전화 021-219-689
운영시간 11:00~23:00
가격 런치코스 65,000낍~, 스테이크 240,000낍

배고픈 여행자들을 위한
레이스 그릴 Ray's Grill

세계적인 여행 리뷰 사이트 '트립어드바이저'에서 비엔티안 식당 부분 1, 2위를 다투는 곳이다. 레이스 그릴의 주 종목은 수제 버거와 퀘사디아. 재료를 아낌없이 넣는 것이 맛의 비결이다. 180g의 두툼한 소고기 패티를 자랑하는 버거와 바삭한 토르티아 안에 각종 재료와 치즈가 가득 차있는 치킨 퀘사디아는 사랑이다. 도로에 놓은 4~5개의 테이블 외에도 에어컨이 나오는 실내석도 갖추고 있다. 특히 서양 여행자들에게 인기가 높아 늘 붐비기 때문에 웨이팅이 길다는 점을 감안해야 한다.

Data 지도 079p-D
가는 법 셋타티랏 로드 서쪽으로 걸어가면 큰 교차로가 나옴. 주유소 맞은편에 위치. 조마 베이커리에서 도보 20분
전화 020-5896-6866
운영시간 11:00~15:00, 18:00~21:30(토요일 휴무)
가격 버거 44,000킵~, 퀘사디아 40,000킵~
홈페이지 facebook.com/raysgrilleLaopdr

피자는 언제나 옳다
비아비아 Via Via

프랑스인 여주인이 운영하는 이탈리아 음식점이다. 담백한 피자를 위한 화덕이 레스토랑 내 갖추어져 있어 주문한 피자가 만들어지는 모습을 볼 수 있다. 바삭한 도우 위에 이탈리아에서 수입한 재료들이 푸짐하게 얹어진다. 20가지가 넘는 피자를 선보이니 입맛 따라 기분 따라 고르면 된다. 스몰 사이즈로도 주문이 가능한데, 이 경우 주문한 피자와 금액은 같으나 사이즈가 줄고 샐러드가 추가되어 나온다. 나홀로 여행객에겐 무척 반가운 배려다. 독특하게도 중동 지방 요리도 취급하며, 때에 따라 홈메이드 디저트를 판매한다. 6,000킵을 추가하면 여행자거리 내 배달도 가능하다.

Data 지도 079p-E 가는 법 Thanon Nokeokoummane. RD 게스트하우스 옆 전화 021-252-068 운영시간 10:30~22:00(토요일 휴무) 가격 피자 55,000~70,000킵 홈페이지 www.viaviapizza.com

| 더위를 피해 도망가기 좋은 아지트 |

10점 만점에 10점
르 트리오 커피&코코 앤 코 Le Trio Coffee & Coco&co

비엔티안 최고의 커피와 케이크를 맛볼 수 있는 곳. 르 트리오가 오픈했을 때 비엔티안에 살고 있는 유럽인들이 올레를 외쳤다는 후문이 있을 정도로 훌륭한 커피 맛을 자랑한다. 라오스에서 재배한 아라비카와 로브스터 원두를 받아 프랑스인 오너가 직접 로스팅한다. 비엔티안 최초 로스팅 카페로 좁은 내부에는 포스가 남다른 로스팅 머신과 각종 커피 관련 기구들로 가득하다. 야외 테이블 몇 석과 실내 바 쪽 자리가 전부다. 부족한 좌석 수가 늘 아쉬웠던 르 트리오가 바로 옆에 코코 앤 코라는 카페를 오픈했다. 2층에 아기자기하고 세련된 공간을 갖추고 숨기고 있으니 꼭 올라가볼 것. 햇살이 가득 들어오는 커다란 창가 앞으로 앤티크풍 가구와 모던한 소품이 어우러져 영화 속 주인공이 된 듯하다. 르 트리오가 오직 커피만을 위한 곳이라면, 코코 앤 코는 조금 더 다양성을 추구한다. 에클리어와 타르트 등 달콤한 프렌치 디저트를 맛볼 수 있으며, 저녁에는 와인 한 잔하며 분위기 내기에도 좋다.

Data 지도 079p-E
가는 법 Thanon Setthathirath, 조마 베이커리 옆
전화 르 트리오 030-501-6046, 코코 앤 코 030-962-1704
운영시간 르 트리오 08:00~18:00, 코코 앤 코 08:00~20:00
가격 커피 10,000~25,000낍, 레몬 타르트 28,000낍

> **Tip** 코코카페라는 비슷한 이름의 식당이 있는데 전혀 다른 곳이다.

여행자들의 만남의 광장

조마 베이커리 카페 Joma Bakery Cafe

라오스의 스타벅스 격 프렌차이즈 카페다. 여행자들 사이에서 꼭 들러야하는 곳으로 꼽힐 만큼 유명세를 탔다. 조마 베이커리의 최고 장점은 일관성이다. 언제, 어느 지점을 가더라도 비슷한 맛을 유지하고 있다. 평타 이상의 커피는 물론, 과일셰이크 등 커피 외 음료 또한 다양해 커피를 못 마시는 사람에게도 사랑받고 있다. 빵빵한 에어컨과 와이파이도 여행자들이 이곳으로 모이는 이유 중 하나. 올데이 브랙퍼스트부터 샌드위치, 페이스트리, 디저트 등 폭 넓은 메뉴를 갖추었다. 추천 메뉴는 몸에 좋은 귀리를 듬뿍 올린 프렌치토스트에 망고를 곁들인 오트 프렌치토스트. 한국에서 느껴보기 힘든 독특한 식감과 향긋한 망고, 휘핑크림의 조화는 호랑이 기운을 불어넣어 줄 것이다. 입에서 살살 녹는 홈메이드 치즈케이크 역시 머스트 잇eat 템. 든든한 한 끼를 책임질 샌드위치와 피자도 판매한다. 여행자거리에 있는 지점이 가장 인기가 높으며, 탓 루앙 근처 지점도 오가며 들르기 좋다.

Data 지도 079p-E
가는 법 Thanon Settathilath. 남푸 분수에서 도보 2분
전화 021-215-265
운영시간 07:00~21:00
가격 카푸치노 18,000낍, 프렌치 토스트 34,000낍
홈페이지 www.joma.biz

라오스의 뿌리가 담긴
카페 시눅 Cafe Sinouk

시눅은 창업자의 이름이다. 프랑스에서 30년 이상 살다와 고향에 도움이 되기 위해 시작한 커피 사업이 번창하면서 2003년 자신의 이름을 건 커피 브랜드를 만들었다. 맛있는 커피는 물론, 커피에 색다른 시도를 한 시눅 스페셜 메뉴도 선보이고 있다. 녹차의 깔끔함과 커피의 쌉싸름함이 만난 그린티 카푸치노, 상큼함이 매력인 아이스라테 페퍼민트 한 잔은 무더운 한낮에 활기를 되찾게 해줄 것. 라오스 아라비카 특유의 진한 풍미를 가지고 있는 원두는 선물용으로도 제격이다. 매장에서 판매하고 있으며 비엔티안과 팍세 지점을 운영하고 있다. 비엔티안 지점은 강변에 있지만 뷰가 좋지는 않다. 커피 재배로 유명한 볼라벤 고원에 있는 시눅의 커피농장에는 강과 넓은 정원, 커피밭이 어우러진 리조트로 꾸며놓았는데 아름다운 풍경으로 무척 인기가 좋다.

Data 지도 079p-D
가는 법 Thanon Fa Ngum. 왓 미싸이 서쪽 골목
전화 021-312-150
운영시간 07:30~22:00
가격 아메리카노 20,000깁, 샌드위치 20,000깁~
홈페이지 www.sinouk-cafe.com

프렌치 감성이 물씬
르 바네통 Le Banneton

크루아상과 바게트가 맛있기로 유명한 베이커리 카페다. 손님의 대부분이 서양인으로 유러피안 사이에서 호평받고 있다. 가게에 들어서는 순간 퍼지는 고소한 빵과 커피 냄새는 라오스 속 작은 유럽을 연상시킨다. 알찬 브런치 세트메뉴를 갖추고 있으며, 진한 버터향이 일품인 크루아상과 파니니, 바게트 샌드위치가 인기다. 메뉴 외에도 갓 구운 캄퍄뉴를 구입해 파테pate나 잼을 발라 자신만의 스타일로 즐길 수도 있다. 와이파이가 없는 것이 단점이자 장점. 눈보다 입이 즐거운 시간을 보내보자. 루앙프라방에도 지점이 있다.

Data 지도 079p-E
가는 법 Thanon Nokeokoumane, 미쏙 인 맞은편 골목으로 직진
전화 021-217-321
운영시간 07:00~18:30, 일요일 07:00~13:00
가격 커피 10,000~25,000낍, 버터 크루아상 9,000낍

글이 뚝딱뚝딱 써질 것만 같은
네이키드 에스프레소 카페 Naked Espresso Cafe

노란색 로고가 주는 남다른 포스는 기대를 저버리지 않는다. 빵빵한 에어컨, 에어컨만큼이나 시원하게 터지는 와이파이, 거기에 고품격 커피까지 원한다면 네이키드 에스프레소가 적격. 시드니 바리스타 출신인 오너가 라오스에 호주 카페 문화를 불어넣는다는 포부를 가지고 2012년에 오픈했다. 세련된 인테리어와 작업하기 좋은 큰 테이블, 넉넉한 콘센트 등, 커피뿐만 아니라 공간을 제공하는 네이키드 에스프레소는 현재 비엔티안에서 가장 핫한 카페로 떠올랐다. 5년도 채 되지 않았지만 이미 비엔티안 내 3개의 지점을 가지고 있다.

Data 지도 079p-E
가는 법 Thanon Manthatourath, 트루 커피 맞은편 골목
전화 020-5622-2269
운영시간 07:00~17:00, 주말 08:00~17:00(월요일 휴무)
가격 롱 블랙 17,000낍, 스무디 23,000낍
홈페이지 facebook.com/Naked-Espresso

여심을 사로잡는 달달함
스위트 무 Sweet Moo

달콤함의 향연 속으로 데리고 가줄 젖소 한 마리가 나타났다. 동글동글 젖소가 그려진 귀여운 간판과 아이스크림 콘 모양의 전등, 통유리로 된 건물, 분위기 좋은 테라스 등 사랑스러운 요소들로 가득 찬 카페다. 커피보다는 아이스크림과 빙수, 버블티가 인기다. 색색의 아이스크림과 달콤한 디저트들 사이 행복한 고민에 빠지게 될 것. 입 쩍 벌어지는 비주얼의 파르페와 아이스크림이 올라간 허니브레드와 함께라면 여행 에너지 재충전 완료다. 망고 러버라면 망고로 만든 다양한 디저트들을 모아놓은 망고 페스티벌 메뉴를 놓치지 말자. 한때 한국에서 유행했던 한 스푼씩 퍼서 만든 동그란 멜론 빙수도 있다. 남푸 분수 바로 옆에 있고 눈에 띄어 찾아가기 쉽다. 가격과 시설대비 서비스는 복불복이다.

Data 지도 079p-E 가는 법 Thanon Setthatirath. 컵 짜이 오른쪽에 위치 전화 030-510-8250 운영시간 09:00~22:00
가격 아이스크림 12,000낍~, 버블티 12,000낍
홈페이지 facebook.com/sweetmooicecream

입맛대로 즐기는 과일천국
노이스 프루트 헤븐 Noy's Fruit Heaven

열대과일이 풍부하고 저렴한 동남아에서 1일 1셰이크는 당연지사. 길에서 흔하게 볼 수 있는 것이 셰이크이지만 노이스는 타의 추종을 불허하는 진한 과일 맛을 자랑한다. '노이'는 라오스의 흔한 여성의 이름으로, 아담하고 싹싹한 여주인 노이가 운영하고 있다. 에어컨은 없지만, 과일만큼이나 알록달록한 벽과 우산 장식이 한결 이국적인 분위기를 자아낸다. 다양한 종류의 믹스 셰이크들이 메뉴판을 가득 채우고 있다. 원하는 것이 없을 때는 커스텀 메이드도 가능하다. 흔히 먹는 망고 셰이크에 질렸다면 민트를 첨가해보자. 자칫 끈적할 수 있는 단 맛을 민트가 깔끔하게 잡아준다. 열대과일이 한 가득 나오는 과일 샐러드에 요거트와 뮤즐리를 곁들여 먹으면 영양가 가득한 한 끼 식사가 된다. 바게트 샌드위치도 인기 메뉴.

Data 지도 079p-A 가는 법 Thanon Hengboun.
전화 030-526-2369 운영시간 07:00~21:00
가격 과일 셰이크 15,000낍, 과일 샐러드 20,000낍~

잠들 수 없는 뜨거운 당신을 위해

맥주와 분위기 모두 다 잡은
촉 디 카페 벨기에 비어 바 Chok Dee Cafe Belgian Beer Bar

메콩 강변에 위치한 활기찬 분위기가 매력적인 바. 벨기에의 마스코트 격인 탐험가 탱탱이 입구에서 여행자들을 반갑게 맞아준다. 벨기에 비어 바라는 명성에 걸맞게 수십 종류의 맥주를 보유하고 있다. 기본적인 밀로 만든 화이트 맥주부터 여성들이 좋아하는 과일 맥주, 씁쓸한 맛이 돋보이는 IPA, 수도원에서 만든 성스러운 맥주까지 매우 다양하다. 라오스에서 찾아보기 어려운 생맥주도 만날 수 있다. 벨기에에서 꼭 먹어야 하는 홍합요리와 감자튀김까지 판매한다. 라오스 물가에 비하면 비싼 편이지만 세계 각국에서 온 사람들에 둘러싸여 맥주를 즐길 수 있는 곳이다.

Data 지도 079p-E
가는 법 Thanon Fa Ngum. 남푸 분수에서 도보 10분
전화 021-263-847
운영시간 10:00~23:00
가격 화이트 비어 생맥주 40,000낍, 홍합과 감자튀김 130,000낍
홈페이지 facebook.com/Chokdee-Café-119290841456796

메콩 강변 명품 전망을 가진
보 뺀 냥 레스토랑&바 Bor Pen Nyang Restaurant&Bar

보 뺀 냥의 가장 큰 장점은 뭐니 뭐니 해도 전망. 4층에 위치하고 있어 메콩 강이 내려다보인다. 창가에 앉아 뉘엿뉘엿 지는 해를 바라보며 일몰 속에 잠겨보기도 하고, 야시장을 오가는 현지인의 생활을 엿보며 라오스의 매력에 빠져보자. 라오스의 매력을 백배 더 끌어올려주는 비어 라오를 생맥주로도 판매한다. 아시안 음식부터 웨스턴, 멕시칸까지 글로벌한 메뉴를 구성하고 있다. 당구대가 있는 넓은 실내, 편안한 분위기, 착한 가격까지 갖춘 부담 없이 즐기기 좋은 펍이다.

Data 지도 079p-D 가는 법 Thanon Fa Ngum 서쪽 야시장 입구 쪽에 위치 전화 020-5580-8281 운영시간 11:00~24:00
가격 비어라오 생맥주 10,000낍, 피자 45,000낍~, 꼬치구이 20,000낍

모히토가서 몰디브 한 잔
재지 브릭 Jazzy Brick

비엔티안에 문 연지도 어느덧 10년이 넘은 터줏대감 재즈바. 빈티지 가구들로 꾸며진 안락한 공간을 잔잔한 보사노바 선율이 채운다. 제대로 만든 칵테일 한 잔 곁들이며 사색에 빠지기 그만인 곳이다. 친절함과 실력으로 무장한 바텐더가 기분 좋게 맞이하며, 편안한 분위기를 즐길 수 있도록 도와준다. 칵테일 메뉴만 100가지가 넘는다, 웬만한 칵테일은 다 갖추고 있으며, 메뉴에 없는 것도 주문가능하다. 시즌에 따라 한정판 스페셜 칵테일도 선보인다. 론리 플래닛에서 극찬한 모히토도 추천한다. 1, 2층으로 나눠져 있는데 2층 공간은 생각보다 넓어 단체로 와서 즐기기에도 손색이 없다.

Data **지도** 079p-E **가는 법** 34/1 Thanon Setthathirath. 조마 베이커리에서도 도보 2분 **전화** 020-244-9307 **운영시간** 10:00~24:00 **가격** 칵테일 50,000낍~

클러버들~소리질러!
엣 홈 @ Home

11시쯤이면 비엔티안 도시 내 불들은 하나둘씩 꺼지고 언제 그랬냐는 듯 조용해진다. 바도 마찬가지다. 이때 "엣 홈 가자!"라고 누군가 외친다면 집에 가자는 말이 아니다. 엣 홈은 여행자 거리에서 2km 정도 떨어진 곳에 위치한 클럽. 조용한 밤 문화가 아쉬운 뜨거운 피를 가진 사람들을 달래주는 오아시스이다. 레이저 조명 아래 신나는 일렉트로닉 비트에 몸을 맡긴 라오스 청춘들과 함께 밤을 불태워보자. 여행자보다는 현지인과 비엔티안에 거주하는 외국인들이 대부분이다. 공식적인 클로징 타임은 1시지만 사람이 많으면 더 늦게까지 한다.

Data **지도** 078p-A **가는 법** Thanon Souphanouvong. 중심가에서 툭툭으로 약 10분 소요 **전화** 020-5544-4555 **운영시간** 21:00~01:00 **가격** 입장료 없음

> **Tip** 아무리 치안이 좋은 라오스라고 해도 술과 지나친 흥이 오가는 곳인 만큼 경각심을 잃어서는 안 된다.

놓치지 말자
비엔티안 강변 야시장 Vientiane Riverside Night Market

어스름이 찾아오면 메콩 강변을 따라 붉은 천막이 깔리고 좌판들이 펼쳐진다. 식재료를 파는 아침 재래시장과 달리 옷, 화장품, 전자용품, 기념품 등을 취급하며 수백 개의 점포들이 끝없이 늘어선다. 길이가 제법 되어 끝까지 돌아다니려면 꽤 발품을 팔아야 한다. 같은 가게를 다시 찾는 것도 쉽지 않으니 마음에 드는 것을 발견하면 그 자리에서 흥정해 사는 것이 좋다. 여행자가 대부분인 루앙프라방과 달리 현지인이 더 많다. 물건의 종류는 루앙프라방처럼 다양하지는 않지만, 흔히 사는 코끼리 바지, 비어라오 티셔츠, 파우치, 실크 스카프 등은 비엔티안에서 더 저렴하게 구입할 수 있다. 파음웅 로드를 사이에 두고 강변 쪽에는 야시장이, 다른 쪽에는 먹거리를 책임지는 포장마차가 줄지어 있다. 예전에는 강변에 있었지만, 홍수를 막는 제방이 생기면서 길가로 옮겨졌다. 꼬치구이와 라오스 김치 격인 땀막훙을 시켜 간이 테이블에 앉아 먹다보면 도시의 일부가 된 듯한 기분을 느낄 수 있다. 삼삼오오 모여 하루 마무리를 하는 사람들을 구경하는 재미도 쏠쏠하다. 여행의 첫날 기분 업시켜줄 코끼리 바지를 사기에도, 마지막 날 남은 깁을 다 털어버리기에도 좋은 곳이다.

Data 지도 079p-E
가는 법 Thanon Fa Ngum. 메콩 강변을 따라 길게 이어져 있다
운영시간 17:00~22:00

비엔티안 최고의 쇼핑몰
비엔티안 센터 Vientiane Center

2015년 중국의 투자로 지어진, 아직은 모양새를 갖춰나가고 있는 최신식 쇼핑몰이다. 자라, 시셰이도, 코치 등 우리에게 익숙한 브랜드들이 입점해있으며, 슈퍼마켓과 푸드코트, 영화관을 갖춘 복합문화공간을 지향하고 있다. 4층으로 이루어진 건물은 넉넉잡아 1시간이면 다 돌아본다. 시원한 에어컨과 깨끗한 화장실, 옹기종기 모여 있는 카페들이 매력적이지만 일부러 시간을 내어 들를 필요는 없다.

Data **지도** 078p-F **가는 법** Thanon Khouvieng. 딸랏 사오에서 도보 10분 **전화** 020-9988-7382 **운영시간** 10:00~21:00

여행자들의 든든한 친구
홈 아이디얼 Home Ideal

다운타운 중심에 있는 슈퍼마켓이다. 규모도 제법 크고 여행자들에게 필요한 대부분의 물품을 취급해 매우 든든하다. 선크림을 비롯한 휴대용 생활용품과 선물하기 좋은 커피와 티, 말린 열대과일이 인기다. 한국 과자와 라면도 찾아볼 수 있다. 슈퍼 입구에는 카메라를 다루는 전자기기 매장도 있으니 메모리카드나 배터리를 깜빡했다면 얼른 달려가자.

Data **지도** 079p-A **가는 법** Thanon Hengboun과 Thanon Chao Anou 교차점
전화 020-5553-6990 **운영시간** 08:00~20:00

미니 남대문
딸랏 사오 몰 Talat Sao Mall

'꽃보다 청춘'에서 유연석이 비어라오 티를 샀던 곳이다. 현대식 건물로 지어진 3층짜리 건물과 길거리 노점이 어우러져 있으며, 우리나라 남대문과 비슷하다. 한 나라의 수도에 지어진 최초의 쇼핑몰이라는 명성과는 어울리지 않게 조촐하다. 옷, 학용품 등 생활용품을 저렴하게 판매하고 있다. 빠뚜싸이 가는 길에 들르면 좋지만 굳이 찾아갈 만하지는 않다. 진짜 재래시장을 구경하고 싶다면 딸랏 사오 버스 터미널 근처 딸랏 쿠아딘으로 가보자. 다양한 식재료와 남다른 활기를 느낄 수 있을 것이다.

Data **지도** 078p-E **가는 법** Thanon Lan Xang. 왓 씨사켓과 빠뚜싸이 중간에 위치 **전화** 021-285-001 **운영시간** 05:00~16:00

SLEEP

다운타운 내에는 한 집 건너 한 집이 숙소일 만큼 많다. 수영장이 딸린 고급 리조트부터 저렴한 게스트하우스까지 다양한 숙소들이 준비되어 있으니 예산과 위치, 시설을 고려해 정하자. 호텔이라 쓰여 있지만 모텔급인 숙소들이 대부분이니 이름만 보고 기대하면 안 된다.

| 하루를 쉬어도 엣지있게! 럭셔리 리조트 |

'우아하다' 한 마디로 정의할 수 있는
셋타 팰리스 호텔 Setta Palace Hotel

프랑스 콜로니얼 양식이 돋보이는 고풍스러운 호텔이다. 1932년에 지어진 후 대를 이어 운영하고 있다. 호텔을 운영하는 부모님과 함께 어린 시절을 이곳에서 보낸 오너는 정치적인 문제로 갑작스럽게 프랑스로 떠나게 된다. 17년 만에 다시 밟은 라오스 땅에서 폐가처럼 버려진 자신의 옛날 집을 발견하고는 재건하기로 결심한다. 5년간의 대대적인 리노베이션을 걸쳐 1999년 새롭게 문을 열었다. 그 시절의 영광 그대로 사교의 장 역할을 맡아 부유층들의 다양한 모임을 주최하고 있다. 스탠더드, 디럭스, 주니어 스위트, 익스클루시브 스위트 4종류의 방이 있다. 유럽 저택 같은 높은 천장과 커다란 창문, 원목 가구, 대리석 욕실, 프랑스 느낌 물씬 나는 소품들이 더해져 시공간을 뛰어넘는 편안함을 선사한다. 안쪽 정원에는 야외 수영장과 스파를 갖추고 있다. 로비 옆에 있는 라 벨르 에포크 레스토랑은 놓쳐서는 안 되는 레스토랑. 전통 프랑스 요리와 정갈한 라오스 음식을 맛볼 수 있어 투숙객이 아니더라도 따로 찾아갈 만한 가치가 있는 곳이다. 라 벨르 에포크 바의 칵테일은 입뿐만 아니라 눈까지 호강시켜주는 화려한 비주얼을 자랑한다. 따뜻한 햇살이 비치는 창가에 앉아 칵테일 한 잔 기울이고 있자면 우아함이 차오르는 느낌이다.

Data 지도 079p-B
가는 법 6 Pang Kham Street. 남푸 분수에서 북쪽으로 도보 15분
전화 021-217-581
요금 디럭스 157달러~
홈페이지 www.setthapalace.com

푸른 힐링 파라다이스
그린 파크 부티크 호텔 Green Park Boutique Hotel

들어서는 순간 다른 세계로 넘어온 것만 같은 착각을 일으킨다. 연못과 수영장을 가운데 두고 'ㅁ'자 형태로 라오 양식 건물과 무성한 나무들이 둘러싸고 있다. 해변이 없는 비엔티안에서 널찍한 수영장은 여행의 즐거움과 여유로움을 배가 시킨다. 전체적으로 조용한 편이라, 툭툭과 사람소리로 가득한 현실세계와 차단된 것 같은 평화로운 시간을 즐길 수 있다. 기본적인 클래식과 디럭스, 거실과 식사 공간을 갖춘 디럭스 스위트와 이큐제큐티브 스위트 총 4가지 룸 타입이 있다. 특히 2개밖에 없는 디럭스 스위트는 오붓함이 보장되는 방 구조와 위치 때문에 허니무너와 커플들 사이에서 인기가 높다. 각 방마다 발코니가 있으며 1층은 손 뻗으면 닿는 나무들의 싱그러움을, 2층은 수영장 뷰를 즐길 수 있다. 수영장 옆에 위치한 살라 농 찬 레스토랑은 라오스 요리를 포함한 인터내셔널 메뉴를 갖추고 있으며, 직접 기른 유기농 야채들을 사용한다. 조식이 잘 나오는 것도 이 호텔의 큰 장점. 부킹닷컴, 아고다 등 호텔 예약 사이트의 높은 점수는 물론, 영국의 세계적인 여행잡지 '꽁드 나스트 요한센스'에서 추천한 럭셔리 호텔로 인정받았으며 2014년 월드 럭셔리 호텔 어워드를 수상하였다. 다운타운에서 거리가 있지만 1시간 간격으로 셔틀 버스를 운행한다.

Data 지도 078p-F
가는 법 왓 씨므앙에서 도보 10분
주소 248 Khouvieng Rd, Ban Nongchan, Vientiane
전화 021-264-097
요금 클래식 120달러~, 디럭스 144달러~
홈페이지
www.greenparkvientiane.com

시설, 위치 몽땅 히트다 히트
살라나 부티크 호텔 Salana Boutique Hotel

다운타운 중심에 위치한 호텔 중 가장 호텔다운 곳이다. 2010년에 오픈해 깨끗한 시설과 접근성 높은 위치 덕분에 성수기에는 방을 구하기 어렵다. 6층짜리 건물에 41개의 객실, 레스토랑, 스파, 라운지를 갖추고 있다. 외부와 내부 모두 모던 라오 스타일로 꾸며져 있으며 동양적이고 단아하다. 슈피리어와 디럭스, 스위트 룸으로 나눠지는데 슈피리어룸은 더블베드가 하나, 디럭스는 슈퍼싱글 베드가 2개다. 한국 여성들의 마음을 사로잡을 넓고 깨끗한 화장실을 갖추고 있다. 호텔 예약 사이트들과 연계된 프로모션을 통해 합리적인 가격으로 만날 수 있다. 1층에 위치한 레스토랑 살라나스 코너에서는 커피와 간단한 스낵을, 4층에 위치한 바에서는 칵테일을 즐기기 좋다. 푸짐한 조식 역시 만족도가 높다. 살라나 스파는 다양한 패키지를 갖추고 있으며 호텔 스파치고는 가격도 착한 편. 아쉽게도 수영장은 없다. 유료 공항 픽업과 자전거 렌탈 서비스, 비즈니스 고객을 위한 리무진 대행 서비스도 운영하고 있다. 영어를 잘하는 직원이 상주해있어 커뮤니케이션이 쉽다.

Data 지도 079p-D
가는 법 Thanon Chao Anou. 다운타운 남서쪽에 위치
전화 021-254-254
요금 디럭스 120달러~, 스위트 210달러~
홈페이지
www.salanaboutique.com

유럽 저택에 놀러온 듯한
안사라 호텔 Ansara Hotel

하얀 외벽과 아치형 창문이 유럽의 저택을 연상시킨다. 서양 투숙객이 많은 편. 다운타운 내 중심지에 위치하지만 작은 골목에 있어 조용하다. 아담한 수영장을 가운데 두고 3층짜리 빌라들이 둘러싸고 있다. 큰 건물 한 채가 아니라 작은 빌라 여러 개로 나뉘어져 있어 훨씬 조용하고 아늑하다. 20개의 기본 새비savvy 룸과 4개의 스위트를 가지고 있다. 새비 룸은 더블, 트윈, 트리오로 나뉜다. 새비 트리오는 킹사이즈 침대와 트윈 베드 하나로 구성되어 있다. 룸의 크기는 크지 않지만 시설이 깔끔하다. 직원들의 친절한 서비스 또한 다시 찾고 싶게 만드는 이유다. 레스토랑은 보는 순간 그곳에 앉아 식사를 하고 싶다는 생각이 들 만큼 분위기가 좋다. 품격 있는 프랑스 코스 요리를 맛볼 수 있다. 애피타이저와 메인, 디저트가 나오는 코스 세트가 95,000낍으로 의외로 저렴하다. 단품 주문도 가능. 추천 메뉴에는 함께 먹으면 더 맛있는 와인을 표시한 배려가 눈에 띈다. 공항 픽드롭 서비스는 물론, 태국 국경 농카이까지 오가는 교통편도 예약 가능하다.

Data 지도 079p-D
가는 법 파 응웅 로드에서 왓 찬 오른쪽 골목으로 직진
전화 021-213-514
요금 새비 125달러~, 스위트 180달러~
홈페이지 www.ansarahotel.com

| 실속파를 위한 숙소 총정리 |

도심 속 방갈로 라이프
오버지 살라 인펭 Auberge Sala Inpeng

푸른 정원에 아담한 방갈로들이 옹기종기 모여 있는 친자연적인 숙소다. 총 9개의 독립 방갈로는 모두 에어컨과 개별 발코니를 가지고 있다. 매일 아침 조식이 발코니로 배달되어 기분 좋게 하루가 시작된다. 방은 세 종류로 나뉘는데, 내부는 비슷하게 무난하며 가장 저렴한 이코노미 방갈로에는 텔레비전이 없다. 얼핏 보면 가정집 같은데다 작은 간판은 나뭇잎에 가려져 있어 입구를 찾지 못하기 십상이다. 야시장과 인기 여행지, 유명 레스토랑들이 가까워 편리하다. 가격까지 합리적이어서 친자연적인 숙소를 좋아하는 서양 여행자들 사이에서 무척 인기가 높다.

Data 지도 079p-D
가는 법 파 움 로드 인터시티 부티크 호텔 기준 서쪽 골목
전화 021-242-021
요금 방갈로 30달러~
홈페이지
www.salalao.com/sala_inpeng

아담한 수영장을 가진
비엔티안 가든 호텔 Vientiane Garden Hotel

비엔티안 가든 호텔의 최고 메리트는 수영장이다. 뜨거운 동남아지만 해변도 없고 리조트 시설도 부족한 비엔티안에서 이 가격에 즐길 수 있는 수영장을 만나기란 쉽지 않다. 호텔이라고는 하지만 규모로 보나 시설로 보나 호텔이라 부르기는 부족하다. 전체적인 시설은 낡았지만 깔끔하게 관리되고 있다. 발코니가 있는 방과 없는 방으로 나뉘며, 2개의 싱글 침대와 1개의 더블 침대가 있는 패밀리 룸을 갖추고 있다. 주위 PDR, 나마스떼 같은 숨은 맛집들이 많다. 시내 초입에 위치하여 야시장과 중심가까지는 거리가 조금 있다.

Data 지도 078p-B **가는 법** 056 Sihom Road. 남푸 분수까지 도보 20분 **전화** 021-241-963 **요금** 가든 뷰 60달러~
홈페이지 www.vientianegardenhotel.com

숙소에 민감한 사람이라면
이비스 비엔티안 남푸 Ibis Vientiane Nam Phu

세계적인 호텔 체인 아코르의 계열사로, 기본 이상은 하는 곳이다. 모텔 같은 외관에 놀랄지도 모르지만 체인 호텔답게 내부는 깔끔하며 침구도 잘 관리되어 있다. 방이 좁은 편이며 더블룸과 트윈룸, 1인 침대가 3개 놓인 트리플룸이 있다. 호텔이지만 어메니티는 마련되어 있지 않으니 참고하자. 카드키로 작동하는 엘리베이터와 객실 내 금고 등 치안에 신경 쓴 디테일이 눈에 띈다. 남푸 분수 바로 옆에 있고 길 건너면 조마 베이커리가, 5분 거리에 탓담과 왓 씨사켓, 메콩 강이 있어 접근성은 최고. 환전을 위한 BCEL 은행과 유심칩을 파는 라오 텔레콤과도 가까워 첫날 묵으면 편리하다.

Data 지도 079p-E
가는 법 Thanon Setthathirath, 남푸 분수 서쪽에 위치
전화 021-262-050
요금 스탠더드 70달러~
홈페이지 www.ibis.com

3성급의 남다른 클래스
라오 오키드 호텔 Lao Ochid Hotel

아침에 눈을 떠 창문을 바라보면 메콩 강과 사원의 이국적인 경치를 내다볼 수 있는 호텔이다. 3성급인 것을 감안하면 전반적인 시설과 서비스에 높은 점수를 줄 만하다. 31개의 객실과 4개의 스위트, 2개의 아파트가 있다. 나무 바닥과 원목 가구, 아담한 테라스가 편안한 분위기를 자아낸다. 아파트 타입은 70㎡의 크기에 방과 거실, 다이닝 공간으로 꾸며져 있으며 메콩 강과 시내 전망의 커다란 테라스가 있다. 시내 중심가에 있어 편리하지만 늦은 시간까지 소란스러움은 감안해야 한다. 한인 여행사 폰트래블 맞은편에 위치하며 한인 식당과 게스트하우스와도 가깝다. 공항까지 픽업서비스를 운영한다.

Data 지도 079p-D
가는 법 Thanon Chao Anou, 다운타운 남서쪽에 위치
전화 021-264-134
요금 디럭스룸 75달러~
홈페이지 www.lao-orchid.com

메콩 강 마음껏 누리기
생타완 리버사이드 호텔 Seng Tawan Riverside Hotel

리버사이드라는 이름답게 강변에 자리잡고 있어 시야를 가리는 것 없이 탁 트인 메콩 강 뷰를 누릴 수 있는 호텔이다. 하이라이트는 5층 옥상에 위치한 루프톱 레스토랑. 오전 6시 반부터 밤 11시까지 오픈하여 잔잔하게 오렌지빛 여명이 트는 메콩 강부터 활기가 넘치는 강변의 모습까지 바라볼 수 있다. 저녁이면 강변에 들어서는 노천 포장마차에서 볶음국수와 비어라오를 맛보는 즐거움을 빼놓을 수 없다. 원목으로 꾸며진 룸은 넓고 쾌적하다. 에어컨, 텔레비전, 냉장고, 미니바, 금고 등 기본적인 시설은 갖추고 있으나 헤어드라이기는 없다. 공항까지 무료로 픽업과 샌딩 서비스를 운영하고 있어 첫날과 마지막 날 이용하면 좋다. 여행자거리와 조금 떨어져 있는 것이 단점이지만 무료로 자전거를 대여해준다. 메콩 강변 야시장까지는 걸어서 약 15분, 조마 베이커리까지는 약 30분 정도.

Data 지도 078p-D
가는 법 Thanon Fa Ngum. 파 음웅 공원과 메콩 강 사이 위치
전화 021-219-362
요금 스탠더드 30달러~
홈페이지 www.sengtawan.com

저렴하게 즐기는 할리우드
비엔티안 스타 호텔 Vientiane Star Hotel

호텔 레스토랑에 있는 할리우드 여배우 벽화와 찍는 인증샷으로 유명한 호텔이다. 편리한 위치와 2~3만 원대의 저렴한 가격으로 실속파 여행자들에게 사랑받는 곳이다. 2인실 스탠더드, 3인실 트리플, 4인실 패밀리 룸으로 나눠진다. 2인실과 3, 4인실의 가격 차이가 별로 없어 사람이 많을수록 싸게 묵을 수 있다. 공용욕실을 쓰는 패밀리 룸은 더욱 저렴하다. 시설은 낡은 편이지만 에어컨과 온수, 늦게까지 이용 가능한 바까지 있어 방비엥으로 가기 전에 머무는 비엔티안 숙소로 손색이 없다.

Data 지도 079p-E 가는 법 Thanon Manthatourath 남푸 분수에서 도보 10분 전화 030-777-5462 요금 스탠더드 23달러~
홈페이지 www.vientianestar.com

가격대비 높은 만족도
수파폰 게스트하우스 Souphaphone Guesthouse

직접 찾아가면 170,000낍, 약 25,000원의 가격으로 에어컨이 나오는 널찍한 방을 득템할 수 있다. 방은 2인실과 3인실이 있으며 나무 바닥이 깔려있다. 게스트하우스에선 보기 힘든 냉장고도 갖추고 있어 열대과일과 맥주를 보관하기 좋다. 온수가 펑펑 나오는 깨끗한 화장실도 추천 이유다. 4층 건물에 층마다 넓은 공용 발코니를 가지고 있으며 사원이 내려다보인다. 중심가에 있어 메콩 강, 야시장, 유명 관광지, 레스토랑과 가깝다. 방에서 와이파이가 잘 터지지 않고 엘리베이터가 없는 게 단점. 가성비가 높은 만큼 인기가 좋다. 성수기에는 만실이 될 수 있으니 미리 예약하도록 하자. 예약은 이메일로 직접 문의하거나, 예약 대행해주는 한인 여행사 '트래블 라오'에 문의하자. 대행 시 금액은 1만 원 정도 추가된다.

Data 지도 079p-D 가는 법 왓 옹뜨 뒷 골목 전화 021-261-468 요금 더블 25달러~ 홈페이지 www.souphaphone.net

내 집 같은 편안함
문라이트 참파 Moonlight champa

깨끗한 시설과 친절한 서비스로 여행자들의 마음을 휘어잡은 곳이다. 인기가 치솟더니 세계적인 여행 리뷰 사이트 트립어드바이저 '2016 트래블러스 초이스'에 선정되었다. 셋타 팰리스 호텔 맞은편에 위치하고 있으며, 우주를 연상시키는 새파란 건물이 멀리서도 눈에 띈다. 스탠더드와 디럭스룸이 있으며 디럭스룸이 더 넓고 발코니가 있다. 장기 투숙자를 위한 저렴한 방도 있다. 모든 방은 개별 화장실과 에어컨, 와이파이를 갖추고 있으며 특히 매트리스와 침구가 폭신폭신 깨끗하기로 소문이 자자하다. 어메니티와 드라이기는 준비되어 있지 않으니 챙겨가야 한다. 1층의 카페는 물론 각 층마다 공용 공간이 마련되어 있어 친구 사귀기에도 좋다. 다만 메콩 강과 조금 멀리 떨어져 있는 것이 단점. 무료로 자전거를 대여해준다.

Data 지도 079p-B 가는 법 Thanon Pang Kham, 남푸 분수에서 북쪽으로 도보 15분 전화 021-264-114 요금 스탠더드 29달러, 디럭스 33달러 홈페이지 www.moonlight-champa.com

초이스가 다양한
미싸이 파라다이스 Mixay Paradise

'꽃보다 청춘'에 등장하면서 얼굴도장 제대로 찍었다. 한국 여행자들이 제법 찾으면서 어설픈 한국어를 쓰는 직원도 늘었다. 직원들이 싹싹하고 영어도 잘해 도움이 된다. 왓 미싸이와 왓 옹뜨 사이에 위치하며 창문으로 내다보이는 전망이 이국적이다. 층마다 넓은 공용 발코니를 가지고 있다. 5층 건물로, 높을수록 전망이 좋은 것은 당연지사. 게스트하우스에서 보기 드물게 엘리베이터가 있다. 방은 작지만 깨끗하며, 매일 청소해주고 수건을 갈아준다. 미싸이 파라다이스의 장점은 방을 고를 때 선택지가 많다는 것. 1인실을 갖추고 있으며 에어컨의 유무, 조식여부, 화장실 타입에 따라서 가격이 나뉜다. 공용 화장실도 무척 깨끗하게 관리되고 있으니 걱정말자. 방에서도 와이파이가 잘 터진다는 반가운 사실.

Data 지도 079p-D 가는 법 Thanon Francois Ngin, 왓 미싸이 옆 위치 전화 021-254-223 요금 싱글 105,000낍~, 더블 170,000낍~ 이메일 laomixayparadise@yahoo.com

저렴이 숙소의 대명사
미쏙 인&미쏙 게스트하우스 Mixok Inn&Mixok Guesthouse

메인 도로인 셋타티랏 로드의 중심에 위치하여 거리를 지나다니면서 정들 만큼 많이 보게 되는 노란 건물이 바로 미쏙 인이다. 여행자들로 늘 북적이는 1층 카페 덕분에 더욱 눈에 띈다. 20m 거리에 있는 미쏙 게스트하우스와 같은 계열이다. 두 곳 모두 가격과 시설은 비슷하지만 방마다 차이가 크니 꼭 방을 둘러보고 정할 것을 추천한다. 같은 가격이지만 창문이 없거나 상태가 좋지 않은 곳이 있기 때문. 방 크기가 작은 편인데, 특히 화장실은 '물 나오는 옷장water closet'이라 해도 될 만큼 매우 아담하다. 두 곳 모두 조식은 미쏙 인 카페에서 제공된다. 큰 도로에 있어 편리하지만 소음으로부터 자유롭지 못한 것이 단점이다.

Data 지도 079p-E 가는 법 Thanon Setthathirath, 트루 카페 옆 위치 전화 021-254-781 요금 더블 130,000낍~

도미토리의 로망
드림홈 호스텔 Dreamhome Hostel

값싼 도미토리가 있어 돈 한 푼이 아쉬운 배낭여행자에게 적격. 드림홈 호스텔 1과 2가 마주보고 있다. 드림홈 1은 도미토리 위주, 드림홈 2는 도미토리와 개인실인 디럭스와 패밀리룸을 갖추고 있다. 서양 여행자들이 많이 묵으며 혼자 여행 온 사람들도 많아 친구 사귀기 좋다. 늦은 시간까지 특유의 활기를 유지한다. 한국인이 도착하는 새벽에도 로비는 열려 있다. 4인실부터 10인실까지 다양하며 공용 샤워실과 화장실의 청결상태는 그다지 좋지 않다. 드림홈 1에는 작은 수영장도 딸려 있다.

Data **지도** 078p-B **가는 법** Sihome Road, 셋타티랏 로드 서쪽 큰 교차로에서 레이스 그릴 지나 직진 **전화** 030-955-3855 **요금** 도미토리 50,000낍

저렴한 가격의 개인실을 원한다면
스포트 게스트하우스 Sport Guesthouse

미싸이 파라다이스 옆에 위치한 깔끔한 게스트하우스이다. 잔디밭을 연상시키는 초록색 외관이 인상적이며 1층에는 과일 셰이크를 즐기기 좋은 귀여운 카페가 있다. 2인실과 3인실, 팬 룸과 에어컨 룸으로 나뉜다. 모든 방에는 개별 화장실이 있으며 창문이 있는 방은 1만 낍의 추가 요금이 붙는다. 방은 좁은 편이며 쾌적함은 떨어지지만 개인실+욕실+에어컨의 조합을 중심가에서 가장 저렴하게 만날 수 있다는데 메리트가 있다. 다만 딱딱한 메트리스로 인해 끙끙 앓는 여행자들의 후기가 여기저기서 들린다.

Data **지도** 079p-D **가는 법** Thanon Francois Ngin, 미쏙 인 맞은편 골목 메콩 강 방향으로 직진 **전화** 021-241-352 **요금** 더블 팬 80,000낍 **이메일** sportguesthouse_sg@hotmail.com

자유분방함이 매력적인
펑키 멍키 호스텔 Funky Monkey Hostel

여행자거리 내에 위치해 접근성 좋은 호스텔. 8인실, 16인실 혼성 도미토리와 개인실이 있다. 개인실은 개별 욕실인지 공용 욕실인지에 따라 가격이 달라진다. 도미토리 내부는 이층 침대가 놓여있고 침대 밑에 소지품을 놔두는 로커가 있다. 각 침대마다 콘센트가 마련되어 있어 편리하다. 남녀 혼성이지만 아무도 신경 쓰지 않는 모습에 문화충격을 받을 수 있으니 주의. 1층에 공용 욕실과 화장실이 있으며 청결은 기대하지 않는 편이 좋다.

Data **지도** 079p-E **가는 법** Thanon Francois Ngin, 미쏙 인 맞은편 골목 메콩 강 방향으로 직진 **전화** 020-9911-1185 **요금** 도미토리 50,000낍 **홈페이지** www.funkymonkeyhostel.com

Laos By Area
02

방비엥
VANG VIENG

방비엥은 젊음 그 자체다.
아름다운 남쏭 강을 즐기기 위해 아프니까
청춘이 아닌, 존재 그 자체만으로도 빛나는
청춘들이 모여든다. 카르스트 지형 특유의 석회암
봉우리들에 둘러싸인 남쏭 강은 수려한 동양화
한 폭 그 자체다. 강과 동굴을 탐험하는 다양한
액티비티가 발전하면서 방비엥을 더욱 매력적인
여행지로 만들었다. 방비엥 특유의 활기가 처음
해보는 경험이라도 도전할 수 있는 용기와
자신감을 선사할 것이다.

Vang Vieng
PREVIEW

카르스트 지형이 빚어낸 수려한 자연경관은 세계 각국의 배낭여행자들을 방비엥으로 끌어모았다. 손바닥만 하다고 해도 될 만큼 작은 마을은 자연과 파티를 즐기는 사람들로 북적이면서, 라오스를 대표하는 관광지가 되었다. 관광지로 변해버린 방비엥이 안타까운 점도 있지만, 여행 인프라가 발달되면서 더 많은 사람들이 방비엥을 누릴 수 있는 기회를 제공하고 있다. 중심가를 벗어나면 아직 라오스 특유의 한적함을 간직하고 있다.

ENJOY

카누나 튜브에 몸을 맡긴 채 유유히 흐르는 남쏭 강을 누비는 사치는 물론, 신비한 푸른빛의 블루라군으로 뛰어드는 다이빙은 필수. 즐길 거리가 넘쳐나는 방비엥에서는 액티비티 종류와 투어가 다양하다. 거리는 투어를 진행하는 가게와 호객꾼으로 가득하다. 일행이 많다면 원하는 코스만 골라 툭툭 기사와 합의를 보는 것도 좋다.

EAT

'꽃보다 청춘'의 영향으로 가장 먼저 떠오르는 음식은 길거리 샌드위치와 로티. 남쏭 강으로 향하는 길목의 K마트 주변으로 노점들이 줄지어 있다. 대부분 평타 이상이다. 라오스식 칼국수 카오삐약과 불고기 신닷 역시 대표 먹거리이다. 세계 각국의 여행자들이 모이는 곳인 만큼 다양한 음식을 맛볼 수 있다.

SLEEP

남쏭 강 주위로 몇 개 없는 중고급 리조트들을 제외하고는 대부분 게스트하우스다. 선예약보다 발품을 팔수록 저렴하게 구할 수 있다. 방을 먼저 보여 달라고 요청하자. 성수기에는 한국인에게 인기 좋은 숙소는 금방 매진된다. 첫날만 예약하고 와서 새 숙소를 알아보는 것도 추천. 리버 뷰가 중요하다면 K마트가 있는 길 안쪽의 게스트하우스들을 눈여겨보자. 가격도 시설도 괜찮은 곳이 많다. 마을 안쪽으로 들어올수록 저렴해진다. 한적함을 원한다면 강 건너편 방갈로에 주목하자.

CULTURE

라오스는 불교 국가로 굉장히 보수적이다. 아무리 방비엥이라 할지라도 비키니만 입고 돌아다니거나, 공공장소에서의 찐한 애정행각은 현지문화에 어긋나니 주의하자. 물놀이 후 걸칠 옷을 항상 챙겨가자.

Vang Vieng
BEST OF BEST

방비엥의 넘치는 매력을 다 체험하기엔 일정이 너무나 짧기만 하다.
우왕좌왕 휩쓸리고 떠밀려 정작 중요한 것을 놓치지 않도록 방비엥에서 꼭 봐야 할 것,
먹어야 할 것, 즐겨야 할 것 베스트를 소개한다.

볼거리 BEST 3

석회절벽과 어우러진,
남쏭 강

영롱한 물빛 속으로,
블루라군

방비엥이 내려다보이는,
파 폭 전망대

먹을거리 BEST 3

푸짐한 인심이 듬뿍,
샌드위치

탱글탱글한 면발이 매력적인,
카오삐약

물놀이 후 고기는 언제나 옳다,
신닷

즐길거리 BEST 3

유유히 절경을 누리는,
튜빙

하늘에서 바라보는 방비엥,
열기구

핫하게 뜨는 스포츠,
암벽등반

LAOS BY AREA 02
방비엥

Vang Vieng
GET AROUND

🚙 어떻게 갈까?

방비엥의 현지식 발음은 왕위앙이다. 방비엥에 입성하는 방법은 오직 하나, 차편이다. 따라서 대부분의 여행자들은 미니밴 혹은 버스를 이용한다. 미니밴은 방비엥 마을 정류장이나 말리니 빌라 앞에서 내려준다. 말라니 빌라 앞은 마을 내에 있어 길 찾기가 수월하지만 다른 곳에서는 당황할 수 있다. 길을 건너 카르스트 산이 보이는 쪽으로 내려오면 금방 마을을 찾을 수 있다.

| 다른 도시로 이동하기 |

별도의 버스 터미널이 있지만 여행사에서 같은 가격, 혹은 더 싸게 표를 구입할 수 있어 이용할 일은 거의 없다. 한국 여행자들이 가장 많이 찾는 것은 비엔티안과 루앙프라방행 버스이며, 그 외 폰싸완(미니밴 09:00), 팍세(슬리핑 버스 13:30), 태국의 농카이(VIP버스 09:00)와 방콕(슬리핑 버스 10:00, 13:30)행 버스도 운행하다.

비엔티안↔방비엥, 미니밴 vs VIP버스

미니밴과 VIP버스의 가장 큰 차이는 픽업 장소이다. 골목 구석구석을 다니며 사람들을 픽업하는 미니밴과 달리 VIP버스는 터미널에서 출발한다. 따라서 VIP버스는 툭툭으로 픽업 후 터미널로 가서 버스를 타고 출발하는 경우가 일반적이다. 일반적인 VIP버스는 우리나라 시외버스 급 시설이지만 운 나쁘면 후진 버스에 당첨된다. 미니밴은 여행사에서 사진을  내걸며 홍보하고 있으니 잘 골라보자. 하지만 미니밴을 예약했어도 '현지 사정'에 따라 버스로 바꿔서 타고 가는 일도 생길 수 있다. 비엔티안-방비엥 구간을 오가는 미니밴과 VIP버스는 거의 매시간마다 있다. 약 4시간 정도 소요되며 휴게소에서 약 20분 정도 정차한다.

방비엥→루앙프라방, 오전 미니밴 vs 밤 슬리핑 버스

도로 사정이 좋지 않은 라오스에서 7시간 버스는 아무것도 아니지만, 익숙하지 않은 사람에게는 부담이다. 그래서 여행자들이 슬리핑 버스를 고려한다. 자고 나면 목적지에 도착하는 것도 편하고, 하룻밤 숙박비를 아낄 수 있는 반가운 옵션이기 때문. 하지만 악명 높은 도로 때문에 안전상의 문제로 고민하는 사람들이 많다. 루앙프라방까지 가려면 산을 넘어야 하는데 산을 돌아가는 구도로와 포장된 신도로가 있다. 신도로의 경우 경사가 무척 가팔라 날씨와 주변의 영향을 많이 받아 상황에 따라 구도로를 이용한다. 특히 길이 미끄러운 우기에 참고하자. 어떤 것이 좋다고도 말하기 어렵고, 선택은 개인의 몫이니 꼼꼼히 따져보고 결정하자.

어떻게 다닐까?

마을이 무척 작아 대부분 걸어서 이동한다. 레스토랑과 숙소들이 남쏭 강을 따라 난 2개의 메인 도로 주위에 위치하고 있다. 강 건너편에는 평상을 깔고 즐기는 노천 식당과 방갈로들이 늘어서 있다. 중심가와 가까운 대나무 다리는 걷기에만 운영한다. 리버사이드 부티크 리조트 뒤쪽 메인 다리는 차도 다닐 만큼 튼튼하며 사시사철 개방한다. 강 건너 길을 따라 걷다보면 한적한 논밭과 마을들이 펼쳐져 느긋하게 산책을 즐기는 것도 좋다.

자전거&오토바이 렌트

마을 곳곳에서 자전거와 오토바이를 쉽게 빌릴 수 있다. 빌릴 때는 상태를 꼼꼼히 살펴보아 반납 시 바가지 쓰지 않도록 주의해야 한다. 오토바이를 타고 블루라군과 다른 동굴들을 둘러보는 사람들이 많다. 오토바이만큼 자유분방함을 만끽하기 좋은 교통수단이 어디 있을까. 시원한 바람을 맞으며 한적한 외곽을 달리는 기분은 달려본 자만의 것이다. 다만, 도로 상태가 좋지 않은데다, 사고 시 큰 병원이 없어 응급처치가 어렵다. 최대한 조심해서 운전하자. 요즘은 사륜구동 ATV를 렌트하는 사람들도 늘고 있다.

툭툭

픽업트럭 혹은 포터를 개조해서 만든 현지 버스 혹은 택시이다. 개별적으로 블루라군을 다녀올 때 많이 이용한다. 인원수와 시간에 따라 다르지만 1대당 10만 낍 정도. 4인 이상이면 투어보다 저렴하다. 마을 근교는 1~2만 낍 내로 가능하다.

LAOS BY AREA 02
방비엥

Vang Vieng
ONE FINE DAY

1일차

16:00
청춘의 도시
방비엥 도착

17:00
방비엥이 한눈에 보이는
파 폭 전망대 오르기

19:00
부담 없이 즐기는
화덕피자, 피자 루카

21:00
자연의 품에서
누리는 평화, 얼스 바

2일차

08:00
루앙프라방
베이커리에서 든든하게

09:00
북적이기 전에
블루라군 다녀오기

12:00
TV 보면서 침 삼켰던
샌드위치&로티 냠냠

13:00
색다른 도전!
암벽등반

22:00
사쿠라 바에서 신나게
흔들어주기

21:00
게리스 아이리쉬 바에서
몸 풀기

19:00
지글지글 보글보글,
씬닷 맛보기

18:00
근육통으로 지친 몸,
생다오 마사지로 달래주기

대부분 비엔티안, 방비엥, 루앙프라방으로 일정을 잡는데, 놀 것 많은 방비엥에 꽂혀
루앙프라방을 포기하는 여행자들이 많다. 사전에 자신이 무엇을 원하는지 꼼꼼히 따져보고
돈과 시간을 아끼자. 알짜배기만 골라 여유롭게 즐길 수 있는 2박 3일
코스를 소개한다. 신나고 활동적인 모습뿐만 아니라, 한적한 전경을 품은 색다른
방비엥을 볼 수 있을 것이다. 이것저것 다 해보고 싶다면 투어를 신청할 것.

3일차

09:00
카오삐약으로 해장

10:00
마을 산책 겸
탐짱 동굴 탐험

12:00
그린 레스토랑에서
맛있는 현지식 한 끼

13:30
아름다운 풍경
눈에 새기기, 튜빙

21:00
아쉬운 마음 가득 안고
루앙프라방으로 출발

18:00
아더사이드 바에서
노천 바비큐 즐기기

LAOS BY AREA 02
방비엥 / Vang Vieng 전도

그린 뷰 리조트 Green View Resort,
정글 파티 Jungle Party,
비엔티안 Vientiane 방향

블루 게스트하우스 Blue Guesthouse, Biwon Restaurant
얼스 리사이클 바&레스토랑 Earth Recycle Bar&Restaurant
왓 탓 Wat That
셍다오 마사지 Seng Dao Massage
참파 라오 더 빌라 Champa Lao the Villa
스마일 비치 바 smile Beach Bar
그린 레스토랑 Green Restaurant
방비엥 원조 돼지구이 BBQ점
주막 게스트하우스 Jumak Guesthouse
미스터 치킨 하우스 Mr. Chicken House
도몬 게스트하우스 Domon Guesthouse
아미고스 방비엥 Amigo's Vang Vieng
피핑 쏨스 Peeping Som's
찬탈라 게스트하우스 Chanthala Guesthouse
파 폭 전망대 Pha Poak Viewpoint, 루시 동굴 Lusi Cave 방향
바나나 레스토랑 Banana Restaurant
튜빙 스테이션 Tubing Station
K 마트
샌드위치 노점거리
왓 깡 Wat Kang
루앙프라방 베이커리 Luang Prabang Bakery
대나무 다리
우체국
만다리나 마사지 Mandarina Massage
클리프 방갈로 Cliff Bungalows
LVJ 마사지
바나나 방갈로 Banana Bungalows
센트럴 클라이머스 스쿨 Central Climbers School
센트럴 백패커스 Central Backpackers
아더사이드 방갈로 Otherside Bungalows
사바이디 타이 Sabaidee Thai Massage
폰 트래블 Phone Travel
쌀국수 Noodle Soup
사쿠라 바 Sakura Bar
말라니 호텔 Malany Hotel
비만 방비엥 Viman Vang Vieng
게리스 아이리쉬 바 Gary's Irish Bar
인티라 방비엥 Inthira Vang Vieng
실버 나가 호텔 Silver Naga Hotel
관광안내소
버스 정류장
카페 에에 Cefe Eh Eh
방비엥 병원
라오 텔레콤 Lao Telecom
더 엘리펀트 크로싱 호텔 The Elephant Crossing Hotel
피자 루카 Pizza Luka
팬스 플레이스 Pan's Place
아담스 클라이밍 스쿨 Adam's Climbing School
방비엥 부티크 호텔 Vang Vieng Boutique Hotel
캄폰 게스트하우스 Khamphone Guesthouse
라오스 헤븐 호텔 앤 스파 Laos Haven Hotel&Spa
품차이 게스트하우스 Phoomchai Guesthouse
블루라군 Blue Lagoon 방향
톨 브리지 Toll Bridge(유료)
리버사이드 부티크 리조트 Riverside Boutique Resort
Thanon Luang Prabang
Highway 13
13번 국도
A.M.D 레스토랑 A.M.D Restaurant
버스 정류장
더 그랜드 리버사이드 호텔 The Grand Riverside Hotel
왓 시수망 Wat Sisoumang
잠미 게스트하우스 Jammee Guesthouse
탐짱 동굴 Tham Chang, 방비엥 리조트 Vang Vieng Resort 방향

0 200m

액티비티의 천국, 방비엥

아름다운 자연 속에 푹 쉬어가던 방비엥의 모습은 이제 옛말이 되었다. 남쏭 강과 석회 절벽을 둘러싼 액티비티가 날로 발전하고 있으며 흥겨운 음악과 파티가 곳곳에서 여행자들을 유혹한다. 오늘만큼은 옭아매던 것들을 놓아버리고 자유를 만끽해보자. 여기는 방비엥이다!

방비엥 대표 액티비티
튜빙 Tubing

튜브를 타고 남쏭 강 상류부터 하류까지 동동 떠내려오는 것을 튜빙이라고 한다. 강물에 몸을 맡긴 채 신선놀음을 즐기는 게 포인트. 석회암벽에 둘러싸인 절경 속으로 천천히 젖어드는 기분을 느낄 수 있다. 중간중간 강변 술집에 들러 맥주 한잔하며 흥을 돋운다. 단, 건배를 수없이 외치는 여행자들에 둘러싸여 있다 보면 자신도 모르는 사이 과음하게 되니 주의하자. 족구장도 있어 공만 있으면 언어도 국적도 뛰어넘는 남자의 세계를 엿볼 수 있다. 쭈뼛거리지 말고 동심으로 돌아가 한바탕 뛰어놀자. 건기와 우기의 수량과 유속 차이가 많이 난다. 건기에는 물이 얕고 유속이 느려 심심한 편. 빠른 물살을 즐길 수 있는 우기가 더 인기가 많다. 수영에 자신이 없다면 구명조끼 입는 것을 권한다. 약 4km로 우기에는 약 1시간, 건기에는 3시간 정도 소요된다. 튜브는 K마트 근처 튜빙 스테이션에서 빌릴 수 있다. 튜빙을 시작하는 상류까지 태워준다. 일반적으로 오전 11시~오후 2시 사이에 시작, 6시에 끝이 난다. 6시가 넘어 튜브를 반납하면 벌금을 내야 한다. 중간에 내려서 툭툭을 이용해 돌아올 수 있다. 툭툭 비는 1만~2만 낍.

Data 지도 132p-A
가는 법 튜빙 스테이션 K마트 삼거리 위치
운영시간 09:00~20:00
요금 튜브 렌트 55,000낍, 보증금 60,000낍

남쏭 강과 하나 되는 또 다른 방법
카약킹 Kayaking

튜빙과 같은 코스에서 카약을 타고 내려오는 액티비티. 카약은 2~3인승의 소형보트로 길고 둥근 선체에 앉아 양 날로 노를 저어 나아간다. 오로지 사람의 힘으로만 나아가 친환경적이고 활동적이다. 가이드가 함께 탑승하며 쉽게 배울 수 있다. 물살을 가를 때마다 지나가는 풍경들이 탄성을 자아낸다. 뒤집힐 것 같은 스릴과 옆 보트와 물싸움 등 잊지 못할 추억을 선사할 것. 주로 블루라군과 연계된 여행사 상품을 많이 이용한다.

짜릿하게 날아보자
짚라인 Zip Line

요즘 라오스 내 가장 핫한 액티비티. 인기가 조금 있는 곳이다 싶으면 여기저기 짚라인을 설치한다. 줄 하나에 의지하여 강이나 폭포 위를 나는 짜릿함은 말로 표현할 수 없다. 여행사마다 코스가 다르니 직접 발품을 팔아 비교하자. 짚라인 수가 많다고 좋은 것은 아니다. 몇 번 타면 질리기도 하거니와 길이가 짧은 것을 여러 개 설치한 경우도 있기 때문. 다른 코스와의 연계성과 여행사의 안전성을 보는 것이 좋다.

줄 하나에 의지한 아찔아찔
동굴 튜빙 Cave Tubing

카르스트 지형적 특징상 동굴이 많고 시기에 따라 안에 천연 수영장이 생성된다. 어두컴컴한 동굴 속으로 튜브를 타고 탐험하는 동굴 튜빙이 인기다. 의지할 것이라고는 헤드랜턴과 천장의 안내용 줄 뿐. 천장에 있는 줄을 잡고 천천히 갔다 돌아온다. 일반적으로 물 동굴로 유명한 탐낭Tham nam을 많이 가며, 옆에 있는 코끼리 동굴 탐쌍Tham xang과 연계해서 다녀온다. 모험적인 사람이라면 현지 수소문을 통해 천연 수영장 동굴을 발견하는 것도 추천.

How to book

마을 전체가 여행사라고 해도 될 정도로 여행사가 많고, 뿐만 아니라 식당과 숙소에서도 투어를 판매하고 있다. 오전에는 짚라인과 동굴 튜빙, 오후에는 블루라군과 카약킹을 하는 코스를 많이 이용한다. 그 외에도 몽족마을 관광 등 여행사별로 프로그램이 다양하다. 일정이 짧다면 하루 알짜배기 코스를, 여유가 있다면 투어와 자유일정을 적당히 나눠서 즐기는 것이 좋다. 몇 군데 돌아보며 시세를 파악하고 흥정을 하는 것은 기본. 미리 예약하고 갈 필요는 없다.

Data 폰트래블 Phone Travel
070-8692-7484
www.laokim.com
TCK 투어 TUK Tours
023-511-691
tckamazingtour@gmail.com
원더풀 투어 Wonderful Tours
020-2224-4775 facebook.com/wonderfultourslaos

나와의 싸움, 엄청난 성취감
암벽 등반 Rock Climbing

다소 생소하지만 서양인 사이에서 가장 각광받는 스포츠이다. 태국과 라오스의 록 클라이밍만 전문적으로 다루는 가이드북이 있을 정도. 울퉁불퉁한 석회절벽이 많은 방비엥은 등반가들의 승부욕을 불러일으킨다. 같은 암벽이라도 다양한 방법이 존재해 그만큼 다이내믹한 것이 매력. 현재 200개가 넘는 루트를 가지고 있다. 당기는 사람과 오르는 사람의 호흡이 중요한 소셜 액티비티이다. 자신과의 도전에서 얻는 200% 성취감은 덤이다. 록 클라이밍을 전문적으로 가르쳐주는 학교와 초보자들을 위한 코스도 있으니 도전해보자. 한국에서 배우는 것보다 훨씬 저렴하다. 자신의 장비를 가지고 있거나 가이드가 필요 없는 경험자라면 오후 1시경 사쿠라 바에 가보자. 등반을 즐겨하는 사람들이 모여서 함께 툭툭을 타고 출발한다. 많이 찾는 코스는 슬리핑 워Sleeping wall와 시크릿 캐넌Secrete canyon. 마을에서 약 2km 떨어진 곳에서 작은 보트를 타고 남쏭 강을 건너야 한다. 주위 풍광이 수려해 가볼 만하다.

추천 클라이밍 스쿨
초보자들을 위한 반나절 코스와 1일코스, 전문가로 거듭날 수 있는 3박 4일 코스가 있다. 장비만 렌탈 가능하며 꿀팁을 들을 수 있으니 들러보자.

Data 아담스 락 클라이밍 스쿨 Adam's Rock Climbing School
지도 132p-C **가는 법** 엘리펀트 크로싱 호텔 맞은편 골목으로 직진 오른편에 위치 **전화** 020-5501-0832
요금 1/2데이 코스 180,000킵 **홈페이지** facebook.com/Adams-Climbing-School-Vang-Vieng-Laos
센트럴 클라이머스 스쿨 Central Climbers School
지도 132p-D **가는 법** 사쿠라 바에서 남쏭 강 쪽으로 직진. 오른편에 위치 **전화** 020-5505-0364
운영시간 08:00~21:00 **요금** 1/2데이 코스 20달러 **홈페이지** facebook.com/centralclimberschool

영롱한 물빛 속으로
블루라군 Blue Lagoon

라오스 하면 떠오르는 블루라군. '꽃보다 청춘'에 나와 순식간에 사람들의 마음을 휘어잡고, 라오스 여행 열풍을 만들어낸 블루라군의 정식명칭은 탐 푸캄Tham phu kham이다. 탐 푸캄 동굴 앞에 형성된 에메랄드빛 석호로, 깊이가 제법 깊어 다이빙을 즐기는 사람들이 많다. 기발한 포즈로 뛰어내리는 사람 구경은 언제나 큰 웃음을 준다. 사람들이 많이 찾으면서 워터 슬라이드도 생겼다. 간단한 음료수와 스낵을 파는 간이식당과 일광욕을 즐길 수 있는 잔디밭이 있다. 대부분의 투어가 찾는 오후에 가면 목욕탕을 방불케 할 만큼 북적인다. 오롯이 즐기고 싶다면 오전에 툭툭을 빌려 따로 다녀오는 것을 추천한다. 사실 블루라군은 하나가 아니다. 2개의 블루라군이 더 있다. 블루라군2는 현재 댐이 생겨 볼품없다. 반 나싸이 마을Ban naxay에 있는 블루라군3은 나만 알고 싶은 비밀장소이다. 탐 푸캄보다 훨씬 투명하고 영롱한 물빛을 가지고 있으며 사람이 없어 전세 낸 듯 즐길 수 있다. 튜브에 누워 물빛을 닮은 하늘을 바라보는 여유를 만끽할 수 있다. 다만 주위에 아무 것도 없어 간식과 음료는 미리 준비해가야 한다.

Data 지도 132p-C
가는 법 툭툭 혹은 오토바이 렌트. 방비엥 마을에서 서쪽으로 6km
운영시간 07:30~17:30
요금 입장료 10,000낍, 다리 통행료 10,000낍

|Theme|
더 신나게 즐겨보자! 씨크릿 블루라군

폰트래블에서는 '파라다이스 투어'라는 이름으로 블루라군3을 다녀오는 투어를 진행하고 있다. 연계된 코스가 무척 알차 별 5개 추천! 한국인이 운영하는 여행사답게 한국어를 구사할 수 있는 친절한 가이드가 있어 더욱 유쾌하다.

| Traveler's diary |

09:00 반 나싸이로 출발
폰트래블 앞에서 모이거나 숙소 픽업이 가능하다. 가이드와 인사를 나눈 후 나싸이 마을 블루라군으로 출발! 약 15km 정도 떨어져 있으며 30분 정도 소요된다. 한적한 방비엥의 정취를 느낄 수 있으니 창 밖에서 시선을 떼지 말자.

10:00 짚라인으로 몸 풀기
첫 번째 코스는 짚라인. 블루라군 주위로 몇 개의 아기자기한 짚라인과 유격코스를 연상시키는 흔들다리가 있다. 지루하지 않은 구성이 신나는 첫 코스로 딱이다. 일행들과 자연스레 친해지는 것은 덤.

11:00 파분 동굴 Phabun cave 탐험
블루라군에서 걸어서 5분. 사람의 손길이 거의 닿지 않아 진정한 동굴탐험을 보여준다. 불빛도 없고 무척 넓어 가이드 없이 혼자 돌아보는 것은 무리. 아무리 들어가도 끝이 없다. 신기한 모양의 종유석과 블루라군이 시작되는 샘을 볼 수 있다.

12:00 바비큐&수영
동굴 탐험 후 모두 첨벙첨벙 더운 몸을 식히고 있자면 어느새 점심시간. 볶음밥과 치킨 바비큐, 바게트로 든든하게 배를 채운 후 너 나 할 것 없이 다시 물로 뛰어든다. 가끔 찾아오는 현지인을 제외하곤 여행객이 거의 없어 더 신난다.

14:00 블루라군 1
라오스까지 왔는데 오리지널 블루라군 탐 푸캄을 안보고 갈 수는 없다. 역시나 북새통을 이루고 있지만 유명세만큼 아름답다. 다이빙대를 가장한 커다란 나무 위에 올라가니 다리가 후들후들. 주위 적극적인 응원에 힘입어 점프! 에메랄드 물로 온몸을 적신다.

16:00 카약킹
마지막 코스는 카약에 올라타 남쏭 강 누비기. 길게 늘어진 해가 더욱 멋스러운 풍경을 만들어낸다. 원하지 않을 시 코스에서 제외할 수 있다.

기대 이상의 매력을 지닌
탐짱 동굴 Tham Chang

방비엥 마을에서 걸어서 갈 수 있는 동굴로, 산책 삼아 가보길 추천한다. 현지인들에게도 인기 만점 피크닉 장소이다. 방비엥 리조트를 가로질러 가야하며 따로 통행료를 받는다. 입구에서부터 간식을 파는 노점들의 모습이 우리나라 유명 절간 앞을 연상시킨다. 석회절벽 중간에 있는 동굴은 제법 넓고 내부 조명이 있어 구경하기 편하다. 전쟁 시 대피소로 사용되기도 하였다. 계단을 올라가면 남쏭 강을 낀 방비엥이 시원하게 펼쳐진다. 동굴에서 흘러나오는 지하수가 모인 천연풀장에서는 수영도 가능하다.

Data **지도** 132p-E **가는 법** 마을 중심에서 남쪽으로 1.5km, 도보 30분 **운영시간** 08:00~11:30, 13:00~16:30 **요금** 방비엥 리조트 통행료 2,000낍, 입장료 15,000낍

마음이 탁 트이는 시원한 전경
파 폭 동굴 전망대
Pha Poak Cave Viewpoint

강 건너편 바나나 방갈로와 클리프 뷰 방갈로 사이로 난 길을 따라가면 파 복 동굴로 이어진다. 가는 내내 카메라를 놓지 못할 만큼 경치가 좋다. 파 복 동굴 자체는 별로 볼 것이 없지만 동굴이 있는 나지막한 석회암산 꼭대기에 올라서면 방비엥 시내가 한눈에 들어온다. 그늘이 하나도 없으니 오전이나 느지막한 오후에 오르는 것을 추천한다. 돌산에 얼기설기 이어진 나무 사다리를 올라야 하니 편한 복장과 운동화를 신는 것을 추천한다.

Data **지도** 132p-A **가는 법** 바나나 방갈로 뒤편 표지판을 따라가기. 입구까지 도보 15분 **운영시간** 08:00~18:00 **요금** 입장료 10,000낍

이보다 멋질 수 없다
열기구 Air Balloon

이른 오전과 해 질 무렵 남쏭 강 위로 두둥실 열기구들이 떠오르며 한 폭의 그림을 만들어낸다. 하루 두 번 운행되는 열기구는 1인당 80달러 정도로 비싸지만, 하늘에서 내려다보는 정경은 말로 표현할 수 없을 정도. 떠오르는 해에 오렌지 빛으로 물드는 들판과 겹겹이 둘러싼 카르스트 산들의 명암이 신비롭기 그지없다. 두근두근 아찔한 기분까지 더해져 잊지 못할 추억을 선사한다.

Data **가는 법** 열기구 간판이 걸린 여행사라면 어디든지 예약 가능 **전화** 020-5589-6799 **요금** 80달러 **운영시간** 1일 2회 05:30, 17:30 **이메일** chanthaphoneinsarn@hotmail.com

| 물놀이 후엔 마사지가 진리 |

가장 마사지다운 마사지
셍다오 마사지 Seng Dao Massage

다운타운 내 가장 만족스럽게 마사지와 서비스를 받을 수 있는 곳이다. 방비엥의 마사지숍은 일반적으로 마사지 전에 발을 씻겨주지 않는다. 하루 종일 돌아다닌 발을 그냥 주무르고 다른 부위도 마사지한다. 싼 맛이라고는 하나 찝찝한 기분을 지울 수 없는 것이 사실. 셍다오 마사지는 일반적인 마사지숍과 다르게 웰컴 드링크와 차를 우린 물에 발을 깨끗이 씻겨주는 기본이 되어 있는 곳이다. 에어컨이 나오는 내부는 쾌적하고, 테라피스트들의 실력도 좋다. 마음에 드는 테라피스트를 발견한다면 이곳만 매일 와도 아쉽지 않을 정도. 1시간에 6만 낍, 가격도 다른 곳과 동일하다. 기본적인 라오 마사지 외에도 직접 오일을 고를 수 있는 아로마 마사지, 뜨거운 허브 볼을 이용한 허발 마사지가 있다. 거칠거칠한 발뒤꿈치가 고민이라면 전용 스크럽을 받아보도록 하자. 한국의 1/3 가격으로 관리받을 수 있다.

Data 지도 132p-B
가는 법 Thanon Luang Prabang, 미스터 치킨 하우스 옆
전화 030-581-4266
운영시간 10:00~23:00
요금 라오 전통 마사지 60,000낍, 발 마사지 60,000낍

파워풀한 마사지를 원한다면
사바이디 타이 Sabaidee Thai Massage

국적 불분명 라오 마사지에서 벗어나고 싶다면 추천. 태국 마사지처럼 손과 발을 이용하여 지압하고, 스트레칭을 해준다. 강한 마사지를 좋아하는 사람에게 잘 맞는다. 넓지 않은 공간에 마사지 침대 8개가 붙어있으며 커튼으로 칸막이를 쳐두었다. 프라이버시가 잘 보장되지 않으니 옷을 벗어야 하는 오일 마사지나 스크럽보다는 타이 마사지를 추천한다. 어깨와 허리를 집중공략해주는 헤드 앤 백 마사지도 괜찮다.

Data **지도** 132p-D **가는 법** 사쿠라 바에서 강 쪽으로 도보 3분 **전화** 020-5446-0033 **운영시간** 09:00~23:00 **요금** 타이마사지 70,000낍

한국여행자에게 사랑받는
만다리나 마사지 Mandarina Massage

중심가에 위치한 수많은 마사지 숍 중 제법 괜찮은 시설을 가진 곳. 다른 곳보다는 괜찮은 편이지만 큰 기대는 하지 않는 것이 좋다. 1층은 발마사지를 받는 공간, 2층은 전신마사지를 받는 곳으로 나눠져 있다. 발마사지 받을 때 발을 씻어준다. 실력 좋은 테라피스트들을 갖추고 있어 만족도가 높은 편이다. 오일 마사지는 다른 곳보다 비싸다.

Data **지도** 132p-B **가는 법** Thanon Kangmuong, 루앙프라방 베이커리에서 강 쪽으로 도보 1분 **전화** 020-5466-4747 **운영시간** 10:00~22:00 **요금** 라오 전통 마사지 60,000낍, 오일마사지 155,000낍

의외의 기막힌 발견
LVJ 마사지 LVJ Massage

외관은 조금 허름해 보이지만 에어컨도 갖추고 있으며 시설이 나쁘지 않다. 에어컨 없는 숍도 많은데 땀 뻘뻘 흘리며 마사지 해주는 테라피스트를 보면서 편하게 쉬기 쉽지 않다. 직원들이 친절하고 실력도 제법이다. 테라피스트의 성별을 지정할 수 있다. 바닥에 매트가 깔려있고 커튼으로 공간을 나누어 놓았다. 대부분 오일 마사지가 라오 마사지보다 비싼데 이곳은 동일하다. 물놀이로 온몸이 쑤시다면 라오판 호랑이 연고를 사용한 라오메디슨 마사지를 받아보자. 20분짜리 머리마사지와 40분짜리 등마사지가 있다.

Data **지도** 132p-B **가는 법** Thanon Kangmuong, 루앙프라방 베이커리에서 도보 3분 **전화** 020-5544-4506 **운영시간** 09:00~22:00 **요금** 오일 마사지 60,000낍, 라오메디슨 마사지 60,000낍

마을 내 모든 집이 식당을 하는 것이 아닐까 싶을 정도로 음식점이 많다. 쌀국수부터 파스타까지 세계 유명한 음식 대부분을 판매한다. 맛은 거기서 거기. 다행히 방비엥에 터전을 잡고 살아가는 외지인이 늘어나면서 그만큼 다양하고 수준 높은 음식들을 만날 수 있게 되었다.

| 노점에서 즐겨보자 |

호로록 호로록 일일 일국수
쌀국수 Rice Noodles

폰트래블 여행사와 인티라 호텔 사이 거리에 쌀국수 집이 모여 있다. 말라니 호텔 앞 세 군데가 쪼르르 붙어있는데 그중 첫 번째와 세 번째가 늘 현지인들로 붐빈다. 앉으면 면 3개가 담긴 그릇을 보여준다. 가장 얇은 면은 일반 쌀국수인 퍼, 통통한 하얀 면은 카오삐약, 노란 면은 미이다. 방비엥에서 흔히 볼 수 있는 카오삐약은 일반적인 동남아 국수와 달리 통통하고 쫄깃한 면발이 우리나라 칼국수와 비슷하다. 미는 밀가루와 달걀반죽을 섞어 만든 면이다. 면만 다르고 국물은 비슷하다. 특이하게도 토마토와 튀긴 마늘을 올려주는데 감칠맛을 돋우어주는 신의 한수다. 향신료를 많이 쓰지 않고 시원한 고기 육수가 한국인의 입맛에 잘 맞고, 특히 해장으로 최고다. 아침이면 전날 밤 불태운 영혼을 달래고 있는 사람들을 쉽게 볼 수 있다. 아침엔 무조건 밥을 외치는 사람이라면 '카오삐약 카오'를 주문하자. 쌀로 만든 죽인데 입맛에도 잘 맞고 든든하다.

Data 지도 132p-D
가는 법 Thanon Luang Prabang. 사쿠라 바에서 도보 3분
전화 첫 번째 집 023-511-374, 마지막 집 023-511-596
운영시간 07:00~21:00
가격 카오삐약 카오 10,000낍, 쌀국수 15,000~20,000낍

'꽃보다 청춘'에서 시선을 사로잡던
바게트 샌드위치 Baguette Sandwiches

방비엥 하면 노점에서의 군것질을 빼놓을 수 없다. 그중 하나가 바로 샌드위치! 프랑스 문화권 아래 자연스레 빵 문화가 발전했다. 프랑스 대표 빵인 바게트를 라오스식으로 재해석한 바게트 샌드위치는 한 끼 식사로도 손색이 없다. 특히 바게트 특유의 딱딱함이 싫은 사람도 좋아할 만큼 빵이 촉촉 쫀득하다. 치킨, 베이컨, 소고기 등 원하는 내용물을 고르면 눈앞에서 구워 바게트 속을 꽉꽉 채워준다. 인심 좋은 아주머니들은 계란프라이를 첨가해주거나 디저트용 바나나를 주기도 한다. 한국인 여행자들을 잡기 위해 한국어로 쓴 홍보 팻말들을 붙이고 있는데 센스 넘치는 문구가 많다. K마트 골목 입구부터 안쪽까지 노점이 모여 있다. 여기 말고도 마을 곳곳에서 찾아볼 수 있으니, 마음에 드는 곳을 골라 가보자. 블루라군 갈 때 런치박스로 싸가기도 좋다. 가격은 15,000~30,000낍 정도.

물놀이 후 당 보충에 최고
팬케이크 Pancakes

바게트 샌드위치를 판매하는 노점상에서 함께 판매한다. 버터를 듬뿍 두른 팬에 얇은 밀가루 반죽을 부치고 속을 넣고 노릇하게 구워내면 끝. 일명 로티라고도 부른다. 악마의 잼이라는 별명이 붙은 누텔라와 바나나는 맛이 없을 수가 없는 조합이다. 땅콩 잼과 코코넛 밀크를 누텔라 대신 넣거나 추가할 수 있다. 달콤한 디저트용 말고도 햄, 치즈 등을 넣은 짭조름한 버전도 가능하다. 식사대용으로는 양이 적은 편. 물놀이 후 먹으면 꿀맛이다. 술안주로도 잘 어울린다. 가격은 1~2만 낍 정도.

| 여행자들 사이 입소문 난 그 집 |

한국에 오픈하고 싶은
피핑 쏨스 Peeping Som's

라오스 스타일 바비큐 신닷으로 유명한 맛집이다. '신'은 고기, '닷'은 굽다라는 뜻이다. 우리나라 숯불구이가 변화된 형태로, 한국(까울리)이라는 말을 붙여 신닷 까울리라고 부른다. 불판이 특이하다. 볼록한 가운데는 고기를 굽고, 움푹 파인 가장자리에는 육수를 부어 채소를 데쳐먹는다. 삼겹살과 샤브샤브의 만남이다. 얇게 썰어져 나오는 삼겹살을 바삭하게 구워 특제 양념장에 찍어먹는다. 고추장과 바비큐 소스를 섞은 듯한 양념장에 마늘과 매운 고추, 라임을 짜서 섞으면 쌈장 그립지 않은 소스가 완성된다. 고기 기름으로 점점 진해지는 육수에 마늘과 고추. 채소를 듬뿍 넣고 먹다가 야무지게 쌀국수까지 끓여 먹으면 미션 클리어. 삼겹살 먹을 때 절로 생각나는 소주도 판매한다.

Data **지도** 132p-B **가는 법** Thanon Lang Prabang. 마을 북쪽 왓 깡 사원 옆 **전화** 020-5889-3709 **운영시간** 12:00~02:00 **가격** 삼겹살 1인분 39,000낍, 샤브샤브 50,000낍~ **홈페이지** facebook.com/Peeping-soms

고기 is 뭔들~
방비엥 원조 돼지구이 BBQ점

동남아 음식의 꽃이라 할 수 있는 바비큐. 해가 저물고 더위가 가라앉기 시작하면 길거리 여기저기 달큰한 연기가 피어오른다. '방비엥 원조 돼지구이 BBQ점'은 현지 사람들 사이에서도 유명한 맛집이다. 유명 레스토랑 피핑 쏨스 옆에 있는 두 가게 중 좀 더 허름한 집이다. 돼지고기, 닭고기, 오리고기가 있는데, 돼지 볼때기와 목살구이가 탁월한 선택. 바로 옆 커다란 숯불에서 구워준다. 느끼하지 않게 파파야 샐러드를 곁들이면 굿. 불에 살짝 그을린 뽈때기 살에 바비큐 소스를 얹고 양배추에 싸먹는 맛이란! 여기에 비어라오 한 잔이면 세상을 다가진 기분이다.

Data **지도** 132p-B **가는 법** Thanon Luang Prabang. 피핑쏨스에서 도보 2분 **전화** 020-5532-2463 **운영시간** 12:00~09:00 **가격** 목살, 볼때기살 20,000낍

> **Tip** 한국인이 많이 찾다보니 코리안 바비큐 집이 늘고 있으며, 많은 식당에서 소주도 판매한다.

바삭하고 담백한 화덕 피자
피자 루카 Pizza Luka

프랑스인 오너가 자신 아들의 이름을 걸고 하는 피자집이다. 레스토랑이 몰려있지 않은 조용한 골목에 위치한다. 독특하게 집 앞마당에 화덕과 테이블을 놓고 장사를 한다. 간접 조명과 촛불이 은은히 빛나는 푸른 정원에서의 식사는 무척 운치 있다. 인기는 많고 테이블이 몇 개 없어 금방 만석이다. 총 10가지 피자를 판매하며 가격은 6~7만 낍. 1만 원 정도 가격에 프랑스 셰프가 만들어주는 화덕피자라니, 이것만 잘 먹고 가도 여행 본전을 찾을 듯한 기분이 든다. 직접 만드는 수제 도우에 재료를 아낌없이 올려준다. 염소젖으로 만든 고트 치즈를 넣은 피자 루카와 화이트소스를 베이스로 한 포레스트 피자가 인기. 고트 치즈는 생소하지만 특유의 시큼, 고소한 맛이 피자의 맛을 한층 더 고급스럽게 만들어준다. 화덕에 구워 기름기 없이 담백하여 여자 혼자 한 판을 다 먹을 수 있을 정도. 신선한 채소가 듬뿍 든 하우스 샐러드를 곁들이면 더 상큼하다. 오후 6시부터 오픈하고 재료가 떨어지면 문을 닫으므로 일찍 가는 것이 좋다. 주문이 들어오면 만들고 화덕에 넣기 때문에 주문이 밀리면 30분 이상 기다릴 때도 있다.

Data 지도 132p-D
가는 법 엘레펀트 크로싱 호텔 맞은편 골목으로 직진. 골목 중간쯤 위치
전화 020-9819-0831
운영시간 18:00~23:00
가격 피자 60,000~70,000낍, 샐러드 20,000낍~

친해지고 싶은
아미고스 방비엥 Amigo's Vang Vieng

한국에서 은근 비싼 음식 중 하나가 멕시칸 요리다. 타코 두어 개 먹었을 뿐인데 몇 만원은 기본, 심지어 양도 적다. 평소에 멕시칸 음식을 맘껏 먹고 싶었던 사람이라면 아미고를 놓치지 말자. 타코와 부리토, 퀘사디아 같이 우리에게 친숙한 메뉴를 1만원 이하로 즐길 수 있고 양도 푸짐하다. 배가 많이 고프다면 또띠아에 싸먹는 화이타나 부리토에 치즈를 듬뿍 얹고 오븐에 구운 안칠라다를 추천한다. 할라피뇨를 통째로 튀긴 할라피뇨 포퍼스와 튀긴 또띠아에 담겨 나오는 콘 샐러드와 함께 먹으면 꿀맛! 자갈이 깔린 야외에 테이블과 오두막이 놓여있는데 주위를 나무들이 감싸고 있어 신비스러운 분위기를 자아낸다. 다만 이런 친자연적인 분위기는 모기와 비에 취약하다는 단점이 있으니 참고하자. 라오스인 남편과 호주인 부인이 하는 레스토랑으로 맛과 서비스 모두 방비엥에서 보기 힘든 수준이다. 최근 루앙프라방에도 지점을 오픈했다.

Data 지도 132p-B
가는 법 왓 깡 옆 좁은 골목으로 들어와 도보 3분
전화 020-5878-0574
운영시간 09:00~13:00, 17:00~22:00
가격 타코 30,000낍~, 화이타 50,000낍~
홈페이지 facebook.com/Amigos-Vang-Vieng

한국인의 힘은 한식!
비원 Biwon

아무리 맛있는 것이 넘치는 낙원이라도 한식 한 끼쯤은 먹어줘야 든든하다. 한국인이 운영하는 비원에서는 김치찌개와 제육볶음 등 그리운 한식들을 만나볼 수 있다. 기본 반찬도 많고, 맛도 한국에 있는 백반집 안 부럽다. 강 바로 옆에 위치해 내려다보는 풍경이 멋지니 창가 자리를 사수하자. 남쏭 강을 바라보며 삼계탕을 먹고 있자면 몸도 마음도 건강해지는 느낌. 추천 메뉴는 김치등갈비찜. 잘 익은 김치와 야들야들한 고기가 최고의 궁합을 자랑하며, 각종 볶음 요리로 느끼해진 속을 달래줄 것이다. 메뉴에는 없지만 따로 이야기하면 해준다. 가기 전 미리 예약하면 편리하다. 옆에 있는 블루 게스트하우스에서 운영하고 있으며 푸짐한 인심 덕분에 기분까지 넉넉해지는 곳이다.

Data 지도 132p-B 가는 법 K마트에서 강변을 따라 도보 10분 전화 020-2388-0000 카카오톡 rage38 운영시간 08:00~20:00 가격 김치찌개 40,000낍, 삼계탕(2인) 140,000낍

그 유명한 프렌즈 식당
바나나 레스토랑 Banana Restaurant

언제나 미국 시트콤 '프렌즈'를 틀어주는 것으로 유명한 레스토랑이다. 강변에 있어 전망이 좋다. 해 질 무렵 테라스에 앉으면 아름다운 쏭 강의 노을을 볼 수 있다. 라오스 음식은 물론, 버거, 피자, 슈니첼 등 세계 각국의 음식 메뉴를 갖추고 있다. 가볍게 먹기 좋으며 맛은 무난한 편. 평상 자리에 누워 뒹굴뒹굴 프렌즈를 보며 시간을 때우는 것이 이곳의 묘미. 혼자 가도 외롭지 않다는 것도 장점이다. 여기 외에도 프렌즈를 틀어주는 식당은 흔히 찾아볼 수 있다.

Data 지도 132p-A 가는 법 K마트에서 강변을 따라 도보 5분 전화 020-5665-9242 운영시간 09:00~23:00 가격 피자 50,000낍, 스파게티 25,000낍

맛있는 현지식을 먹을 수 있는
그린 레스토랑 Green Restaurant

강변에 있는 식당들 중 최고의 뷰를 자랑한다. 한국인에겐 잘 알려지지 않았지만 서양 여행자들 사이에서는 신선한 재료와 친절한 서비스를 갖춘 맛집으로 소문난 곳이다. 어설픈 서양 요리보다는 아시아 요리를 주문하는 것이 성공적인 주문 팁이다. 반가운 태국 음식과 다양한 종류의 볶음요리를 만날 수 있다. 커리를 좋아한다면 마싸만 커리에 도전해보자. 특유의 진한 풍미를 제대로 느낄 수 있다. 다른 식당에서 보기 힘든 카오 푼khao pun 쌀국수도 추천 메뉴. 코코넛 밀크 베이스의 새콤달콤한 동남아의 맛을 좋아한다면 두 눈이 번쩍 뜨일 맛이다. 맵기 조절이 가능하다.

Data 지도 132p-B
가는 법 K마트에서 강변을 따라 도보 10분
전화 020-2860-8030
운영시간 06:30~21:00
가격 카오 푼 21,000낍~, 팟타이 19,000낍~

강에는 역시 평상이 짱
아더사이드 Other Side

바나나 레스토랑 옆 아더사이드 레스토랑과 헷갈리면 안된다. K마트 쪽 대나무 다리를 건너면 방갈로들 앞으로 평상을 펼쳐진 노천 식당들이 늘어서 있다. 아더사이드는 아더사이드 방갈로에서 운영하는 곳이다. 주메뉴는 바비큐. 물 위에 깔린 평상이나 오두막에 자리를 잡고 음식과 맥주를 즐기고, 더워지면 발을 물에 담그거나 물속으로 뛰어들 수도 있다. 신선놀이가 따로 없다. 자유롭게 수영과 선탠을 즐기는 외국인들을 볼 수 있다. 밤이 되면 무척 낭만적인 분위기로 변한다. 모기 퇴치제는 필수.

Data 지도 132p-C
가는 법 K마트 뒤쪽 대나무 다리를 건너 왼쪽
전화 020-5610-6070
운영시간 10:00~20:00
가격 치킨 바비큐 25,000낍, 볶음밥 30,000낍

| 방비엥을 더욱 핫하게 만들어주는 카페&바 |

아지트 삼고 싶은
카페 에에 Cafe Eh Eh

귀여운 입간판과 느낌 있는 인테리어로 저절로 발길이 멈추는 곳이 있다면 카페 에에다. 더 엘리펀트 크로싱 호텔 입구에 위치하며, 테이블은 테라스에 2개, 실내에 3개가 전부다. 이 아담한 카페에 매일 아침 신선한 크루아상과 진한 커피로 하루를 시작하려는 유럽 사람들이 줄을 선다. 쓴 라오 커피에서 벗어나 우리 입맛에 익숙한 커피를 맛볼 수 있다. 머스트 잇eat 아이템은 홈메이드 치즈 케이크. 푸딩 같은 식감으로 입에 넣는 순간 녹아버린다. 든든한 클럽 샌드위치 역시 기대를 저버리지 않는다. 해피아워를 이용하면 좀 더 저렴하다. 오후 12~2시에는 샌드위치와 커피를 4만 낍에, 오후 4~6시에는 치즈케이크와 커피를 2만5천 낍에 즐길 수 있다. 프렌차이즈 커피숍에 익숙해져 있는 요즘, 획일화되지 않고 자신만의 개성을 가진 카페의 매력이 톡톡 튄다. 영어가 잘 통하고 와이파이가 빵빵한 것도 아지트로 삼게 되는 이유다.

Data 지도 132p-C
가는 법 더 엘리펀트 크로싱 호텔 입구
전화 030-507-4369
운영시간 07:30~19:00
가격 아메리카노 15,000낍, 치즈케이크 20,000낍

곁에 있어 든든한
루앙프라방 베이커리 Luang Prabang Bakery

비엔티안에 조마 베이커리가 있다면 방비엥에는 루앙프라방 베이커리가 있다. 중심가에 위치한 대형 카페로 만남의 광장 역할을 한다. 입구에 놓인 맛있는 빵이 가득한 진열장이 지나가는 사람들을 유혹한다. 라오스에서 보기 드물게 빵과 케이크의 종류가 다양해 고르는 재미가 있다. 초코 덕후라면 오레오가 들어간 브라우니나 초코볼을 주목하자. 부드러운 핫 퍼지에 오독오독 씹히는 오레오와 코코넛이 온몸을 달달하게 만들어줄 것이다. 햇볕을 피해 커피와 생과일 스무디를 즐기기 안성맞춤이다. 에어컨은 없지만 공간이 넓고 깨끗한 화장실을 갖추고 있어 편하게 오래 앉아 쉴 수 있는 곳이다. 크루아상과 샌드위치, 피자, 간단한 라오스 음식 등 요기할 만한 음식도 판매한다.

Data 지도 132p-B
가는 법 사쿠라 바 옆 골목, BCEL 은행 옆 위치
전화 023-511-145
운영시간 07:00~22:00
가격 아메리카노 20,000낍, 케이크 25,000낍~

숨겨둔 나만의 비밀 공간
참파 라오 더 빌라 Champa Lao the Villa

참파 라오 더 빌라 게스트하우스 1층에 있는 카페이다. K마트에서 강변 레스토랑과 숙소들을 지나 더 깊숙이 들어와야 한다. 입간판이 아니면 찾기 힘들 만큼 숨어있지만 에스프레소 머신도 갖춘 정식 카페다. 화분과 소품들로 아기자기하게 꾸며져 있다. 중심가에서 떨어져 있어 한적하다. 커피와 생과일주스 외에도 샌드위치와 쌀국수, 볶음밥 등을 판매한다. 서양식 조식 메뉴와 오믈렛, 뮤즐리를 갖추고 있어 브런치로 즐기기 좋다. 가게에서 키우는 큰 개 3마리가 카페와 로비를 오가며 반겨준다. 물지 않으니 무서워하지 않아도 된다.

Data 지도 132p-B 가는 법 K마트에서 강변을 따라 도보 7분, 오른편에 위치 전화 020-5501-8501 운영시간 07:30~20:00
가격 커피 12,000낍~, 프렌치토스트 25,000낍

this is so COOL~
얼스 리사이클 바&레스토랑
Earth Recycle Bar&Restaurant

겉으로 보기엔 평범한 강변 바 중 하나로 보이지만 속을 들여다보면 스토리가 가득 찬 곳. 얼스 바의 컨셉은 '재활용recycle'. 가게 내 있는 모든 가구는 재활용으로 만들었다. 물에 떠내려오는 나무를 건져 올려 만든 테이블과 의자, 유리병을 모아 만든 울타리 등 구석구석 손때가 묻어있다. 운 좋으면 영국에서 온 오너를 만나 재미있는 에피소드를 들을 수 있다. 남쏭 강이 내려다보이는 마당에는 캠프파이어를 할 수 있는 공간과 해먹이 있다. 해 질 녘 해먹에 늘어져서 맥주를 음미하며 노을을 보면 평화 그 자체. 저녁에는 라이브 음악이 울려 퍼진다.

Data 지도 132p-B 가는 법 K마트에서 강변을 따라 도보 7분 전화 020-5929-5840 운영시간 11:00~24:00 가격 비어라오 15,000낍, 버거 40,000낍 홈페이지 facebook.com/earthvangvieng

누구나 친구가 될 수 있는
게리스 아이리쉬 바 Gary's Irish Bar

게리네로 말하자면 기네스 없는 아일랜드 펍 되겠다. 메뉴에 있지만 맛볼 수 있는 기회는 드물다. 맞은편 사쿠라 바와 대조적으로 한국인이 적다. 서양 여행자들 특유의 자유분방함이 물씬 느껴진다. 2개의 당구대가 있는데 사람이 어느 정도 모이면 게임을 진행한다. 포켓볼 대신 킬러 풀killer pool이라는 게임을 주로 한다. 킬러 풀은 아무 공이나 무조건 넣어야 하는 것이 규칙. 당구를 못 쳐도 할 수 있고, 10명이 넘는 대그룹도 플레이가 가능해 인기 종목이다. 세계 곳곳에서 온 사람들이 모여 노는 모습을 구경하는 것만으로 재밌다. 저녁이면 아일랜드 음악을 하는 오너가 직접 연주를 시작하며 라이브 바로 변신한다. 트립어드바이저 1위의 명성답게 음식 역시 훌륭하다. 대표 메뉴는 큼직하게 썰린 소고기와 그레이비가 들어간 미트 파이와 두툼한 패티의 버거. 저녁 6시부터 10시까지 칵테일 해피아워가 진행된다.

Data 지도 132p-D 가는 법 사쿠라 바 맞은편 전화 020-5011-5644 운영시간 09:00~23:30 가격 비어라오 15,000낍, 스테이크 에일 파이 45,000낍 홈페이지 facebook.com/GarysIrishBar

심장이 바운스, 바운스
사쿠라 바 Sakura Bar

누구의 눈치도 보지 않고 신나게 흔들 수 있는 클럽이다. 저녁 10시가 되면 방비엥의 한국인은 모두 여기에 모였다고 생각될 만큼 한국 사람이 많다. 반가운 한국 노래가 종종 흘러나온다. 방비엥에 왔다면 꼭 입어야 할 사쿠라 바 티셔츠는 보드카가 들어간 술을 두 잔 먹으면 받을 수 있다. 색이 다양해 친구끼리 맞춰 입어도 예쁘고 기념품으로 모으는 사람도 많다. 마음에 드는 색이 없을 시 입지 않고 다음 날 가져오면 교환 가능하다. 독특하게도 사람들 손에 풍선이 들린 것을 볼 수 있다. 웃음가스가 들어 있어 마시는 순간 기분이 확 업되기 때문에 마약풍선happy balloon이라고 불린다. 뒷마당에는 상대의 맥주잔에 탁구공을 넣는 비어퐁을 하는 사람들로 북적인다. 자정이면 문을 닫는다. 꺼질 줄 모르는 젊은 청춘의 열기는 노천 포장마차로, 클럽으로, 정글파티로 퍼져나간다.

Data 지도 132p-D
가는 법 폰트래블 맞은편 작은 도로 중간에 위치
전화 020-650-6993
운영시간 14:00~24:00
가격 맥주 10,000낍~, 보드카 25,000낍~
홈페이지 facebook.com/sakurabarvv

새하얗게 불태워보자
정글 파티 Jungle Party

휴가 중에도 불금은 소중하다. 매주 금요일 밤이면 중심가에서 3km 떨어진 정글에서 거대한 파티가 열린다. 정글처럼 꾸며놓은 바에 많으면 300명까지의 인원이 모인다. 사쿠라 바 앞에서 대기하는 툭툭을 타거나, 얼스 바와 밀란 피자에서 예약 및 픽업이 가능하다. 사쿠라 바보다 훨씬 세련된 분위기와 음악을 즐길 수 있다. 각국의 사람들과 건배를 외치고 함께 춤추다 보면 스트레스가 싹 날아간다. 새벽 4시에 끝이 난다. 정글 바까지의 툭툭은 무료지만, 돌아올 때는 돈을 내야 한다. 보통 툭툭 1대당 10만 낍 정도다.

Data 지도 132p-A 가는 법 사쿠라 바에서 툭툭으로 약 10분
전화 020-9197-8908 운영시간 22:00~04:00
가격 입장료 40,000낍(예약 시 30,000낍)
홈페이지 facebook.com/VangViengJungleParty

SLEEP

| 탁 트인 특급 전망을 가진 숙소 모음 |

품격있게 누린다
리버사이드 부티크 리조트 Riverside Boutique Resort

방비엥 내 가장 고급스러운 시설을 자랑하는 리조트다. 중앙에 널찍한 야외 수영장이 있고, 'ㄷ' 모양으로 2층짜리 건물들이 둘러싸고 있다. 리조트 내 어디서든 멋진 뷰를 감상할 수 있다. 카르스트가 빚어낸 신비로운 봉우리들이 남쏭 강을 병풍처럼 둘러싸고 있는 풍경은 말을 잇지 못할 만큼 아름답다. 방 크기와 시설에 따라 클래식, 디럭스, 스위트룸으로 나뉘며, 라오스 소수민족들의 예술품으로 꾸며져 있다. 라오스 대표 민족인 아카, 몽, 카투 등 8가지 타입이 있으며, 각 방마다 그 민족의 특징을 살린 소품과 생활상을 담은 그림 등으로 장식되어 있다. 모두 현지 장인과 예술가들이 만든 수공예품이다. 심지어 방에 비치된 샴푸와 비누까지 천연 열대식물로 만든 수제품이다. 투숙객이 진짜 라오스를 들여다볼 수 있도록 만든 오너의 철학이 돋보인다. 중심가에서 살짝 벗어나 있어 오히려 더 한적하게 휴가를 즐기기 좋다. 뒤쪽으로는 강을 건널 수 있는 대나무 다리가 있다. 무료로 빌려주는 자전거를 타고 강 건너 마을로 소풍을 가보는 것도 괜찮다. 다리 하나 건넜을 뿐인데 한없이 여유로운 분위기가 느껴진다. 넓은 논밭이 펼쳐지고 소박한 라오스 사람들의 생활을 엿볼 수 있다.

Data 지도 132p-C
가는 법 남쏭 강변 남쪽에 위치. 빌라 방비엥 리버사이드 골목
전화 023-511-726
요금 클래식룸 130달러~
홈페이지
www.riversidevangvieng.com

리틀 파라다이스
그린 뷰 리조트 Green View Resort

고요한 호숫가가 내려다보이는 언덕 위의 작은 집. 그린 뷰 리조트는 방비엥의 북적거림을 피해 여유롭게 자연을 누릴 수 있는 곳이다. 2015년 오픈 후 유럽 사람들의 사랑을 받고 있다. 방비엥 타운에서 약 20km 떨어진 반 타후아 마을에 위치하고 있다. 야트막한 언덕에 고급 방갈로들이 놓여있고 앞쪽으로 끝이 안보일 만큼 넓은 남늠 호수가 펼쳐져 있다. 앞면이 통유리로 되어 있어 침대에 누워 호수를 조망할 수 있다. 방갈로가 4채밖에 없으니 예약은 필수. 리조트 내에는 포니가 돌아다니고, 호수 주위 수영을 하고 풀을 뜯는 버팔로들을 볼 수 있다. 하늘과 맞닿은 인피니티 풀에서 수영을 즐기고, 카누를 타고 강을 누비고, 잔디에 누워 선탠을 하면서 유유자적 시간을 보낸다. 주위에 식사를 할 만한 곳이 없어 리조트 내 레스토랑을 이용해야 한다. 원테이블 스타일로 다른 투숙객들과 친해질 수 있는 사교의 장이 된다. 태국에서 오랫동안 살았던 프랑스인 오너가 열정을 쏟아 관리하고 있으며 앞으로 얼마나 더 근사하게 변할지 기대가 되는 곳이다. 방비엥 시내에서 약 30분 정도 소요되며, 툭툭 15만 낍, 공용 미니밴은 1~2만 낍이다. 픽업 및 기타 문의사항은 홈페이지 및 페이스북 메신저를 통하도록 하자.

Data 지도 132p-B
가는 법 툭툭 혹은 비엔티안행 미니버스를 타고 반 타후아 마을에서 하차
전화 020-95-698-222
요금 40달러(조식포함)
홈페이지
www.greenviewresort-laos.com

편안한 숙박을 책임지는
실버 나가 호텔 Silver Naga Hotel

까다로운 한국인의 기준에 부합하는 호텔이다. 모던한 시설, 편리한 위치, 맛있는 조식, 친절한 스태프 등 고루고루 갖추었다. 강변에 자리하고 있어 전망이 끝내준다. 가장 저렴한 스탠더드 룸은 1층에 위치해 뷰가 없다. 기왕 좋은 호텔에 묵는다면 조금 더 투자해 디럭스룸을 선택하는 것을 추천한다. 4명이 묵을 수 있는 패밀리 스위트가 있고, 디럭스끼리 커넥팅이 가능하여 가족 단위 여행자들에게도 적합하다. 남쏭 강이 내려다보이는 야외 수영장과 레스토랑이 있다. 물안개 낀 카르스트 산을 바라보며 먹는 조식은 두고두고 기억에 남을 것. 푹신한 침구는 기본, 빠른 와이파이를 누릴 수 있다. 매일 오전과 저녁에는 투숙객을 위한 무료 요가 수업을 진행한다. 색다른 경험을 누려보자.

Data 지도 132p-C
가는 법 남쏭 강변 도로. 방비엥 병원을 등지고 오른쪽에 위치
전화 023-511-822
요금 스탠더드 40달러~, 디럭스 95달러
홈페이지 www.silvernaga.com

독특한 분위기가 매력적인
더 엘리펀트 크로싱 호텔 The Elephant Crossing Hotel

실버 나가 호텔과 같은 호주인 오너가 운영하는 곳이다. 실버 나가 호텔이 전체적으로 모던하다면 엘리펀트 크로싱 호텔은 친자연적이고 조금 더 라오스스럽다. 오래되어 시설이 낡고 방은 좁은 편이지만 백만 불짜리 전망을 선사한다. 방은 스탠더드와 디럭스, 스위트룸으로 나뉜다. 3인실인 스탠더드 트리플은 추가 침대를 넣을 시 4인까지 이용가능하다. 발코니가 없는 방도 있으니 미리 체크해보자. 레스토랑에서는 어느 곳보다 수려한 자연경관을 볼 수 있다. 강가에 바로 붙어있어 마치 강 위에 떠서 식사를 하는 것 같은 기분을 선사한다.

Data 지도 132p-C 가는 법 남쏭 강변 도로. 방비엥 병원을 등지고 왼쪽에 위치 전화 023-511-232 요금 스탠더드 50달러~
홈페이지 www.theelephantcrossinghotel.com

전망, 시설, 위치 모두 갖춘
도몬 게스트하우스 Domon Guesthouse

게스트하우스치고 비싼 편이지만 그에 합당한 시설과 전망을 가지고 있다. 한화 2~3만 원 정도의 금액으로 방비엥의 아름다운 풍경을 눈 뜨자마자 볼 수 있는 특권을 누릴 수 있다. 콘크리트 건물에 침구 및 청결 상태가 깨끗하게 관리되고 있다. 모든 룸에는 발코니와 에어컨이 있다. 냉장고가 없는 점이 아쉽다. 1층에 편의점이 있어 편리하다. 옆에 위치한 그랜드 뷰 게스트하우스 역시 시설과 전망이 비슷하다.

Data 지도 132p-A 가는 법 K마트에서 동쪽으로 도보 1분 전화 023-511-210 요금 더블 150,000낍~ 홈페이지 www.domonguesthouse.com

착한 가격에 즐기는 리버 뷰
블루 게스트하우스 Blue Guesthouse

한국인이 운영하는 게스트하우스로, 시설이 낡아 다른 리버 뷰 숙소보다 저렴하다. 전망은 어디에 내놓아도 빠지지 않을 만큼 아름답다. 한인 숙소다 보니 의사소통이 쉽고 금방 친구를 사귈 수 있는 분위기가 강점이다. 도미토리, 1인 방갈로, 널찍한 트윈, 5인까지 끄떡없는 패밀리룸이 있다. 2층 커다란 발코니에는 한가로이 경치를 즐길 수 있는 해먹과 테이블이 놓여있다. 한식 레스토랑 비원을 함께 운영하고 있다.

Data 지도 132p-B 가는 법 K 마트에서 강변을 따라 도보 10분 전화 020-2388-0000 카카오톡 rage38 요금 싱글 방갈로 40,000낍, 트윈 100,000낍, 패밀리 150,000낍 홈페이지 cafe.naver.com/laobulehouse

운치 있는 숙소의 끝판왕
바나나 방갈로 Banana Bungalows

앞으로는 남쏭 강, 뒤로는 카르스트 산이 감싸고 있는 배산임수 명당자리다. 괜찮은 19개의 방갈로를 갖추고 있으며 친자연적인 매력이 가득하다. 방갈로 앞에 걸린 해먹에 누워서 보는 일몰이 환상적이다. 조용하게 휴식을 취하고 싶다면 안쪽 방갈로를 선택하는 것이 좋다. 강가 쪽 평상 레스토랑들 때문에 시끄럽다. 건기에는 K마트 뒤쪽으로 대나무 다리가 놓이지만 우기에는 리버사이드 부티크 리조트 뒤편 다리를 이용해야 해서 불편하다.

Data 지도 132p-C 가는 법 K마트 옆 강변 대나무 다리 건너편 전화 020-550-14937 요금 2인실 200,000낍 3인실 250,000낍 패밀리룸 500,000낍 이메일 banana_bangolow@hotmail.com

| 다운타운 내 숙소 총정리 |

이름만으로도 믿고 보는
인티라 방비엥 Inthira Vang Vieng

레스토랑, 호텔, 여행사를 운영하는 라오스의 관광업계 1인자 인티라 그룹이 운영하는 호텔이다. 비교적 저렴한 가격에 한국인의 취향을 저격해 인기가 많다. 청결함은 기본. 수건 교체와 청소 서비스를 받을 수 있다. 조식이 포함되어 있는데 평도 좋다. 29개의 방을 가진 아담한 호텔로 스탠더드, 슈피리어, 디럭스로 구분된다. 스탠더드룸은 1층에 위치, 좁고 발코니가 없다. 햇볕이 잘 들지 않아 우기에는 많이 습해지니 참고하자. 2층 방이 훨씬 쾌적하며, 휴식을 취하기 좋은 공용 테라스도 있다. 시내 중심에 위치하여 어디를 가든 편의성이 높다. 한국인이 많이 찾는 피핑쏨스와 사쿠라 바도 걸어서 5분 거리. 비엔티안에서 오는 미니밴을 내려주는 곳과 가까우며, 주위 맛있는 쌀국수를 파는 현지 식당들이 모여 있다.

Data 지도 132p-D
가는 법 Thanon Luang Prabang. 말라니 호텔 옆에 위치
전화 023-511-070
요금 스탠더드 27달러~, 슈피리어 37달러~
홈페이지 www.inthira.com

가격, 위치, 시설 모두 똑 부러진
방비엥 부티크 호텔 Vang Vieng Boutique Hotel

베트남에서 온 여주인은 영어가 유창해 여러 가지 도움을 받을 수 있다. 가격 대비 만족스러운 시설과 서비스로, 트립어드바이저 5위권을 유지하고 있다. 호텔이라는 이름에 큰 기대는 하지말자. 하얀 콘크리트 건물로 외관상 호텔인지 모르고 쉽게 지나치기 쉽다. 28개의 방이 있으며 2인실과 3일실로 나뉜다. 발코니가 있는 방이 더 쾌적하다. 다른 숙소에서 보기 힘든 3가지를 갖추고 있다. 과일을 보관할 수 있는 냉장고, 헤어 드라이기, 컵라면과 커피를 먹을 수 있는 커피포트! 맛있는 조식과 친절한 직원 또한 다시 찾고 싶은 이유다. 중심가와 조금 떨어져 있다. 사쿠라 바까지 약 도보 10분. 예약과 워크인의 가격차가 크지 않다.

Data 지도 132p-D 가는 법 Thanon Luang Prabang. 라오텔레콤에서 남쪽으로 도보 5분 전화 023-511-108 요금 디럭스 비수기 27달러, 성수기 30달러 홈페이지 www.vangviengboutiquehotel.com

거품 쏙 뺀 실속파 숙소
라오스 헤븐 호텔 앤 스파
Laos Haven Hotel&Spa

싱가포르에서 온 주인이 야심차게 오픈한 호텔이다. 현재 스파와 수영장을 리노베이션 중이다. 시끄러운 중심가에서 살짝 벗어나 있어 조용하며 2011년에 오픈해 시설이 깨끗하다. 남다른 서비스로 오픈하자마자 트립어드바이저의 트래블러스 초이스에 당첨, 지금까지 이어오고 있다. 25개의 룸 모두 에어컨이 있으며, 냉장고 유무는 방마다 다르다. 포함되어 있는 조식은 조촐하지만 맛은 좋다. 가격 대비 높은 가성비로 인기가 있다.

Data 지도 132p-D 가는 법 Thanon Luang Prabang. 라오텔레콤에서 남쪽으로 도보 7분 전화 023-511-900 요금 스탠더드 27달러 홈페이지 www.laoshaven.com

싱글족들 소리 질러~
찬탈라 게스트하우스
Chanthala Guesthouse

중심가에 위치한 하늘색 건물로 쉽게 눈에 띈다. 35개의 방을 가진, 규모가 제법 큰 게스트하우스이다. 도미토리를 제외하고는 모든 방에 개인 욕실을 갖추고 있다. 방마다 시설 상태가 다르니 미리 보고 결정하는 것이 좋다. 넓고 환한 방도 있고, 햇볕이 전혀 들지 않는 방도 있다. 솔로 여행자를 위한 싱글룸도 갖추고 있다. 가격도 착하고 시설도 괜찮아 실속파 유럽과 일본 여행자가 많이 찾는다. 1층에 슈퍼와 버스티켓 오피스를 같이 운영하고 있다.

Data 지도 132p-B 가는 법 Thanon Luang Prabang. 왓 깡 사원 옆에 위치 전화 023-511-146 요금 싱글 50,000낍(a/c 80,000낍), 더블 70,000낍(a/c 100,000낍)

'꽃보다 청춘'의 그 집
품차이 게스트하우스 Phoomchai Guesthouse

'꽃보다 청춘'에서 머물렀던 숙소다. 유쾌한 라오스 주인이 어설픈 한국어로 반갑게 맞아준다. 잘 꾸며진 정원 사이에 나무로 지어진 독채들이 줄지어 있다. 친자연적이고 동남아시아적인 분위기를 느낄 수 있다. 모든 방 앞에는 작은 테라스가 딸려있는데 정원이 예뻐 앉아있을 기분이 난다. 꽃청춘이 묵었던 방은 301호로, 가장 안쪽에 위치해 프라이빗하다. 일반 목조 건물과 방갈로 중 선택 가능하며 내부는 넓은 편이다. 방음이 취약한 것이 흠. 미리 예약하는 것보다 직접 가서 보고 결정하는 것이 훨씬 싸다.

Data 지도 132p-D 가는 법 라오스 헤븐 호텔 맞은편 작은 골목에 위치 전화 023-511-683 요금 방갈로 팬 룸 80,000낍~ 이메일 phoomchai.s@gmail.com

| 여럿이 하면 더 즐겁다, 도미토리 |

내공 있는 여행자들을 위한
판스 플레이스 Pan's Place

뉴질랜드인 남편과 라오스인 부인이 운영하는 숙소다. 판은 여주인의 이름이다. 음양 무늬가 그려진 노란 간판은 여행자들 사이에서 유명하다. 한국사람 기준에는 시설이 떨어지기 때문에 한 푼이 아쉬운 배낭 여행자에게 추천한다. 대부분 젊은 서양 여행자들로 자유로운 호스텔 분위기를 느낄 수 있다. 세계 각국에서 온 친구를 사귀기에는 더할 나위 없이 좋은 곳이다. 액티비티를 즐기기 바쁜 동양 사람들과는 달리 낮부터 로비의 바에 삼삼오오 모여 있는 모습을 흔히 볼 수 있다. 도미토리 외 1인실, 2인실, 3인실로 나뉘며 공용 화장실이냐 개인 욕실이냐에 따라 약 3~4천 원의 가격 차이가 난다. 도미토리 외 나머지 방은 싼 편이 아니다.

Data 지도 132p-D
가는 법 Thanon Luang Prabang, 라오텔레콤 맞은편
전화 023-511-484
요금 도미토리 35,000낍, 더블 74,000낍~, 트리플 129,000낍~
이메일 tinglee1967@gmail.com

무엇을 상상하든 그 이상
센트럴 백패커스 Central Backpackers

백패커라는 이름 때문에 허름한 숙소를 떠올리기 쉬운데 전혀 그렇지 않다. 쾌적한 4층짜리 콘크리트 빌딩에 널찍한 방과 발코니, 따뜻한 물, 어디서든 잘 터지는 와이파이 등 원하는 모든 것을 갖추고 있다. 4인실과 6인실 도미토리는 방 안에 화장실이 있어 편리하다. 단, 도미토리에는 에어컨이 없어 더운 여름에는 힘들다. 개인룸은 기대 이상으로 만족스럽다. 에어컨이 있지만 사용하려면 5만 낍의 추가 요금을 내야 한다. 청소는 해주지 않고, 수건은 요청 시 교체해준다. 1층 리셉션 주위와 레스토랑에 여행자들이 모여 있어 정보를 교환하기 좋다. 워크인 시 흥정을 잘 하면 가격표보다 1~2만 낍 싸게도 가능하다.

Data 지도 132p-D 가는 법 Thanon Luang Prabang, 폰트래블에서 도보 1분 전화 023-511-593 요금 도미토리 40,000낍, 더블 100,000낍, 트리플 150,000낍 이메일 vangvieng-backpackers@hotmail.com

소중한 인연의 장이 되어주는
주막 게스트하우스 Jumak Guesthouse

한국인 부부가 운영하는 게스트하우스. 영어 울렁증이 심하거나 계획 세우기 힘든 여행 초보라면 주막이 딱이다. 액티비티 및 교통편 예약 대행이 가능하며, 다른 여행자들과 정보를 교환할 수 있다. 오랫동안 여행 중인 여행자에겐 고향의 향수를 달래주는 고마운 역할을 한다. 2015년에 오픈해 방과 화장실이 깨끗하다. 4인실 도미토리가 2개, 2인실과 3인실 총 18개 방으로 구성되어 있다. 주방도 있어 라면을 끓여먹거나 친구들과 함께 요리를 해먹을 수도 있다. 주방 사용료는 1만 낍과 설거지. 소주는 물론, 김치찌개와 파전 등 간단한 안주도 판매한다. 주막에 묵는다면 바비큐 파티를 놓쳐서는 안 된다. 시원시원한 경상도 안주인이 외치는 건배사가 울려 퍼지고, 여기저기 자기소개와 여행 모험담이 쏟아져 나온다. 여행지에서 만나는 인연은 더 특별하다. 오픈 마인드로 자연스레 친해지다 보면 나이와 직업 등에서 벗어나 소중한 인연을 만나게 될 것이다.

Data 지도 132p-B
가는 법 방비엥 마을 북쪽에 위치. 미스터 치킨하우스 옆 골목
전화 020-5842-0620,
카카오톡 ao572
요금 도미토리 50,000낍, 2인실 150,000낍, 3인실 190,000낍

Laos By Area

03

루앙프라방
LUANG PRABANG

라오스의 1,000년이 살아 숨 쉬는
루앙프라방에는 과거와 현재, 전통과 변화가
공존한다. 란쌍 왕국의 탄생부터
오랜 기간 수도였던 만큼 라오스 사람들의
정신적 지주 역할을 하는 곳이다. 80여 개의
사원과 프랑스 콜로니얼 건물들이 어우러져
단아하고 고즈넉한 분위기를 자아낸다.
도시 전체가 세계문화유산으로 지정된
올드타운 거리를 걷다보면 잊고 있던
여유로움과 평화가 마음속 깊숙이 차오른다.
오랜 호흡이 담긴 도시 루앙프라방을 느리게
걸으며 마음의 쉼표를 찍어보는 것은 어떨까.

Luang Prabang
PREVIEW

루앙프라방은 산으로 둘러싸인 해발 700m 고대도시이다. 메콩 강과 남칸 강이 만나 풍요로운 땅 위로 오래된 사원과 프랑스 스타일 건축물들이 어우러진다. 루앙프라방 여행의 미학은 느낌에 있다. 세계문화유산으로 지정된 거리를 발길 닿는 대로 걸어보자. 강 건너에는 소박한 작은 시골마을이 펼쳐진다. 차로 1시간쯤 가면 아름다운 폭포와 소수민족 마을을 방문할 수 있다. 여행 중 만나는 수많은 미소가 루앙프라방을 따뜻하게 채워준다.

ENJOY

'사원의 도시'라는 별명을 가지고 있을 만큼 사원이 많다. 유명한 왓 씨앙통과 왓 마이를 시작으로 천천히 둘러보자. 아침 일찍 일어나 탁밧으로 나눔과 비움을 배우고, 해 질 무렵에는 푸시 산에 올라 명상에 잠겨 마음을 다독이는 시간을 가져보자. 작은 배를 빌려 타고 메콩 강을 누비고 에메랄드 빛이 아름다운 꽝시 폭포로 소풍을 떠나는 것도 놓쳐서는 안 될 즐거움이다.

EAT

포장마차부터 럭셔리한 레스토랑까지 초이스가 셀 수 없이 많다. 포장마차에서 카오쏘이를 맛볼까, 메콩 강변에 앉아 바비큐를 즐길까, 유럽 분위기의 콜로니얼 건물에서 고급진 식사를 먹어볼까. 야시장의 만낍 뷔페도 놓칠 수 없다. 고민하다 보면 하루가 끝난다. 북부 지방 특유의 카오쏘이와 버팔로 고기, 죽순 요리에 도전해보자. 한국에서 비싸서 먹기 힘든 음식도 합리적인 금액으로 만나볼 수 있다. 요리에 관심이 많다면 쿠킹클래스를 추천한다.

BUY

전혀 다른 색깔을 가지고 있는 모닝마켓과 나이트마켓. 현지인들을 대상으로 하는 모닝마켓은 신기한 식재료는 물론 라오스 사람들의 소박한 생활을 엿볼 수 있다. 반면 야시장은 여행자들을 위한 곳이다. 라오스 전통 의상과 수공예품, 아기자기한 액세서리와 장식품들이 모여 있어 기념품을 마련하기 좋은 장소다.

SLEEP

5성급 호텔부터 백패커 전용 저렴한 게스트하우스까지 다양한 숙박 시설을 갖추고 있다. 메콩 강변 숙소가 가장 비싼 편. 왕궁 박물관과 조마 베이커리 주위 골목에는 쾌적하게 지낼 수 있는 중급 게스트하우스들이 몰려있다. 더욱 저렴한 백패커 스타일 숙소를 찾는다면 푸시 산 뒤 쪽 킹키사랏kingkitsarath 도로 주위를 살펴보자. 한적하게 휴식을 취하고 싶다면 남칸 강변도 괜찮다.

Luang Prabang
BEST OF BEST

휴양이면 휴양, 관광이면 관광, 쇼핑이면 쇼핑, 뭐 하나 빠지는 게 없는
무궁무진한 루앙프라방. 돌아가는 길이 아쉽지 않도록 루앙프라방에서 꼭 경험해야 할
볼거리, 먹거리, 즐길거리 베스트를 소개한다.

볼거리 BEST 3

노을 질 때 더 예쁜,
푸 시

루앙프라방 최고의 사원,
왓 씨앙통

오가는 길이 아름다운,
팍우 동굴

먹을거리 BEST 3

고소하고 매콤한 북방 국수,
카오쏘이

맛들리면 헤어나기 힘든,
루앙프라방 소시지

착한 가격과 넉넉한 양,
만낍 뷔페

즐길거리 BEST 3

요정들이 날아다닐 것만 같은,
꽝시 폭포

라오스를 이해하는 최적의 방법,
쿠킹 클래스

지갑은 가벼워도 마음은 즐겁다,
나이트마켓

Luang Prabang
GET AROUND

🚙 어떻게 갈까?

루앙프라방 국제공항이 있어 비행기와 버스 모두 이용 가능하다. 한국과 루앙프라방을 잇는 직항이 없어 비엔티안을 경유해 국내선으로 갈아타야 한다. 비엔티안-루앙프라방 구간은 라오항공으로 하루 3번(09:10, 11:30, 17:00), 라오스카이웨어는 매일 12시에 한 번 운항한다(2017년 4월 기준). 라오항공에서 팍세-루앙프라방 구간도 운항해 한층 수월하게 남부 여행을 할 수 있다. 그 외에도 방콕과 호찌민, 치앙마이, 청두를 잇는 국제선도 있다. 운항스케줄은 항공사와 루앙프라방 공항 홈페이지를 참조하자. 공항은 4km 떨어져 있으므로 택시 혹은 툭툭을 타야 한다. 택시는 정찰제로 6달러이다. 툭툭은 약 5만 낍, 공용 썽태우는 2만 낍 정도.

Data 라오항공 www.laoairlines.co.kr
라오스카이웨이항공 www.laoskyway.com
루앙프라방 공항 www.luangprabangairport.com

🚶 어떻게 다닐까?

옛 수도답게 라오스의 다른 도시들과 비교하면 제법 큰 편이다. 여행자들은 유네스코 세계문화유산으로 지정된 올드타운에서 대부분 생활한다. 올드타운은 메콩 강과 남칸 강에 둘러싸여 있으며 가운데는 푸시 산이 솟아있다. 메인 거리 씨싸왕웡sisavangvong 로드는 왕궁 박물관부터 루앙프라방 대표 사원 왓 씨앙통까지 이어진다. 숙소와 레스토랑, 관광안내소, 여행사, ATM, 환전소 등 여행자들을 위한 편의시설이 몰려있다. 올드타운 내는 도보로 충분히 돌아볼 수 있다. 남칸 강 대나무 다리를 건너 다른 마을로 산책을 가고 싶다면 자전거를 빌리는 것이 좋다.

1. 툭툭, 미니밴

툭툭을 이용하면 제법 널찍한 도시를 편리하게 이동할 수 있다. 가까운 거리는 약 1만 낍 정도. 외곽으로 나갈 때도 툭툭 혹은 미니밴을 이용한다. 여행자들이 많이 찾는 곳은 꽝시 폭포. 대부분의 숙소에서 인당 5만낍 정도로 미니밴으로 이동하는 투어 상품을 가지고 있다. 투어리스트 센터 근처에 몰려있는 공용 툭툭을 이용할 시 편도 2만 낍. 개별적으로 툭툭을 렌트할 경우 반나절에 15만 낍 정도.

2. 보트

메콩 강을 끼고 있는 라오스에서 보트는 없어서는 안될 중요한 교통수단이다. 왕국박물관 뒤편에 있는 선착장에서는 강 건너 마을 쫌펫으로 가는 배가 수시로 오간다. 팍우 동굴행 보트는 사프론 에스프레소 쪽 선착장에서 매일 아침 8시에 떠난다. 올드타운에서 8km 정도 떨어진 반 돈마이 선착장에서는 매일 아침 8시 반 훼이싸이로 가는 슬로보트가 출발한다.

| 다른 도시로 이동하기 |

루앙프라방에는 3개의 버스터미널이 있다. 북부행 버스를 탈 수 있는 북부 버스터미널, 남부행 버스를 탈 수 있는 남부 버스터미널, 미니밴과 국제버스를 탈 수 있는 날수앙 버스터미널이 있다. 북부 버스터미널은 중심가에서 북동쪽으로 3km, 남부 버스터미널은 남쪽으로 3km 정도 떨어져 있다. 날수앙 버스터미널은 남부 버스터미널 맞은편에 위치하고 있다. 올드타운에서 툭툭으로 약 2만 낍이면 모든 터미널을 갈 수 있다. 목적지에 따라 여행사에서 자체적으로 미니밴을 운행하거나, 약간의 수수료를 얹고 대행 예약을 해준다. 픽업이 되어 편리하다.

북부 버스터미널

목적지	출발시간	가격(낍)	소요시간
농키아우	09:00, 11:00, 13:00	40,000	4시간
루앙남타	09:00, 16:00	90,000	9시간
우돔싸이	09:00, 12:00, 16:00	60,000	7시간
훼이싸이(보케오)	09:30, 17:30, 19:00	140,000	13시간
방비엥	10:00	75,000	7시간

※ 모두 로컬 버스
※ 스케줄과 가격은 현지 사정에 의해 달라질 수 있습니다.

루앙프라방

남부 버스터미널

목적지	출발시간	가격(낍)	소요시간
비엔티안 (방비엥 경유)	07:00, 08:30, 09:00, 11:00, 14:00, 17:00, 18:30	110,000	10시간
	VIP버스 08:00, 19:30, 20:00	130,000	
방비엥	VIP 09:30	100,000	7시간
폰싸완	08:30	95,000	10시간

※ 스케줄과 가격은 현지 사정에 의해 달라질 수 있습니다.

날수앙 버스터미널

목적지	출발시간	가격(낍)	소요시간
꽝시 폭포	11:30, 13:30	40,000	45분
방비엥	08:00, 09:00, 10:00, 14:00	110,000	7시간
농키아우	09:30	60,000	4시간
폰싸완	09:00	140,000	9시간
루앙남타	08:30	140,000	9시간
훼이싸이(보케오)	07:30	170,000	13시간
베트남 하노이	18:00(목요일 제외)	350,000	24시간
태국 치앙마이	18:00(월·수·금·일)	310,000	20시간
중국 쿤밍	07:00	430,000	24시간

※ 국내 버스는 모두 미니밴이다.
※ 스케줄과 가격은 현지 사정에 의해 달라질 수 있습니다.

| SPECIAL |

루앙프라방 → 훼이싸이
by Slow Boat

훼이싸이는 태국과 라오스의 북쪽 도시들을 이어주는 국경도시이다. 도시 자체는 볼 것이 없어 대부분 잠시 머무르고 다른 곳으로 바로 떠난다. 버스로도 가능하지만 여유가 된다면 슬로보트라는 색다른 도전을 해보자. 천천히 메콩 강을 따라 올라가며 수려한 풍광을 즐길 수 있어 인기다. 소요시간은 무려 이틀. 시간적 여유뿐 아니라 마음의 여유도 있어야 가능하다. 루앙프라방 올드타운에서 약 8km 떨어진 반돈마이 선착장에서 매일 아침 8시 30분에 출발한다. 오후 5시쯤 중간에 쉬어가는 마을 빡뱅에 도착, 하룻밤을 묵는다. 다음 날 오전 9시에 다시 출발, 훼이싸이에 오후 4시쯤 도착한다. 소요시간은 강물의 수위와 유속에 따라 달라진다. 배 안에 수세식 화장실과 매점이 있어 생각보다 불편하지 않다. 요금은 220,000낍, 식비와 숙박비는 포함되지 않는다. 쫓기듯 살아온 일상에 지쳤다면, 흐르는 강물을 바라보며 마음껏 멍 때릴 수 있는 좋은 기회가 될 것이다. 경험자의 팁은 평소 읽고 싶었던 책과 군것질거리를 두둑하게 준비할 것 반대로 훼이싸이에서 루앙프라방으로 슬로보트를 이용하여 오는 것도 가능하다.

LAOS BY AREA 03
루앙프라방

Luang Prabang
ONE FINE DAY

1일차

05:00
길었던 슬리핑버스,
루앙프라방 도착

06:00
비몽사몽 탁밧 구경

07:00
숙소 체크인 및
짐 맡기기

08:00
반가운 조마 베이커리에서
조식 먹기

20:30
느지막한 야시장 구경

16:30
타마린드 요리교실
참석하기

13:00
유토피아에서
에너지 재충전

10:00
왓 마이부터
왓 씨앙통까지 사원 산책

2일차

07:00
모닝마켓 구경 및
모닝 군것질

08:00
팍우 동굴로 가는
보트 고고싱

09:00
반 쌍하이에
잠깐 들러 구경

09:30
팍우 동굴 돌아보기

방비엥에서 오전에 출발하는 미니밴을 탔다면 늦은 오후, 슬리핑 버스를 탔다면 이른 아침에 도착할 것이다. 비엔티안으로 넘어가는 비행기가 저녁에 있어 같은 2박 3일이라도 길게 보낼 수 있다. 아무것도 하지 않아도 좋은 루앙프라방이지만, 모든 매력을 남김없이 보여줄 알찬 코스를 소개한다. 이중 지울 것은 지우며 자신만의 스타일로 여행을 채워보자.

12:00
현지식 냠냠,
코코넛 가든

13:00
놓칠 수 없는
꽝시 폭포 투어

18:00
블루라군에서
고급스러운 식사

19:00
야시장 쇼핑의
한 풀기

3일차

12:00
자연 속에서 즐기는
신닷, 엔 사바이

08:30
라오스 커피에 대해 배우기,
사프론 커피 투어

06:00
아쉬운 탁밧 눈에 담기

21:00
라오라오 가든에서
분위기에 취하기

14:00
판루앙 마을
자전거 산책

17:30
공항으로 출발

18:45
비엔티안으로 출발

LAOS BY AREA 03
루앙프라방

루앙프라방 올드타운 서쪽

- 메콩 강 Mekong River
- 사프론 커피 2호점 Saffron Coffee
- 페리 선착장 Ferry Terminal
- 미스 솜시 국수 Miss Somsi Noodle Soup
- 신닷 뷔페 Sindat Buffet
- 만타툴랏 도로 Thanon Manthattoulat
- 판타손 게스트하우스 Phanthasone Guesthouse
- 마니찬 게스트하우스 Manichan Guesthouse
- 왕궁박물관 Royal Palace Museum
- 나이트 마켓
- 솜짓 게스트하우스 Somchith Guesthouse
- 녹노이 란쌍 게스트하우스 Nocknoy Lanxang Guesthouse
- 골든 로터스 플레이스 Golden Lotus Place
- 왓 마이 Wat Mai
- 블루 라군 Blue Lagoon
- 호 파방 Ho Phabang
- 마이 라오 홈 부티크 호텔 My Lao Home Boutique Hotel
- 만낍 뷔페 골목 10000Kip Buffet Alley
- 씨사왕웡 도로 Thanon Sisavangvong
- 모닝 마켓
- 남푸 분수 Nam Phu Fountain
- 왓 마하탓 Wat Mahathat
- 조마 베이커리 카페 Joma Bakery Cafe
- 샌드위치 노점 Snack & Fruit Shake Stands
- 루앙프라방 베이커리&게스트하우스 Luang Prabang Bakery&Guesthouse
- 왓 호시안 Wat Hosian
- 탓 쫌시 탑 That Chomsi
- 푸씨 산 Mt. Phou Si
- 메종 수완나품 호텔 Maison Souvannaphoum Hotel
- 만다 드 라오스 Manda de Laos
- 다오 마켓 Dao Market
- 라오라오 가든 Lao Lao Garden
- 낏사랏 도로 Thanon Kitsalat
- 킹키사랏 도로 Thanon Kingkitsarath
- 남 칸 강 Nam Khan River
- 왓 위쑨나랏 & 왓 아함 Wat Wisunnarat & Wat Aham
- 왓 마노롬 Wat Manorom
- 유토피아 Utopia

0 200m

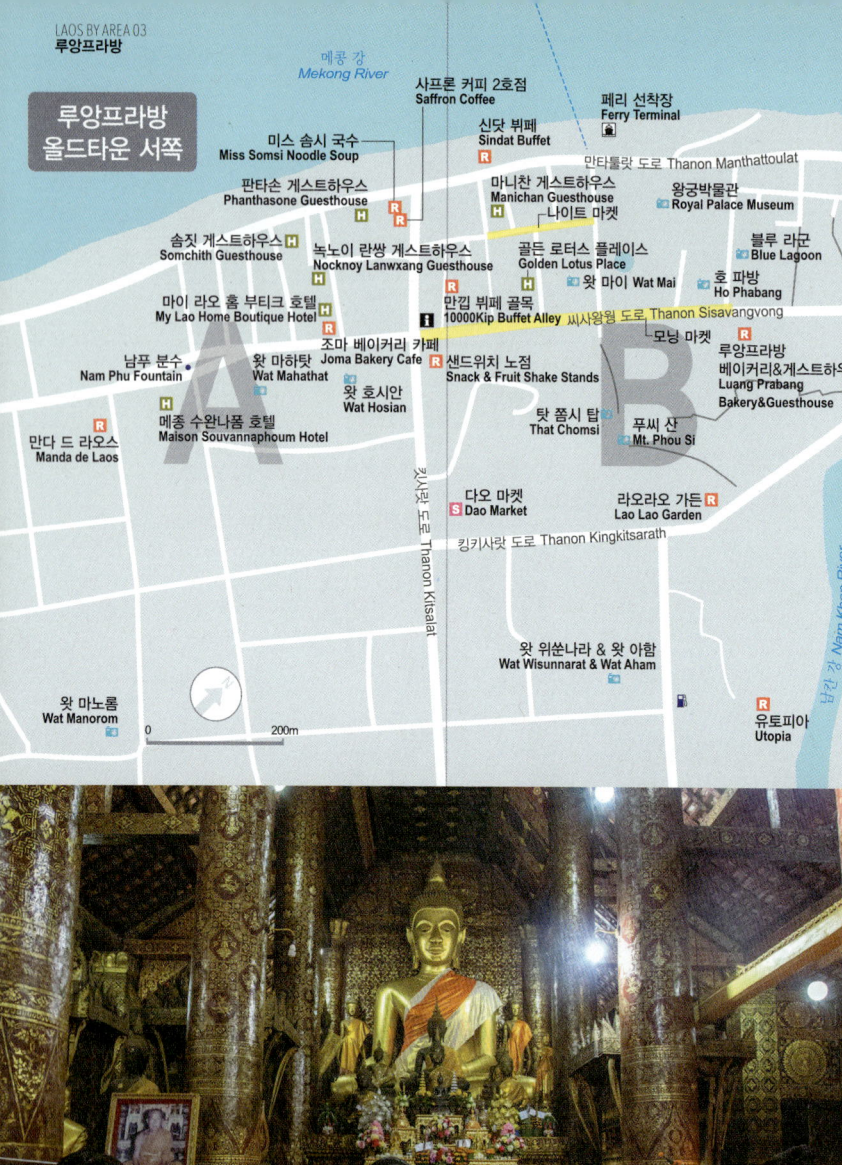

ENJOY

| 유네스코에 등재된 불교도시의 클래스 |

라오스 최고의 사원
왓 씨앙통 Wat Xieng Thong

시내에 있는 사원만 80여 개, 비슷비슷해 보이는 사원들이 줄이어 있는 루앙프라방에서 모두 가보는 것은 무리이다. 그중 꼭 가봐야 할 사원 하나만 꼽으라면 단연 왓 씨앙통. '황금 도시의 사원'이라는 뜻으로 역사적으로나 예술적으로도 완성도가 매우 뛰어나다. 1559년 란쌍 왕국 16대 왕 쎗타티랏이 비엔티안으로 수도를 천도하기 전 마지막으로 지은 사원으로, 현재까지 그 모습을 잘 간직하고 있다. 대법전은 삼단 지붕이 땅에 닿을 듯 낮게 깔린 고전 건축 기법을 잘 드러내고 있는데 라오스 사람과 닮아 단아함을 풍긴다. 어두운 색 바탕에 금색 물감을 찍어서 그린 스텐실 벽화가 잘 보존되어 있다. 내부에는 신화의 주인공 짠타파닛 왕의 업적과 부다의 가르침이, 외벽에는 사자와 여신들이 그려져 있다. 북쪽 면의 벽에는 유리로 만든 은색 코끼리 머리 조각상이 있다. 힌두교 지혜의 신 가네샤를 표현한 것으로 라오 신년 삐마이에는 코끼리 입에서 물이 나온다. 대법전의 하이라이트는 뒤쪽 외벽에 조각된 생명의 나무 Tree of life이다. 붉은 벽면에 알록달록 색유리를 이용해 만든 거대 모자이크로 반짝반짝 신비롭고 영롱한 모습에 눈길을 떼지 못할 것. 대법전 뒤쪽 왼편에 있는 붉은 법당의 외관 역시 유리 모자이크로 이루어져 있다. 부처 탄생 2,500주년을 기념하여 만든 작품으로 손톱만 한 유리조각을 잘라 붙여 부다의 수행을 생생하게 표현하고 있다. 내부에는 16세기에 만들어진 청동 와불상이 안치되어 있다. 대법전 맞은편에 있는 화려한 황금색 건물은 장례 법당으로 씨싸왕웡 왕의 시신을 운구하기 위해 만든 장례 마차를 보관하고 있다.

Data 지도 172p-C
가는 법 Thanon Sakkaline, 올드타운 북쪽에 위치
운영시간 08:00~17:00
요금 20,000낍

마지막 왕조의 발자취를 찾아서
왕궁박물관(호 캄) Royal Palace Museum(Ho Kham)

란쌍 왕국 시절부터 마지막 왕까지 긴 역사를 담고 있는 라오스의 왕궁이다. 란쌍 왕국 때 지어졌던 목조 건물은 청나라 흑기군의 침략으로 소실되었고, 현재 왕궁은 프랑스 식민 정부가 씨싸왕웡 왕을 위해 새롭게 만들어준 것. 프랑스 건축가가 설계하였으며, 프랑스와 라오스 양식이 결합되어 있다. 1975년 사회주의 정부 수립 후 왕정이 폐지되면서 현재 박물관으로 사용되고 있다. 입구 왼쪽 매표소에서 표를 구입하고 가로수 길을 따라 직진하면 왕궁박물관이 나온다. 응접실에 들어서면 빨간 벽화가 눈에 띈다. 프랑스 화가의 작품으로 유리 공예를 이용해 라오스 사람들의 생활상을 표현했다. 창문으로 들어오는 빛을 받아 무척 아름답다. 왕과 왕비의 침실까지 돌고 오는 코스이며 당시 사용하던 물품들이 전시되어 있다. 씁쓸했던 왕조의 결말만큼이나 단출하다. 푸시 산 맞은편 입구로 들어서면 오른쪽에는 신성한 황금 불상인 파방을 모시는 호 파방이 있다. 길이 83cm, 무게 50kg의 황금 불상 파방은 나라의 영원과 안녕을 가져다주는 존재로, 라오스 사람들의 정신적인 지주 역할을 한다. 민소매나 무릎이 보이는 하의는 입장이 제한된다. 카메라와 가방 모두 사물함에 보관해야 한다.

Data 지도 172p-B
가는 법 Thanon Sisavangvong,
올드타운 중심에 위치
전화 071-212-470
운영시간 08:30~11:00,
13:30~16:00
요금 입장료 30,000낍,
옷 렌트 5,000낍

신성한 기 받고 가세요~
푸 시 Phou Si

푸Phou는 산, 시Si는 신성함을 뜻하여 말 그대로 '신성한 산'이다. 정상에 황금 탑 탓 쫌시That Chomsi가 있어 어디서든 보이는 랜드마크 역할을 한다. 루앙프라방 시내 중앙에 솟아있어 신성한 기운이 모인다고 여겨지며 종교적으로도 큰 의미가 있다. 불교의 자비를 기리며 여기저기서 새를 방생하는 사람들을 많이 볼 수 있다. 입구는 세 군데 있으며 왕궁박물관 맞은편 계단을 가장 많이 이용한다. 총 328개의 계단을 올라야 하는데 사실 산이라고 부르기는 민망한 높이다. 천천히 오르면서 사색에 잠기기 좋다. 사색이야말로 루앙프라방이 주는 최고의 선물이다. 초입에 있는 낡은 건물은 1860년에 지어진 사원으로 당시 건축 장식이 그대로 남아있어 분위기 있는 사진을 남길 수 있다. 꼭대기에 오르면 루앙프라방이 360도 파노라마로 펼쳐진다. 거닐었던 마을의 모습이 한눈에 들어온다. 늦은 오후 일몰을 보기 위해 많은 사람들이 찾는다. 한낮의 강렬했던 태양은 메콩 강을 붉은 빛으로 물들이며 지는 순간까지도 여운을 남긴다. 조용히 산책과 풍경을 즐기고 싶다면 아침에 방문하는 것을 추천. 오전 6시 30분 전 혹은 오후 6시 이후에는 입장료 없이 올라갈 수 있다.

Data 지도 172p-B
가는 법 Thanon Sisavangvong, 올드타운 중심에 위치
요금 입장료 20,000낍

입이 딱 벌어지는 화려함
왓 마이 Wat Mai

'새로운 사원'이라는 뜻의 이름과 달리 루앙프라방을 대표하는 오래된 사원 중 하나다. 18세기 말에 짓기 시작해 청나라 흑기군 침략으로 완성되는 데만 약 70년이 넘게 걸렸다. 역시나 지붕과 바닥이 가까운 루앙프라방 건축 양식을 띠고 있다. 5층 지붕을 얹은 대법전이 웅장하고 화려하기로 유명하다. 대법전 출입문 옆으로 부다의 일대기를 입체적으로 표현한 황금 동판이 화려함을 더한다. 내부 역시 스탠실 벽화와 양각 장식들로 금빛의 향연이다. 과거 신성한 황금불상 파방을 안치했던 굉장히 중요한 사원이었다. 파방은 1947년 왕궁박물관으로 옮겨졌다. 라오 신년 축제 삐마이 동안 파방이 왓 마이로 돌아오며 파방을 씻기는 의식이 진행된다.

Data 지도 174p-B
가는 법 Thanon Sisavangvong, 왕궁박물관 남쪽에 위치
운영시간 08:00~17:00
요금 입장료 10,000낍

란쌍 왕국의 위엄을 품은
왓 위쑨나라 Wat Wisunarat

14대 왕 위쑨나라의 이름을 딴 절로 왓 위쑨이라고도 불린다. 1513년에 건설되었으며 현재 루앙프라방에 남아있는 사원 중 가장 오래되었다. 대법전은 원래 4,000그루 이상의 나무를 사용한 으리으리한 목조 건물이었다. 청나라에 의해 불탄 후 1894년 벽돌과 회반죽을 이용해 재건축되었다. 그 과정에서 앙코르 왓에서 볼 법한 크메르 특유의 창살 무늬 창문 장식을 더했다. 파방을 모시기 위해 만들어졌으며 1887년까지 파방을 안치했다. 내부에는 루앙프라방에서 가장 큰 불상을 비롯해 다양한 불상들이 전시되어 있다. 맞은편에 있는 둥근 탑에는 부처의 사리가 모셔져 있다고 전해진다. 둥근 형태 때문에 탓 파툼이라는 이름 대신 탓 막모(수박 탑)이라는 별명을 가지고 있다. 15~16세기 불상이 무더기로 발견되었으며 현재 왕궁박물관에 보관 중이다. 바로 옆 왓 아함과 연결되어 있다.

Data 지도 174p-B 가는 법 Thanon Visounnarat, 투어리스트 센터에서 도보 10분 운영시간 08:00~17:00 요금 입장료 20,000낍

어둠 속 빛나는 불심
팍우 동굴 Pak Ou Cave

루앙프라방 북쪽 메콩 강과 남우 강이 만나는 지점, 어떻게 이런 곳을 찾았을까 싶을 정도로 까마득한 석회암 절벽 15m 위의 동굴이다. 현재는 계단으로 연결되어 있어 출입이 편리하다. 2개의 동굴로 나누어지는데 아래쪽 동굴을 탐 팅, 위쪽은 탐 펌이라고 부른다. 입구가 넓은 탐 팅은 내부로 빛이 들어와 손전등이 필요 없다. 내부에는 300년이 넘은 오래된 불상부터 소재도 다양하고 포즈도 제각각인 약 2,500여 개의 크고 작은 불상들이 놓여있다. 탐 팅에서 살짝 가파른 계단으로 10분 정도 올라가면 탐 펌이 나온다. 동굴 내부가 좁고 어두워 손전등이 있으면 편리하다. 입구에서 팔지만 핸드폰 조명으로 충분하다. 예로부터 수호신이 살고 있다고 전해졌으며 매년 국왕이 신년 인사를 위해 팍우 동굴을 방문할 만큼 신성한 곳이다. 기도하러 온 사람들이 하나둘씩 불상을 두고 가면서 약 4,000개의 불상을 품은 지금의 모습이 되었다고. 동굴 안 작은 샘에서 나는 물은 성수로 여겨지며, 신년에는 이 물을 이용해 파방을 씻기는 행사가 펼쳐진다. 루앙프라방에서 약 25km 떨어져 있으며 오가는 풍경이 아름다워 일석이조다. 강변 사프론 커피 맞은편에서 매일 아침 8시에 보트가 떠난다. 가는 길에 위스키마을로 잘 알려진 반 쌍하이에 들른다.

Data 지도 173p-B
가는 법 올드타운에서 배로 약 1시간 30분
전화 071-212-887
운영시간 08:00~17:00
요금 보트 80,000낍, 입장료 20,000낍

| Theme |
이때 오면 더 신난다, 라오스 최고의 축제

라오스의 축제는 종교와 농사, 두 가지와 밀접하게 연결되어 있다. 우기인 5월에는 많은 비를 기대하며 수제 로켓을 하늘 높이 쏘아 올리는 로켓 축제 분 방파이가 있으며 1월에는 추수 감사절을 지낸다. 11월 보름에는 비엔티안 탓 루앙을 도는 탑돌이 축제가, 10월 말에는 승려들의 안거 수행의 끝을 축하하는 분 옥 판싸가 열린다. 가장 큰 축제는 4월에 열리는 라오스 신년 분 삐마이다. 축제 기간의 라오스는 평소의 평화로운 모습을 벗고, 흥과 파티의 장으로 변신한다.

행운의 물벼락을 맞아보세요, 분 삐마이 Boun Pi Mai

4월의 동남아시아 대륙은 물과 흥이 절정으로 오르는 시기다. 라오스뿐만 아니라 주변 불교국가인 태국, 미얀마, 캄보디아에서도 불교달력에 따른 신년 축제가 열린다. 새해를 축원하면서 더위를 식혀주는 의식이다. 정확한 새해는 4월 13일이지만 전후로 약 10일 정도는 정상업무가 불가능하다고 보면 된다. 이 기간만큼은 모든 근심 걱정을 잊고 신나게 노는 라오스 사람들을 만날 수 있다. 분Boun은 축제, 삐마이는 새로운 해年라는 뜻이다. 태국에선 송크란, 미얀마에선 띤잔, 각자 이름은 다르지만 의미는 같다. 서로 물을 뿌려주며 행운을 빌어주는데 축제의 모습은 우리의 상상을 초월한다. 물총, 바가지 등 물을 담을 수 있는 모든 수단이 동원되고 가차 없이 물길을 쏘아댄다. 불교의 나라에서 유일하게 자비가 없는 순간이다. 물을 많이 맞을수록 지난해의 나쁜 기운이 다 씻겨 내려간다고 믿기 때문에 맞는 사람도 신이 난다. 전국적으로 이루어지지만 삐마이를 가장 잘 즐길 수 있는 도시는 루앙프라방. 오랜 기간 수도역할을 했던 곳인 만큼 각종 종교행사가 이루어져 볼거리가 풍부하고 세계에서 물벼락 맞으러 몰려든 사람들로 흥이 넘친다. 물총 하나 손에 들고 거리로 나가보자. 뻘쭘함도 잠시, 어느새 함박웃음을 띤 채 사람들을 쫓고 있는 자신을 발견하게 될 것이다.

라오스 신년 공식행사 Lao New Year Celebration
- **4/12** 09:00 왓 마이에서 왓 씨앙통까지 코끼리 축하 행진
- **4/13** 06:00 롤랏Lolat 열린 장터 오픈(전통 직물 공예 및 지역 생산품 판매)
  - 13:00 메콩 강변 모래사장에서 모래탑 쌓기
- **4/14** 13:00 왓 탓노이에서 왓 씨앙통까지 미스 라오 '낭상칸'과 승려들의 가두행진
- **4/16** 06:00 싸이밧(탁밧) 행사, 복을 기원하는 기도를 위해 푸시 등반
  - 13:00 미스 라오 '낭상칸'과 약 50개의 소수민족들의 전통의상 퍼레이드
  - 19:00 왕궁박물관에서 연등행사 및 전통댄스 공연
- **4/17** 07:00 왕궁박물관 내 호파방에서 왓 마이로 파방을 옮기는 퍼레이드
  - 13:00 빡우 동굴에서 불상 살수 및 기원
  - 15:30 열린 장토 롤랏 폐장
- **4/18~19** 루앙프라방 내 모든 사찰에서 불상 살수 의식
- **4/20** 08:00 파방을 왓마이에서 왕궁박물관으로 다시 옮기는 의식

※현지사정에 따라 시간과 내용이 변경될 수 있습니다.

> **Tip 즐거운 삐마이를 위해 주의할 점**
> 젖어도 될 만한 옷을 입는 것은 기본, 카메라와 핸드폰은 방수팩 혹은 비닐봉지를 이용해 꽁꽁 싸매고 다녀야 한다. 사진 욕심을 버리는 것이 즐겁게 놀 수 있는 비결. 카메라를 들고 있다고 아무리 외쳐도 자비 없는 물총과 물바가지 세례를 피하지 못한다. 화를 내봤자 자신만 이상한 사람이 되니 스스로 조심하자.

존중해주세요
탁밧 Tak Bat

탁밧은 우리나라 말로 탁발, 불교에서 공양을 받으러 다니는 것을 의미한다. 라오스 어디서든 볼 수 있는 모습이지만 루앙프라방의 탁밧은 좀 더 특별하다. 해가 뜨면서 금빛으로 은은하게 물드는 사원의 하얀 벽을 따라 길게 이어지는 승려들의 오렌지 빛 행렬이 장관을 이루기 때문. 특히 마지막에 시주를 더 가난한 이들에게 나누어 주는 모습은 나눔과 공존이라는 것에 대해 다시 한 번 생각해보게 하는 가슴 찡한 순간이다. 사람들은 동 트기 전부터 무릎을 꿇고 기다리고 있다. 탁밧에 참가하고 싶다면 단정히 차려입고, 음식을 준비해 승려보다 낮은 자세로 앉아 기다려야 한다. 탁발은 6시경 왓 쏩에서 시작하여 씨싸왕원 도로를 따라 내려간다. 80여 개의 사원에서 동시에 나오는 승려들의 모습은 무척이나 이색적인 풍경이지만 유명해지면서 관광 상품으로 전락해버린 모습을 풍겨 안타깝다. 승려들의 얼굴에 대놓고 사진을 찍거나 인증샷을 남기기 위해 행렬을 방해하는 행동들도 보인다. 탁밧은 승려들의 중요한 수행이니 만큼 한 걸음 떨어져서 바라보는 경건한 마음자세가 필요하다.

Data 지도 173p-D
가는 법 Thanon Sisavangvong
운영시간 06:00~06:30

숨은 매력을 찾아가는 여행자의 산책

요정들이 뛰어노는
꽝시 폭포 Kuang Si Waterfall

루앙프라방에 왔다면 꼭 한 번, 아니 두 번 가봐야 할 꽝시 폭포. 푸름으로 뒤덮인 숲속, 카르스트 지형이 빚은 계단식 웅덩이에 영롱한 에메랄드빛 물이 찰랑거리는 모습이 마치 크로아티아 플리트비체를 연상시킨다. 천혜의 수영장에서 한가로이 물놀이를 즐기는 특혜를 누릴 수 있다. 단, 물이끼로 바위가 매우 미끄러우며 수심이 제법 깊으니 조심하자. 수영에 자신이 없다면 구명조끼나 튜브를 따로 챙겨가는 것을 추천한다. 아름다운 웅덩이들을 지나면 시원하게 떨어지는 폭포가 나온다. 트레킹 코스가 있어 폭포 꼭대기까지 올라갈 수 있다. 왕복 1시간 정도 소요된다. 꼭대기에는 동굴과 수영할 수 있는 샘으로 연결되는 길이 있다. 전부 돌아보려면 왕복 3시간은 족히 필요하다. 올드타운에서 차로 약 40분 걸리며 대부분의 숙소에서 미니밴을 이용하여 꽝시 폭포를 다녀오는 상품을 판매하고 있다. 요금은 5만 낍 정도로 3시간의 자유시간이 주어진다. 입장료는 별도다. 하지만 꽝시 폭포를 제대로 즐기려면 반나절 이상을 할애하는 것이 좋다. 더 많은 시간을 보내고 싶거나 한적한 시간에 가고 싶다면 투어보다는 따로 툭툭을 이용하자. 여러 명이 함께 타는 공용은 편도 2만 낍. 마음껏 놀다 아무 툭툭이나 잡고 돌아오면 된다. 대기 중인 툭툭은 많으니 걱정 말자.

Data 지도 172p-A
가는 법 올드타운에서 남쪽으로 29km
전화 071-212-068
운영시간 07:30~17:30
요금 입장료 20,000낍

알록달록 직물의 세계
반 판루앙&반 쌍콩 Ban Phan Luang&Ban Xang Khong

조금 더 한적하게 루앙프라방을 느끼고 싶다면 남칸 강 건너편 옆 동네로 마실을 떠나보자. 건기에는 엔싸바이 레스토랑 앞으로 대나무 다리가 놓여 편하게 다녀올 수 있지만 우기에는 배를 타거나 올드브리지로 돌아가야 한다. 자전거를 빌려 돌아보는 것을 추천한다. 대나무 다리를 건너면 종이 공예로 알려진 반 쌍콩 마을이 나타난다. 멀베리 나무껍질을 이용하여 종이를 만들고, 누에에서 실을 뽑아 직물을 만드는 공방들을 볼 수 있다. 직접 베를 짜거나 천연염색을 하는 체험도 가능하다. 대부분 나이트마켓에서 볼 수 있는 물건이지만 잘 찾아보면 제법 특색 있고 수준 높은 나만의 아이템을 발견할 수 있으니 두 눈을 크게 뜨고 둘러보자. 큰 도로가 있는 반 판루앙 마을까지는 2km 거리. 평화로운 풍경과 일상생활을 구경하다 보면 금방이다.

Data 지도 172p-F
가는 법 남칸 강 건너편
요금 대나무 다리 통행료 5,000낍

> **Tip** 건기에는 꽝시, 우기에는 딱쌔 폭포에서 코끼리를 타는 투어를 많이 볼 수 있다. 사람에게 즐거움을 주는 관광산업으로 봐야할지 동물학대로 봐야할지를 두고 의견이 분분하다. 만약 코끼리 라이딩을 결심했다면 코끼리들의 복지를 최대한 신경 써주는 곳으로 선택하자.

시골스러운 매력
쫌 펫 Chomphet

메콩 강에 앉아 여유를 부리다 문득 저 건너편 언덕 위의 하얀 사원이 무엇일까 궁금해졌다면 강 건너 마을로 산책을 떠나보자. 왕궁박물관 뒤쪽 선착장에서 정기적으로 운행하는 페리를 타면 된다. 차 한 대 정도만 지나갈 수 있는 길 하나가 전부인 마을 쫌펫이다. 나무로 된 집들이 늘어서 있고 중간중간 삼삼오오 모여 수다를 떠는 주민들과 뛰어다니는 아이들을 볼 수 있다. 익숙해질 만도 했을 텐데 아직도 수줍게 인사하는 아이들이 사랑스럽다. 강변을 따라 왓 씨앙맨, 왓 쫌펫, 왓 롱쿤 사원들이 쪼르르 모여있다. 멀리서도 보이는 하얀 사원 왓 쫌펫은 막상 가면 폐허 같지만 그곳에서 바라보는 반대편 올드타운이 멋지다.

Data 지도 172p-B
가는 법 왕궁박물관 뒤쪽 선착장에서 페리 이용
요금 페리 10,000낍(편도), 왓 쫌펫 입장료 10,000낍

아침부터 위스키 한 잔
반 쌍하이 Ban Xang Hai

라오스 전통술 라오라오를 만드는 마을로 위스키 마을whisky village이라고도 불린다. 배를 타고 내려 입구에 들어서면 시음해보라며 라오라오를 권한다. 첨가물과 알코올 농도가 다른 다양한 종류의 위스키가 마련되어 있다. 마음에 들면 구입도 가능하다. 패키지가 예뻐 선물로도 좋다. 마을 곳곳에서 쌀을 찌고 말리며 라오라오를 만드는 과정을 볼 수 있다. 베로 짠 핸드메이드 스카프도 판매한다. 따로 찾아갈 정도는 아니고, 팍우 동굴 가는 길에 있어 함께 여행하는 게 일반적이다.

Data 지도 173p-B 가는 법 사프론 에스프레소 맞은 편 선착장 이용. 올드타운에서 배로 약 40분 소요 요금 보트 80,000낍

|Theme|
라오스와 친해지기, 쿠킹 클래스

음식만큼 한 나라를 잘 보여주는 것이 있을까. 안타깝게도 많은 한국인들이 다른 나라 음식을 시도하는 것에 겁을 낸다. 익숙하지 않기 때문. 라오스는 우리와 마찬가지로 밥을 주식으로 한다. 죽순으로 국을 끓이고, 생선을 찌고, 닭고기를 굽는다. 거기에 매 끼니마다 김치 격인 파파야 샐러드를 곁들인다. 재료와 조리법만 다를 뿐 친숙한 밥상이다. 쿠킹 클래스는 식재료를 직접 보고, 스스로 만들어보는 요리 교실이다. 현지 음식과 친하게 만드는 최고의 방법이다.

아름다운 정원에서 즐기는, 타마린드 쿠킹 클래스 Tamarind Cooking Class

루앙프라방 내 쿠킹 클래스를 진행하는 곳이 꽤 있지만 가장 체계화된 곳은 타마린드이다. 남칸 강변에 있는 레스토랑 타마린드에서 운영하며 신선한 재료와 활기찬 분위기를 보장한다. 참가자가 많으니 미리 예약하는 것이 좋다. 함께 장을 보고 요리를 하는 종일반과 요리만 하는 저녁반으로 나뉜다. 쿠킹 클래스는 레스토랑이 아닌 툭툭으로 약 20분 정도 떨어진 타마린드 가든에서 진행된다. 산과 호수에 둘러싸여 무척 아름다우며 보기만 해도 건강해질 것 같은 초록 채소들을 키우고 있다. 라오스에서 주로 사용하는 재료들에 대한 설명을 들은 후 요리 수업이 시작된다. 만져보고, 향도 맡아보며 서서히 재료와 친해지는 시간을 갖는다. 시작은 라오스 대표 메뉴인 찰밥과 째우Jeow. 일명 까오니아우 혹은 스티키 라이스라 불리는 찰밥은 라오스만의 시그니처 메뉴다. 어떻게 하면 이렇게 쫀득쫀득한 밥을 만들 수 있는지 그 비법 설명에 귀를 쫑긋 세워보자. 째우는 무언가를 찍어먹는 소스로, 매콤한 맛이 특징이다. 토마토 혹은 가지를 이용하여 만드는데 싱싱한 야채로 만드는 째우가 얼마나 맛있는 지는 먹어본 자만이 안다. 기왕이면 로컬스럽게 맨손으로 밥을 떼어 째우에 찍어 먹어보자. 연이어 함께 먹을 생선과 치킨 등을 요리한다. 메뉴는 시즌별로 달라진다. 서로 도와주고, 맛보다 보면 금방 화기애애해진다. 역시 음식은 사람을 이어주는 만국 공통어이다. 실습 위주이니 간단한 영어로도 문제가 없다. 친구, 부모님과 함께하면 더 즐겁다. 자기 손으로 만든 라오스 음식은 잊지 못할 추억이 될 것이다.

Data 지도 173p-E
가는 법 Thanon Kingkitsarath, 남캉 강변 압살라 호텔 옆에 위치
전화 071-213-128
운영시간 종일반 09:00~15:00, 저녁반 16:30~20:20(일요일 휴무)
가격 종일반 285,000킵, 저녁반 215,000킵
홈페이지 www.tamarindlaos.com

만들어보자! 그리운 라오스 맛

라오스는 동남아시아의 젖줄 메콩 강이 가로지르고 있으며 울창한 산림으로 이루어진 지리적 혜택 덕에 풍부한 식재료를 자랑한다. 5개의 이웃 나라와 교류하며 자연스레 영향을 받았고, 프랑스 식민지 시대를 거치면서 다양한 조리법이 발전해왔다. 라오스의 지난 세월이 요리에 그대로 배어들었다고 해도 과언이 아니다.

Recipe 1
째우 Jewo

이것 없으면 밥을 못 먹는다고 볼 정도로 중요하다. 밥과 야채를 찍어먹는 디핑 소스로, 종류가 다양하다. 타마린느에서는 토마토 혹은 가지를 이용한 째우를 만든다. 특히 토마토 째우는 살사 소스와 비슷해 한국인 입맛에 잘 맞는다. 만드는 방법도 무척 간단하니 오늘 밤은 식탁에 라오스를 살짝 가미해보자.

준비물: 방울토마토 4개, 매운 태국 고추 4개, 마늘 1쪽, 파 2.5cm, 고수 1/2스푼, 레몬 1/4쪽, 피쉬 소스 조금, 소금 한 꼬집

❶ 토마토와 고추, 마늘을 불에 직화구이로 굽기
❷ 까맣게 그을린 껍질 벗겨내기
❸ 고추와 마늘, 소금을 미니 절구에 넣고 빻기
❹ 토마토 추가하여 반죽느낌이 될 때까지 빻기
❺ 다진 파와 고수를 넣어주고 마지막 피쉬소스까지 섞어주면 완성!

Recipe 2
땀막땡 Tam Mak Taeng

파파야 샐러드라 불리는 땀막홍과 같이 라오스 식탁의 김치 역할을 담당하고 있다. 한국에 와서도 땀막홍이 그립다면 쉽게 구할 수 있는 오이를 이용하여 땀막땡을 만들어보자. 새콤하고, 달고, 짜고, 매운 맛 모두 느낄 수 있다면 성공. 맛의 균형은 취향대로 맞추면 된다.

준비물: 오이 중간 크기 2개, 토마토 1개, 마늘 3쪽, 고추 1/2~5개(취향대로), 설탕 1.5스푼, 소금 1스푼, 레모즙 2스푼, 피쉬소스 조금, 새우젓갈(취향에 따라 넣지 않아도 됨)

❶ 미니 절구에 마늘, 고추, 설탕, 소금, 새우젓갈을 넣고 빻기
❷ 토마토를 큼직하게 썰어 추가하기
❸ 필러를 이용하여 오이를 가늘고 길게 벗겨내기
❹ 피쉬소스와 레몬즙을 뿌리고 전부 버무려주기

EAT

| 현지인처럼 먹어보자 |

먹고 또 먹고, 끊임없이 먹는다
나이트마켓 노점음식 Night Market Street Food

오후 5시 한적한 씨싸왕웡 도로 위로 빨간 천막들이 하나둘씩 펼쳐지며 순식간에 거대한 야시장이 형성된다. 야시장의 꽃은 먹거리. 나이트마켓이 시작되는 투어리스트 센터 앞으로 국수

Data 지도 172p-B
가는 법 Thanon Sisavangvong
가격 꼬치구이 10,000~30,000낍

와 꼬치구이, 맞은편에는 샌드위치를 파는 천막이 가득하다. 천막을 따라가다 보면 달콤한 빵 냄새가 발길을 사로잡는데 그곳이 바로 인디고 하우스. 인디고 하우스 옆으로 먹자골목이 형성되어 있다. 볶음밥과 국수, 스프링롤, 다양한 반찬들이 진열되어 있다. 1만 낍에 먹고 싶은 만큼 담을 수 있어 만낍 뷔페라고 불린다. 많은 곳이 15,000낍으로 올랐지만 여전히 만낍 뷔페 혹은 대부분이 야채라 채식 뷔페vegetarian buffet라고 불린다. 닭구이 등을 추가하려면 돈을 더 내야 한다. 특별히 맛있는 것은 아니지만 이국적인 분위기는 매력이다. 위생 기준이 까다롭다면 패스하는 것이 좋다. 입구에 파는 수제 만두와 코코넛 풀빵도 쇼핑친구로 딱이다. 메콩 강변을 포함, 도시 어디에서든 포장마차들을 찾아볼 수 있다. 기분 좋은 밤바람을 맞으며 비어라오 한잔하기 그만이다. 다양한 수제 소시지는 루앙프라방에서 꼭 맛봐야 할 음식으로 쏘맥(소시지+맥주)에 눈을 뜨게 해줄 것이다. 직화구이 닭꼬치와 생선구이 등도 함께 판매한다.

너는 내 취향저격
씨앙통 국수 Xiang Thong Noodles

왓 씨앙통 입구 근처에 있는 카오삐약 전문점이다. 인기가 많아 한국어, 일본어, 중국어로 된 간판과 설명까지 적혀있다. 칼국수를 연상시키는 통통한 면발이 매력. 향신료가 적고 담백해 한국인 입맛에 매우 잘 맞는다. 내용물로는 돼지고기와 계란 중 선택할 수 있다. 테이블 위 고춧가루를 넣으면 얼큰하다. 이곳 고춧가루는 다른 곳보다 3배는 매우니 많이 넣었다간 지옥을 경험하게 될지도 모른다. 씨앙통 국수에서 라오스표 누룽지 카오콥을 빼먹으면 섭하다. 면을 다 먹고 말아먹으면 든든하다. 오후 2시 마감이지만 재료가 떨어지면 문을 닫기 때문에 일찍 찾아가는 것이 좋다.

Data 지도 173p-F 가는 법 Thanon Sakkaline. 왓 씨앙통 맞은편
운영시간 07:00~14:00 가격 카오삐약 10,000킵~

오묘한 매력쟁이 카오쏘이
미스 솜시 국수 Miss Somsi Noodle Soup

길에서 국수를 파는 곳이라면 어디서든 루앙프라방 대표 국수 '카오쏘이'를 만날 수 있다. 수많은 포장마차 중 미스 솜시 국수집은 현지인들도 인정하는 카오쏘이를 판매한다. 메콩 강변에 위치하며 늦게 마감하여 방문이 편리하다. 카오쏘이는 북부지방을 대표하는 국수이다. 코코넛 밀크가 듬뿍 들어간 태국의 카오쏘이와는 완전 다르다. 된장+고추장을 섞은 듯한 베이스에 양념된 다진 돼지고기를 얹어먹는다. 칼국수처럼 두꺼운 면발을 사용하고 구수하고 매콤한 것이 특징이다. 함께 나오는 야채와 허브를 듬뿍 넣어먹으면 고기의 느끼함도 잡아주고 더욱 맛있다. 익숙하지 않은 맛이지만 두고두고 생각나는 오묘한 매력을 지녔다. 어느 순간 자신도 모르게 중독이 되는 것은 시간문제.

Data 지도 174p-A
가는 법 Thanon Kitsalat과 Thanon Manthatulat 교차점에 위치
전화 020-2292-1260
운영시간 07:00~22:00
가격 카오쏘이 15,000킵

| 분위기 좋은 강변 레스토랑 |

마음껏 게을러져 볼 자유
유토피아 Utopia

누가 지었는지 이름 하나 기똥차게 지었다. 깊숙한 골목길, 은밀한 입구로 입장하는 순간 다른 세계가 펼쳐진다. 조급, 불안과 같은 단어는 존재하지 않을 것만 같은, 한없이 여유로워질 수 있는 공간에 들어선 것이다. 남칸 강변에 자리하고 있으며 시원시원한 전망을 자랑한다. 넓은 야외 정원에 오두막이 있고, 매트와 쿠션이 놓여 있다. 대낮부터 쿠션에 누워 잉여롭게 시간을 만끽하는 사람들로 가득하다. 책을 읽다 깜박 졸고, 그러다 강가의 아이들이 뛰어노는 소리에 깨어나는 그런 곳이다. 배가 고프면 유토피아 버거와 피자가 대기하고 있다. 샌드위치와 파스타, 간단한 라오 음식도 맛볼 수 있다. 밤에는 바에 사람들로 북적인다. 모래를 깔아놓은 비치발리볼장과 푸즈볼 테이블, 다트, 보드게임이 준비되어 있어 지루할 틈이 없다. 시끌벅적했던 밤과는 대조적으로 매일 아침 7시 30분에 요가 교실이 열린다. 여행까지 와서 무슨 요가인가 하는 우리네 생각과 달리 늘씬한 서양언니들로 가득 찬다. 예약은 '루앙프라방요가' 홈페이지에서 가능하다. 상쾌한 라오스의 아침 공기를 들이마시며 야외에서 즐기는 요가는 여독과 과식, 과음에 지친 몸과 마음에 건강한 기운을 불어넣어줄 것.

Data 지도 172p-E
가는 법 남칸 강변에 위치.
라오 라오 가든에서 도보 5분
전화 020-2388-1771
운영시간 09:00~23:30
가격 피자 50,000낍~
비어라오 15,000낍
홈페이지
www.utopialuangprabang.com

한량한량 여유를 즐기기 좋은

뷰포인트 카페 Viewpoint Cafe

메콩 강과 남칸 강이 만나는 지점에 위치하고 있다. 메인거리에서 '살짝 벗어나있어 북적거리지 않고 한가로이 풍경을 즐길 수 있다. 메콩 리버뷰 호텔에서 운영하는 레스토랑으로 서비스와 음식 모두 수준급이다. 커피 혹은 맥주 한 잔 마시면서 조용히 시간을 보내고 싶다면 뷰포인트가 정답이다. 달콤한 과일 셰이크와 칵테일도 준비되어 있다. 다양한 라오스 음식을 한 번에 맛볼 수 있는 세트메뉴를 추천한다. 3가지 세트가 있으며 주식인 찹쌀밥과 함께 5가지 요리가 구성되어 있다. 세트메뉴2가 한국인의 입맛에 가장 잘 맞는다. 레몬그라스 치킨 혹은 커리 등의 단품과 함께 시켜먹는다면 제대로 루앙프라방의 맛에 빠질 수 있을 것. 별 5개가 아깝지 않은 전망과 서비스를 가진 호텔 레스토랑이지만 가격도 몹시 착해 애정하지 않을 수 없다. 조식 또한 훌륭한데 투숙객이 아니더라도 15달러에 식사 가능하다. 메콩 리버뷰 호텔에서 종종 게스트를 위한 와인파티를 여는데 초대장을 받는 행운을 얻을지도 모른다.

Data 지도 173p-C
가는 법 Thanon Soulinavongsa. 왓 씨앙통에서 동쪽으로 도보 5분
전화 071-254-900
운영시간 07:00~22:00
가격 세트 160,000낍, 단품 45,000낍~
홈페이지 facebook.com/viewpointcafeluangprabang

라오스 음식을 다시 쓰다
타마린드 Tamarind

루앙프라방을 대표하는 레스토랑이라고 해도 과언이 아니다. 라오스인 남편과 호주인 부인이 운영하는 곳으로 '우리는 평범한 식당이 아닙니다'라는 문구에서 자부심이 느껴진다. 라오스 대표 요리를 맛볼 수 있으며 전통 음식을 현대식으로 재해석했다. 다양한 라오 음식을 시도할 수 있는 세트메뉴가 있다. 루앙프라방 소시지와 째우, 전통 스프인 오람이 들어간 루앙프라방 테이스팅 플래터가 인기다. 단품 요리와 여러 가지 소스(째우)를 맛볼 수 있는 디핑 샘플러를 함께 시키는 것도 추천. 타마린드 시그니처 메뉴는 스터프드 레몬그라스stuffed lemon grass. 레몬스라스에 치킨과 허브를 넣고 구운 후 땅콩 소스에 찍어먹는데 다른 곳에선 맛보기 힘든 요리이다. 돼지고기에 레몬그라스 잎을 감싸 구운 꼬치구이도 한국인의 입맛에 친숙하다. 가격에 비해 양이 적은 것이 아쉽다. 건강한 재료로 만든 음료도 놓치지 말자. 음료에 꽂혀 나오는 독특한 대나무 빨대는 레스토랑에서 판매하고 있다. 기념품으로도 제격이다. 성수기의 저녁 시간대는 예약하는 것을 추천한다. 메뉴의 요리들을 배울 수 있는 쿠킹 클래스도 함께 운영하고 있다.

Data 지도 173p-E
가는 법 Thanon Kingkitsarath. 남캉 강변 압살라 호텔 옆에 위치
전화 071-213-128
운영시간 11:00~16:15, 17:30~21:00
가격 루앙프라방 플래터 70,000낍, 스터프드 레몬그라스 50,000낍
홈페이지 www.tamarindlaos.com

| 나만 알고 싶은 비밀 맛집 |

미스터리한 연꽃 정원
만다 드 라오스 Manda de Laos

'만다'는 라오스어로 엄마라는 뜻이다. 엄마의 밥상을 보여주겠다는 것치고는 많이 럭셔리한 레스토랑이다. 루앙프라방에서 가장 낭만적이고 우아한 곳이라고 해도 손색이 없다. 유네스코에 지정된 3개의 연못 주위로 야외 테이블이 놓여있으며 시기가 맞으면 화사하게 핀 연꽃을 감상하며 식사를 즐길 수 있다. 시간이 걸리더라도 전통 요리 방식을 고집하고 있으며 베스트 메뉴는 야생 꿀에 절인 돼지갈비 핑독무 Ping dok moo. 칠리페퍼를 곁들여 매콤함이 단 맛을 깔끔하게 잡아준다. 현지 물가치고는 무척 비싸지만 약 13,000원에 수준 높은 포크 립을 맛볼 수 있는 것은 행복임이 분명하다. 라오스 전통 음식 랍laap을 직접 만들어 먹는 메뉴(Do it yourself laap)도 눈여겨보자. 원하지 않는 허브를 뺄 수 있고 직접 간을 할 수 있는 것이 장점이다. 해가 지기 전에 가서 이른 저녁을 먹는 것을 추천한다. 노을 무렵이 가장 아름답고, 조명이 적어 어두워지면 아무것도 안 보인다. 칵테일도 수준급이니 놓치지 말고 분위기 업!

Data 지도 174p-A
가는 법 올드타운 남서쪽에 위치. 투어리스트 센터에서 도보 20분
주소 Unit 1, 10 Norrassan Rd, Ban That Luang
전화 071-253-923
운영시간 12:00~15:00, 18:00~22:30
가격 핑독무 88,000낍
홈페이지
www.mandadelaos.com

꼭꼭 숨은 피자집
피자 판루앙 Pizza Phan Luang

'Pizza'라는 작은 간판 하나만 걸려있고 무척 조용하여 얼핏 지나칠 수 있다. 간판 건물 옆길로 들어오면 뒤뜰에 작은 레스토랑이 하나 숨어있다. 여기가 피자집임을 증명하듯 한쪽 구석에서 화덕이 당당히 불을 내뿜고 있다. 남칸 강 건너 반 판루앙 마을에 위치하고 있으며 대나무 다리를 건너 마을 입구 쪽에 위치한다. 대나무 다리를 이용할 수 없는 우기에는 보트나 툭툭을 이용해 돌아가야 한다. 츤데레한 매력이 있는 캐나다-라오스인 부부가 운영하고 있다. 놀랍게도 화덕은 직접 만든 것. 남편은 피자를 굽고, 부인은 계산과 서빙을 한다. 두 사람이 운영하여 서비스가 느린 편이다. 메뉴는 피자, 맥주, 와인. 단출한 듯하지만 다양한 종류의 피자를 취급한다. 하와이안과 베이컨과 양파, 버섯이 들어간 피자가 무난하게 인기가 좋다. 이탈리안 식성을 가졌다면 절인 앤초비가 올라간 앤초비 피자에 도전해보자. 커리소스, 크림소스를 베이스로 한 특색 있는 피자도 있다. 어둠이 깔리면 테이블엔 촛불이 켜지고, 수백 개의 작은 전구들이 반짝이며 무척 로맨틱하다. 단 모기 퇴치제는 필수.

Data 지도 172p-E
가는 법 남칸 강 건너 반 판루앙 마을에 위치. 건기에는 대나무 다리를, 우기에는 올드 브리지 이용
전화 020-5692-2529
운영시간 17:00~22:00 (월요일 휴무)
가격 피자 45,000깁~

라오스에서도 인정받은 삼겹살
3 페드 퓨전 3 Phad Fusion

순도 99% 로컬 신닷집이다. '신'은 고기, '닷'은 굽다라는 뜻이다. 여행자들보다는 라오스 중산층과 태국 여행자들에게 입소문이 자자한 집이다. 특이하게도 불판 가장자리가 움푹 파여 있다. 가운데는 고기를 굽고, 가장자리에는 육수를 부어 채소를 익혀먹는다. 이곳은 고기 무제한 리필이 가능한 뷔페이다. 소고기, 닭고기, 돼지고기뿐만 아니라 각종 해산물까지 갖췄다. 내륙국가 라오스에서 보기 어려운 새우와 오징어까지 마음껏 즐겨보자. 시간이 지날수록 진해지는 육수에 마늘과 고추, 채소를 듬뿍 넣고 먹다가 야무지게 쌀국수까지 끓이면 미션 클리어. 저렴하진 않지만 그만큼 음식과 시설이 깔끔하다. 남기면 환경부담금을 지불해야 하니 조금씩 가져다 먹자.

Data 지도 172p-D 가는 법 Ban Naxang. 올드타운에서 남서쪽으로 2km 떨어진 곳에 위치. 툭툭으로 약 5분 전화 020-2235-1119 운영시간 18:00~23:00 가격 1인 68,000낍

맥주보다 와인이 잘 어울리는
탱고 Tangor

빈티지한 감성의 티파니 블루색 입구에 자연스레 눈길이 머무는 곳이다. 내부는 루앙프라방을 닮은 오렌지색으로 칠해져 있으며 세련되면서도 편안한 분위기를 자아낸다. 2층 자리는 거리를 내려다보며 한적하게 시간을 보내기 좋다. 훈훈한 외모의 프랑스인이 운영하는 프랑스와 일식 퓨전 요리 전문점이다. 낮부터 가볍게 와인과 타파스를 즐기는 서양여행자들로 붐빈다. 제대로 된 스테이크를 맛볼 수 있으며 귤과 꿀, 생강에 절인 오리고기도 기대 이상이다. 단 것을 좋아하면 디저트 초콜릿 라바 케이크는 머스트 잇Eat 템. 라바Lava는 용암을 뜻하는데 초콜릿 퍼지를 가르면 그 안에 뜨거운 초콜릿이 쏟아져 나오기 때문. 함께 나오는 홈메이드 바닐라 아이스크림을 얹어먹으면 살살 녹는다.

Data 지도 173p-D 가는 법 Thanon Sakkaline. 코코넛 가든 맞은편 전화 071-260-761 운영시간 11:30~23:00 가격 타파스 35,000낍~, 초콜릿 라바 케익 65,000낍 홈페이지 www.letangor.com

| 꾸준한 사랑을 받는 여행자의 맛집 |

유레카! 라오스에 이런 곳이
블루라군 Blue Lagoon

호텔 식당을 제외하고 최고의 음식과 분위기, 서비스를 갖추었다. 스위스에 입양된 라오스인이 운영하며 동서양을 뛰어넘는 퓨전요리를 선보인다. 아시안 음식보다는 유러피안 메뉴가 더 성공 가능성이 높다. 버팔로 스테이크, 코르동 블루, 오렌지 덕 등 고급스러운 메뉴가 가득하다. 메인 메뉴를 3만원 미만으로 즐길 수 있다는 것이 놀랍다. 스위스의 손길이 닿은 요리도 눈에 띈다. 스위스 스타일 버팔로는 그뤼예르 치즈를 뿌려 오븐에 구운 버팔로 요리로, 스위스 감자전 격인 로스티가 함께 나온다. 스위스하면 떠오르는 치즈 퐁듀도 있다. 식전 빵이 제공되는데 함께 나오는 허브 버터가 감동이다. 이것 때문에 블루라군을 다시 찾고 싶어질 정도. 제법 훌륭한 와인 리스트를 가지고 있으니 우아하게 루앙프라방의 밤을 누려보자. 서재를 연상시키는 안락한 내부와 친자연적 야외 테이블로 나눠져 있다. 에어컨이 나오는 내부가 더 쾌적하다. 서비스도 훌륭하다. 현지 물가에 비해 가격은 비싸지만 그에 상응하는 서비스를 받을 수 있다. 소중하게 대접받은 느낌으로 기분 좋은 기억이 남는 곳이다.

Data 지도 173p-D
가는 법 왕궁박물관 오른쪽 골목에 위치
전화 020-2925-2525
운영시간 18:00~23:30
가격 스위스 스타일 버팔로 132,000낍
홈페이지
www.blue-lagoon-cafe.com

도전! 라오스 음식

코코넛 가든 Coconut Garden

아기자기한 야외 정원과 깔끔한 라오스 음식으로 사랑받는 집이다. 키 큰 야자나무에 등불이 코코넛처럼 매달려있어 저녁시간에 더 빛을 발한다. 고급 프랑스 레스토랑 엘레팡에서 운영하는 곳으로 여행자들의 입맛을 맞춘 현지 음식을 만나볼 수 있다. 가격도 비싸지 않아 여러 개 시켜 나눠먹기도 좋다. 9가지 라오스 음식을 한 번에 맛볼 수 있는 세트메뉴도 있다. 전통음식 랍은 다진 고기와 허브, 칠리를 넣고 버무린 차가운 음식으로 샐러드처럼 먹기 좋다. 바나나 잎에 치킨과 허브를 넣고 찐, 목 까이Mok kai 역시 라오스를 대표하는 요리다. 루앙프라방에 오면 꼭 먹어야 한다는 소시지와 버팔로 구이도 만나볼 수 있다. 그 외 팟타이, 스파게티 등 아시안과 서양 음식도 판매한다. 주변으로 비슷한 이름의 레스토랑이 많으니 헷갈리지말자.

Data 지도 173p-D
가는 법 Thanon Sisavangvong. 왕궁박물관에서 동쪽으로 도보 3분
전화 071-254-504
운영시간 07:30~22:00
가격 루앙프라방 소세지 38,000낍, 세트 150,000낍
홈페이지
www.elephant-restau.com

커피 러버라면 놓치지 말자
사프론 커피 Saffron Espresso Coffee

루앙프라방 아니, 북부 지역 최고의 커피라는 자부심을 가지고 있는 사프론 커피가 오픈 10주년을 맞아 새단장했다. 새로운 로고와 메뉴, 인테리어로 더욱 모던하게 변신했다. 호주 사람이 운영하고 있으며 친환경 방식으로 재배된 아라비카로 농부들과 직거래하는 공정무역을 추구하는 착한 기업이다. 예쁘게 포장된 오가닉 아라비카 원두는 기념품으로 그만이다. 에스프레소뿐만 아니라 싸이폰, 하리오 등 다양한 방식으로 내리는 커피를 맛볼 수 있다. 팬케이크과 에그 베네딕트를 포함한 아침식사와 파니니, 브리토 등을 판매한다. 커피와 잘 어울리는 홈메이드 케이크도 준비되어 있다. 커피에 대해 관심이 많은 사람이라면 커피에 대해 배울 수 있고 시음도 할 수 있는 프로그램 'Taste of saffron coffee'에 주목하자. 매장에서 진행되며 약 1시간 정도 소요된다. 커피 추수시기인 11월부터 2월까지 '열매에서 커피까지Cherry to cup' 투어를 진행한다. 열매가 주렁주렁 매달린 농장을 방문하여 어떻게 관리되고, 건조되는지를 보면서 한 잔의 커피가 태어나는 과정을 생생하게 이해할 수 있다. 투어는 주중 오전 8시 30분에 시작하며 약 3시간 소요된다. 매장에서 예약 및 신청이 가능하다.

Data 지도 173p-B
가는 법 Thanon Manthatoulat. 왕궁박물관에서 도보 5분
전화 030-590-1898
운영시간 07:00~20:00
가격 커피 10,000낍~, 파니니 40,000낍~
홈페이지
facebook.com/SaffronCoffee

갤러리 카페 분위기가 물씬
빅 트리 카페 Big Tree Cafe

이름처럼 커다란 아름드리나무 앞에 위치한 깜찍한 식당이다. 1층은 카페, 2층은 갤러리를 운영하고 있다. TV 인간극장 '미자 씨의 안녕 라오스'편에 출연 후 더욱 유명해진 미자 씨의 레스토랑이다. 라면과 김밥 등 가벼운 분식부터 매콤한 김치찌개, 뚝배기 불고기 등의 한식을 만날 수 있다. 각종 밑반찬이 함께 나와 더욱 정겹다. 세련된 음식으로 서양 손님들도 많이 찾는다. 라오스 사람들의 사진이 곳곳에 걸려있는데 네덜란드인 사진작가 남편이 찍은 작품이다. 더 많은 작품이 2층 갤러리에 전시되어 있으니 식사 전후로 돌아보기 좋다. 한쪽에는 반가운 한국 책들이 놓여있으며 구입도 가능하다. 분위기 좋은 강변 쪽 테이블도 있다.

Data 지도 173p-B
가는 법 Thanon Manthatoulat, 왕궁박물관에서 메콩 강 따라 도보 7분
전화 020-7777-6748
운영시간 09:30~21:00(일요일 휴무)
가격 김치볶음밥 35,000낍, 김치찌개 세트 60,000낍
홈페이지 cafe.daum.net/LuangPrabng

자연 속에서 즐기는 신닷
옌 싸바이 Dyen Sabai

아는 사람만 알던 숨은 맛집에서 이제는 제법 유명해진 신닷 전문점이 되었다. 정신없는 일반 신닷집과는 달리 대나무 울타리가 쳐진 야외 정자에서 한적하게 식사할 수 있다. 독특하게 버팔로 고기를 맛볼 수 있다. 질긴 편이니 살짝 익혀야 맛있게 먹을 수 있다. 가장 인기 있는 메뉴는 물론 돼지고기. 다른 곳처럼 대패 삼겹살이 아니라 도톰한 것이 특징이다. 진한 코코넛 육수가 숟가락을 놓을 수 없게 만든다. 남칸 강 건너편에 위치, 건기에는 대나무 다리를, 우기에는 작은 배를 타고 건너야 한다. 보트 표를 보여주면 음식 값에서 빼준다. 해가 지면 많이 어둡다. 늦은 점심을 먹고 한가로이 마을 산책을 나서보는 것을 추천한다. 올드타운과 또 다른 분위기를 느낄 수 있을 것이다.

Data 지도 173p-E 가는 법 남칸 강 건너 반 판루앙 마을에 위치
전화 071-410-185 운영시간 08:00~23:30 가격 돼지고기 신닷 80,000낍 홈페이지 www.dyensabairestaurant.wordpress.com

여행자들의 반가운 친구
조마 베이커리 카페 Joma Bakery Cafe

올레! 비엔티안에서 뜨거운 햇볕을 피할 그늘을 만들어주고, 진한 커피로 여행의 기운을 북돋아주는 조마 베이커리 카페를 루앙프라방에서도 만나보자. 루앙프라방 우체국 옆에 있는 곳이 본점이다. 남칸 강변의 2호점은 라오+프랑스식 저택을 개조한 목조 건물과 야외 테라스가 무척 운치 있다. 조마 베이커리의 최고 장점은 일관성. 어느 지점을 가더라도 맛을 유지하고 있다. 평타 이상의 커피는 물론, 스무디 같은 음료 또한 다양하다. 올데이 브렉퍼스트부터 샌드위치, 페이스트리, 디저트 등 폭 넓은 메뉴를 갖추고 있다.

Data **지도** 174p-A **가는 법** Thanon Chao Fa Ngum. 투어리스트 센터에서 서쪽으로 도보 1분 **전화** 071-252-292 **운영시간** 07:00~21:00 **가격** 커피 13,000~25,000낍, 샌드위치 29,000낍~ **홈페이지** www.joma.biz

고풍스러운 아침을 여는
르 바네통 카페 Le Banneton Cafe

쌀국수도 좋지만 하루쯤은 우아하게 아침을 맞고 싶을 때가 있다. 크루아상이 맛있기로 유명한 르 바네통을 찾아보자. 사원들로 둘러싸인 고즈넉한 거리에 위치하고 있으며 오래된 건물에서 프렌치 감성과 연륜이 묻어난다. 바게트, 버터 크루아상과 초콜릿 크루아상, 살구파이 등이 진열장에서 손을 흔들고 있다. 조금만 늦어도 텅 빈 진열장을 마주하기 십상. 세트메뉴를 이용하면 더욱 풍성하게 즐길 수 있다. 샐러드, 샌드위치, 피자도 판매한다.

Data **지도** 173p-F **가는 법** 남칸 강 건너 반 판루앙 마을에 위치 **전화** 030-5788340 **운영시간** 06:30~21:00(화요일 06:30~18:00) **가격** 커피 10,000~20,000낍, 블랙퍼스트 40,000낍~

이 밤의 끝을 잡고
라오라오 가든 Lao Lao Garden

루앙프라방의 밤을 다채롭게 만드는 곳이다. 열대 숲을 콘셉트로 한 야외 레스토랑으로 낮에 가면 초록초록, 밤에 가면 블링블링하다. 레스토랑이지만 술 마시기 좋은 곳으로 유명하다. 수풀 속에 테이블이 숨어있어 북적거리지 않아 대화하기 좋다. 없던 감정도 생길 만큼 로맨틱한 분위기를 자랑한다. 볶음밥과 팟타이, 버거 등을 판매한다. 라오스 바비큐는 신닷을 뜻한다. 1+1 칵테일, 버킷 할인 등 다양한 주류 프로모션이 진행되고 있으니 체크하자.

Data **지도** 174p-B **가는 법** Thanon Kingkitsarath. 푸시 산 남쪽 남캉 강 쪽 입구 근처에 위치 **전화** 020-5637-9017 **운영시간** 08:00~23:30 **가격** 비어라오 15,000낍, 버거 40,000낍

| 언제 가도 즐거운 재래시장 |

소박한 일상 엿보기
모닝마켓 Morning Market

라오스의 하루는 이른 아침부터 시작된다. 밤 문화가 발달하지 않은데다 일찍부터 일어나 탁밧을 준비하는 것이 몸에 배어 있기 때문이다. 동이 틀 무렵 왓 마이 뒷골목에 좌판이 형성되고 각종 식재료와 생활용품으로 가득 찬다. 북부 지방요리에 자주 등장하는 죽순과 버섯, 메콩 강에서 잡아 올린 생선과 민물새우, 생전 처음 보는 열매까지 다채롭다. 큰 방울토마토처럼 생긴 보라색의 라오스 가지와 자줏빛 물방울 모양을 하고 있는 바나나 꽃은 언제 봐도 신기하다. 열대과일은 구입 후 부탁하면 손질해준다. 라오스 특산품 카이팬도 주목해보자. 카이팬은 라오스 김이다. 강의 녹조를 말려 튀긴 것으로 짭조름하고 고소하다. 시장 구경에 먹거리가 빠지면 섭하다. 노점에 앉아 카오쏘이 한 그릇 뚝딱하고, 디저트로 코코넛 풀빵을 먹으며 한 바퀴 돌면 완벽하다. 쥐 혹은 두꺼비 구이를 보며 옛 향수에 젖어보는 것은 어떨까. 시장의 매력은 뭐니 뭐니 해도 사람구경이다. 손으로 재료 다듬으랴 입으로 흥정하랴 바쁜 장사꾼과 주렁주렁 비닐봉지를 들고 가는 동네 주민들, 치마가랑이 붙잡고 따라다니는 아이들을 구경하고 있자면 어느새 오전이 금방 지나간다.

Data 지도 172p-B
가는 법 왓 마이 사원 골목
운영시간 05:00~09:00

설렘을 가득 안은 붉은 물결
야시장(나이트마켓) Night Market

모닝마켓이 현지인들의 삶의 터전이었다면 나이트마켓은 여행자들의 쇼핑센터이다. 원래 라오스 소수민족 중 하나인 몽족들이 모여 수공예품을 팔던 곳이었으나 관광객이 모여들면서 루앙프라방을 상징하는 야시장으로 변했다. 오후 5시 어둑어둑해질

Data 지도 172p-B
가는 법 Thanon Sisavangvong, 왓 마이 사원 앞부터 시작
운영시간 17:00~22:00

때가 되면 붉은 천막이 하나둘씩 펴지면서 순식간에 씨싸왕웡 도로를 뒤덮는다. 오리저널리티가 넘치는 수공예품은 물론, 여행 사진을 완성시켜줄 패션 아이템과 기념품들의 유혹이 시작된다. 동남아 여행 티 팍팍 내는 코끼리 바지와 화려한 원피스, 여기에 참파 꽃 헤어밴드나 핀으로 포인트 주면 라오스 패셔니스타 탄생이다. 소수민족의 의상과 수공예 장식품, 아기자기한 인형과 액세서리. 한지로 만든 조명, 알록달록 예쁜 파우치, 가볍게 들기 좋은 에코백과 천 배낭까지! 지갑이 가벼워지는 것은 시간문제이다. 관광객이 많이 찾는 곳이라 여행자 물가가 형성되어 있으니 흥정은 필수. 라오스 사람 특성상 공격적인 호객행위와 흥정보다는 애교와 유머스러운 태도가 대부분이라 유쾌하게 쇼핑을 즐길 수 있는 곳이다.

> **Tip** 추천 기념품 베스트 3
> 1. 유아용 코끼리 바지- 아이 혹은 조카가 있다면 놓치지 말아야 할 아이템.
> 2. 아이폰 스피커- 배처럼 생긴 나무통에 아이폰을 넣으면 설치 끝인 간단한 휴대용 스피커.
> 3. 유기농 차- 직접 그림을 그린 파우치에 담겨져 파는 유기농 차와 커피. 낱개로 포장되어 있어 선물하기 좋다.

| 천년의 도시, 과거와 현재를 오가다 |

이름만으로도 믿고 머무는
소피텔 루앙프라방 Sofitel Luang Prabang

유명 호텔이 적은 라오스라서 더욱 반가운 이름이다. 세계적인 호텔 체인 아코르 그룹에서 운영하고 있는 소피텔은 계열사 내에서도 높은 수준을 자랑한다. 소피텔 루앙프라방은 프랑스 콜로니얼 맨션을 리노베이션하여 거대한 호텔 체인의 느낌이 아니라 스몰 럭셔리 호텔 느낌을 준다. 라오스 전통 건축 양식과 현대적인 디자인이 어우러진 호텔은 세계건축뉴스World Architecture News 잡지가 선정한 2011년 세계 최고 럭셔리 호텔 인테리어 디자인상을 수상하였다. 라오스 느낌 물씬 나는 로비는 실제로 헤리티지 하우스를 공수해 그대로 옮겨놓은 것. 아름다운 수영장 주위로 단층의 빌라들이 감싸고 있다. 방은 총 25개밖에 없다. 내부는 라오스 실크아트로 꾸며져 있으며 넓은 편. 오픈형 욕실과 개인 정원이 있어 친자연적인 휴식을 취할 수 있다. 허니무너를 위한 풀 빌라도 마련되어 있다. 야외 정원에 위치한 가버너스 그릴 레스토랑은 스테이크를 전문으로 하며 퓨전 라오 음식을 맛볼 수 있다. 레스토랑 옆에는 3,000여 권의 책과 유명 빈티지 와인에 둘러싸인 안락한 공간이 마련되어 있어 조용히 휴식을 취하기 좋다. 헬스장과 스파도 갖추고 있다. 매주 화요일과 금요일에는 라오스 요리를 배워보는 쿠킹 클래스를 진행하고 있다.

Data 지도 172p-D
가는 법 반 마노 마을에 위치. 올드타운에서 툭툭으로 10분, 도보로 20분
전화 071-260-777
요금 가든 스위트 250달러
홈페이지 www.sofitel.com

왕가의 품격이 남다른
빅토리아 씨앙통 팰리스 Victorua Vieng Thong Palace

루앙프라방에서만 만날 수 있는 특색 있는 5성급 호텔이다. 라오스의 마지막 왕인 씨싸왕웡 왕이 살았던 궁전을 개조했다는 사실만으로도 두근거린다. 유네스코의 관리하에 있는 건물이기에 옛 모습이 잘 간직되어 있다. 26개의 방은 고풍스러운 원목 가구와 직물 공예로 꾸며져 있다. 은은한 골드 인테리어와 침대에 놓인 참파 꽃, 록시땅 어메니티는 호텔을 더욱 우아하게 만들어준다. 직원들은 라오스 전통 치마인 씬을 입고 있으며 무척 상냥하다. 6개의 씨앙통 빌라는 복층 구조로 거실과 침실이 나누어져 있고 자쿠지 욕조가 있다. 왓 씨앙통 옆에 위치하고 있으며 앞으로는 메콩 강이 펼쳐져 있다. 중심가에 있지만 조용하다. 강가를 바라보며 식사를 할 수 있는 키친 바이 더 메콩Kitchen by the Mekong에서는 다양한 전통 요리와 웨스턴 음식을 판매한다. 조식도 푸짐하게 잘 나온다. 홈페이지를 통해 시기별로 다양한 프로모션을 진행하니 미리 체크하여 저렴하게 예약하자.

Data 지도 173p-C
가는 법 Thanon Soulinavongsa, 메콩 강변 왓 씨앙통 서쪽에 위치
전화 071-213-200
요금 팰리스룸 130달러~
홈페이지 www.victoriahotels.asia

19세기로 가는 타임머신
더 루앙사이 레지던스 The Luang Say Residence

'탐험과 개척'이라는 키워드를 가지고 프랑스 식민지 시절의 분위기를 그대로 재현해놓은 호텔이다. 이야기는 프랑스 탐험가 알리 무호트가 루앙프라방에 도착한 1861년으로 돌아간다. 메인 빌딩 외 5개의 파빌리온으로 구성되어 있는데 각 건물마다 알리 무호트를 비롯해 당시 유명한 탐험가의 이름이 붙어 있다. 입구에는 그들의 동상과 업적, 관련 사진들이 전시되어 있다. 건물들은 라오스 스타일이 가미된 콜로니얼 빌딩으로 그 시대의 낭만을 고스란히 담고 있다. 전 객실이 스위트룸으로 되어 있다. 메인 건물에는 4개의 탐험가 스위트Explorateur suites, 개별 파빌리온에는 20개의 개척자 스위트pioneer suites가 있다. 탐험가 스위트룸이 두 배 정도 크며 넓은 발코니가 있다. 방에 들어서는 순간 탄성이 절로 나온다. 하얀 커튼이 쳐진 기둥 있는 침대, 짙은 적갈색 나무 바닥, 고풍스런 원목 가구, 하얀 유럽 스타일 기둥과 창문, 여성들의 환상을 모두 간직한 우아함 그 자체다. 특히 화이트 톤으로 꾸며진 화장실을 보는 순간 평생 살고 싶어질지도 모른다. 1층은 정원, 2층은 발코니가 연결되어 있다. 메인 빌딩 1층에는 아시아, 프랑스 요리를 전문으로 하는 레스토랑이 있다. 야외 수영장도 갖추고 있다. 여행자의 거리까지 도보 30분 정도 걸리지만 무료 셔틀을 운영해 편리하다.

Data 지도 172p-D
가는 법 올드타운 남동쪽으로 약 2km
주소 4-5 Ban Phonepheng, Luang Prabang
전화 071-260-891
요금 피오니어 스위트 228달러~
홈페이지 www.luangsayresidence.com

말이 필요 없는 편안함
메콩 리버뷰 호텔 Mekong Riverview Hotel

누군가 올드타운 내 추천 호텔을 물어본다면 주저하지 않고 메콩 리버뷰 호텔이라 말할 것. 스웨덴에서 가족 대대로 부티크 호텔을 운영하던 주인이 루앙프라방과 사랑에 빠지면서 차린 곳으로, 전문적이고 섬세한 서비스 마인드가 돋보인다. 5개의 개별 건물에 22개의 방이 있다. 딱딱한 침대 때문에 고생을 한 주인이 스웨덴에서 직접 공수해온 매트리스는 푹신, 숙면 그 자체

Data 지도 173p-C
가는 법 Thanon Soulinavongsa, 왓 씨앙통에서 동쪽으로 도보 5분
전화 071-254-900
요금 스탠더드 리버뷰 130달러~
홈페이지
www.mekongriverview.com

다. 심지어 높낮이까지 조절 가능하고 옆에는 독서 전용등이 설치되어 있다. 화장실과 샤워실이 분리된 널찍한 화장실, 라오스에 관한 책자가 가득한 책상 등 내 집 같은 편안함을 주기 위한 노력이 곳곳에 숨어 있다. 문 옆에는 실내에서 신발을 벗는 것이 익숙하지 않는 서양인들을 위한 접이식 미니 의자도 달려있다. 로비에는 차와 컵케이크가 놓여있고, 냉장고 미니바 역시 무료이다. 이미 비싼 돈을 내고 묶는 게스트에게 자잘한 서비스로 돈을 쓰게 하고 싶지 않다는 오너의 철학이 담겼다. 공항 픽업과 샌딩까지 모두 무료다. 조식을 이용할 수 없을 때는 미리 이야기하면 도시락으로 싸준다. 남칸 강과 메콩 강이 만나는 강변에 위치하여, 유명 볼거리와 레스토랑이 걸어 다닐 만큼 가깝고 한적하게 풍경을 즐길 수 있을 만큼 떨어져 있다. 자전거 렌트도 무료, 요청 시 올드타운 어디로든 버기카로 데려다 준다.

하루쯤은 공주님 놀이
빌라 산티 호텔 Villa Santi Hotel

신비로운 이야기가 가득할 것만 같은 19세기 콜로니얼 시대의 건물을 그대로 살렸다. 아치형 기둥으로 이루어진 건물 자체가 귀여워 숙박이 아니더라도 2층 레스토랑 테라스에 앉아 차 한 잔의 여유를 누리고 싶어진다. 20개의 방이 있으며 분위기 있는 나무 바닥과 앤티크 가구들로 이루어져 있다. 가장 럭셔리한 로열스위트룸은 마치 공주라도 된 듯한 착각에 빠지게 만든다. 특히 고양이발 모양 욕조가 매우 앙증맞다. 뒤뜰에는 코끼리 얼굴이 달린 작은 수영장이 있다. 올드 타운에서 약 5km 떨어진 곳에 빌라 산티 리조트도 함께 운영한다. 규모도 훨씬 크고 잘 꾸며 놓았다. 차로 15분 정도 걸리며 빌라 산티 호텔과 무료 셔틀을 운행한다.

Data 지도 173p-E
가는 법 Thanon Sakkarin. 왕궁박물관과 왓 씨앙통 사이 전화 071-212-267
요금 디럭스 120달러, 로열 스위트 250달러
홈페이지 www.villasantihotel.com

빈티지한 매력이 가득
3 나가스 루앙프라방 엠갤러리 바이 소피텔
3 Nagas Luang Prabang MGallery by Sofitel

올드타운 내에서 기품과 중후함이 물씬 느껴지는 호텔이다. 소피텔과 같은 아코르 계열에서 운영하고 있다. 2개의 건물로 이루어져 있으며 총 15개의 방이 있는 부티크 호텔이다. 람체 하우스lamche house는 1898년에 지어졌으며 한때 왕족이 살던 집이다. 라오스와 프랑스가 혼합된 건축양식이 돋보인다. 또 다른 빌딩인 캄부아 하우스khamboua house는 1903년 씨사왕웡 왕 시절에 지어졌으며 전형적인 라오스 건축양식을 띠고 있다. 유네스코 건축가의 관리하에 옛 건물을 손상시키지 않고 고풍스러운 호텔로 다시 태어났다. 내부 역시 높은 천장과 나무 바닥, 전통 예술품으로 고급스럽다. 캄부아 하우스 안쪽 야외 정원에 있는 레스토랑은 현지인들 사이에 맛집으로도 유명하다.

Data 지도 173p-E 가는 법 Thanon Sakkalin. 빌라 싼티 호텔 맞은편
전화 071-260-777 요금 디럭스 200달러~ 홈페이지 www.sofitel.com

포카리스웨트처럼 상큼한
더 벨르 리브 The Belle Rive

메콩 강변 산뜻하고 경쾌한 분위기를 머금은 부티크 호텔이다. 간판이 있는 메인 건물 왼쪽으로 나란히 있는 두 건물 모두 더 벨르 리브이다. 하얀 2층짜리 건물은 영화에나 나올 법한 이중 창문이 사랑스럽다. 유네스코의 보호 덕분에 대대적인 리노베이션 속에서도 옛 건물의 원형을 유지하고 있다. 총 13개의 객실은 여유 있고 쾌적하다. 일부 객실은 복층구조를 가지고 있다. 커다란 창을 통해 쏟아지는 햇살과 원목 가구가 아늑하면서도 따뜻한 기분을 들게 한다. 강변에 레스토랑이 있으며 푸짐한 조식이 나온다. 물, 맥주, 음료가 가득한 미니바는 무료. 더 벨르 리브의 하이라이트는 무료 선셋 크루즈. 일몰 시간에 맞춰 1시간 정도 메콩 강을 누비는 투어이니 놓치지 말자.

Data 지도 173p-B 가는 법 Thanon Soulinavongsa, 왕궁박물관에서 메콩 강변을 따라 동쪽으로 도보 10분 전화 071-260-733
요금 슈피리어 105달러~, 디럭스 135달러~
홈페이지 www.thebellerive.com

백마 탄 왕자님을 찾아서
메종 수완나폼 호텔 Maison Souvannaphom Hotel

라오스 왕자 쑤완나푸마가 살았던 저택이다. 헤리티지 건물에 4개의 방이 있는데 가장 고급스러운 메종 룸은 실제로 왕자가 생활했던 방이며 당시 가구 배치와 장식을 그대로 간직하고 있다. 그 옆으로 여왕과 공주의 침실이었던 라오스 룸, 참파 룸이 있다. 왼편 가든 윙 건물에 20개의 방이 추가로 있다. 화이트 톤의 인테리어가 깔끔하며 모든 방에는 발코니가 있다. 야자수로 푸르른 정원과 수영장이 있다. 투숙객이 아니더라도 12달러에 칵테일과 샌드위치 포함, 하루 종일 이용가능하다. 부속 시설인 앙사나 스파는 호텔 마사지치고 저렴하니 체크해보자. 태국의 유명 리조트 체인 앙사나에서 운영한다.

Data 지도 174p-A
가는 법 Thanon Chao Fa Ngum, 조마 베이커리에서 서쪽으로 도보 7분
전화 071-254-609
요금 가든 윙 룸 150달러~
홈페이지 www.angsana.com

루앙프라방

|Theme|
알아두면 유용한 호텔 영어회화

눈치껏 체크인을 성공했지만 영어가 필요한 순간은 수시로 찾아온다. 주로 시설과 서비스에 대한 궁금할 때, 무언가가 만족스럽지 못할 때 사용하는 간단한 의사표현들을 소개한다.

몸 풀기, 친숙하지 않은 용어 모음

어메니티 Amenity
룸에 비치되어 있는 각종 편의 물품을 뜻한다. 요즘은 따로 수집하는 사람이 있을 정도로 어메니티에 대한 관심이 높아져 고급 호텔들이 유명 브랜드 어메니티를 사용하며 어필하고 있다.

패실리티 Facility
호텔이나 리조트의 편의 시설. 수영장, 헬스클럽, 스파 등을 통합해 패실리티라 부른다.

바우처 Voucher
호텔 예약이 확정되었다는 보증서. 예약 사이트를 통해 예약 및 결제를 마치면 이메일로 보내주는 확인 바우처를 프린트해가거나 사진 찍어가서 보여주면 된다. 쿠폰의 개념도 있다.

컨시어지 Concierge
프랑스어로 안내인을 뜻하며 호텔 고객의 요구를 해결해주는 서비스. 레스토랑 추천, 투어 예약 등 각종 문의사항에 응대해주며 주로 특급호텔에 배치되어 있다.

룸 서비스 vs 하우스 키핑
은근 헷갈려하는 사람들이 많다. 룸 서비스는 방으로 음식을 주문하여 먹을 수 있는 서비스이고, 하우스 키핑은 객실 관리를 뜻한다. 따라서 청소가 마음에 들지 않다면 하우스 키핑으로 전화를, 배가 고프면 룸 서비스로 전화해야 한다.

실전 베스트 8

Do you have a tour to Kwang si waterfall?
꽝시폭포로 가는 투어를 운영하나요?

I need to get to the airport by 2pm. Can you call taxi?
공항에 2시까지 가야 해요. 택시 좀 불러줄 수 있나요?

Can I have more towels?
수건을 더 받을 수 있을까요?

There is no hot water in my room.
제 방에 뜨거운 물이 안 나와요.

The toilet is blocked.
화장실이 막혔어요.

I've locked myself out and my key is in the room.
방에 키를 두고 나와서 들어갈 수가 없어요.

I've already waited for 30 minutes!
벌써 30분이나 기다렸어요!

Can I use credit card?
신용카드로 결제 가능한가요?

Can we leave our bags here until 6pm?
6시까지 저희 짐을 맡겨도 될까요?

> **Tip** 레스토랑 및 부대시설을 이용 시 'How would you like to pay?'라며 어떻게 결제할 것인지 묻는다. 현금, 신용카드, 방에 달아놓고 한 번에 결제하는 방식이 있으며, cash, credit card, charge it to my room으로 대답할 수 있다.

| 쾌적한 시설+합리적인 가격 숙소 모여라 |

트립어드바이저 1위의 위엄
골든 로터스 플레이스 Golden Lotus Place

한 번 다녀온 사람은 잊지 못할 만큼 감동적인 서비스를 제공한다. 베트남 가족이 운영하고 있으며 침구는 물론 시설 전체를 세심하게 관리한다. 방과 욕실도 적당히 넓고 채광이 좋은 큰 창문이 있어 쾌적하다. 냉장고, 드라이기, 무료 생수 등 게스트하우스에서 보기 힘든 배려가 돋보인다. 한국 샤워기를 사용하여, 수압이 빵빵한 것도 깨알 팁이다. 조식까지 잘 나오니 트립어드바이저 B&B 부문 1~2위를 달리는 것이 놀랍지 않다. 주인 부부의 상냥함이 무엇이든 좋아보이게 만드는 마법을 부린다. 골든 로터스만의 특별 서비스는 모닝마켓과 탁밧 동행. 영어가 유창한 주인 덕분에 그동안 궁금했던 라오스 식재료 혹은 문화에 대한 궁금증을 풀 수 있는 유익한 시간이 된다. 현지인들 속에 섞여 공양을 드리는 남다른 경험을 할 수 있다. 방이 9개 밖에 없으니 예약은 필수.

Data 지도 174p-B 가는 법 왓 마이 사원 남쪽 골목에 위치
전화 071-213-054 요금 비수기 30달러, 성수기 40달러
홈페이지 www.goldenlotusplace.com

운치 있는 라오 스타일 호텔
마이 라오 홈 부티크 호텔 My Lao Home Boutique Hotel

호텔이라고 하기엔 20% 부족하지만 부담 없는 가격으로 쾌적하게 쉬기에 나무랄 데 없는 중상급 숙소이다. 라오스 스타일로 지어진 목조 건물이 아담한 정원과 어우러져 안락한 분위기를 자아낸다. 외관상 작아보여도 안쪽으로 들어서면 42개의 룸을 가진 제법 큰 규모이다. 트래디셔널, 클래식, 모던, 디럭스 순으로 나뉘는데 방 등급별로 차이가 크다. 가장 저렴한 트래디셔널 룸은 방과 욕실이 작은 편이라 가격대비 만족도가 낮다. 가장 만족도가 높은 방은 클래식 패밀리룸. 트윈 베드와 킹사이즈 베드가 놓여있는데 스위트룸처럼 공간이 나눠져 있다. 방도 넓고, 욕조가 있는 욕실도 대리석 느낌으로 잘 꾸며져 있다. 조마 베이커리, 메콩 강, 야시장 모두 5분 거리 내에 있으면서도 골목에 있어 조용하게 지낼 수 있다.

Data 지도 174p-A 가는 법 조마베이커리 옆 골목으로 들어와 도보 2분
전화 071-254-881 요금 디럭스 50달러~, 패밀리 95달러~
홈페이지 www.mylaohome.com

home, home, sweet home~
마니찬 게스트하우스 Manichan Guesthouse

가정집을 개조하여 만든 러블리한 게스트하우스이다. 2층짜리 본관 1층에는 미국-라오스인 부부와 딸이 살고, 2층은 게스트를 위한 공간이다. 4개의 방이 공용욕실을 사용하지만 욕실이 넓고 무척 깨끗하게 관리되고 있다. 본관 뒤쪽으로 5개의 별관이 있으며 에어컨과 개별 욕실을 갖추고 있다. 본관과 별관 사이 초록으로 뒤덮인 아담한 정원이 있으며 무료 커피와 차가 준비되어 있다. 널찍한 테이블에는 조식을 먹거나 수다를 떠는 여행자들로 생기가 넘친다. 친절한 주인 부부, 맛있는 조식, 깨끗한 시설, 편리한 위치로 다시 찾고 싶은 루앙프라방 제2의 집이다.

Data **지도** 174p-B **가는 법** 왓 마이에서 도보 5분
전화 020-5558-0076 **요금** 본관 14달러~, 별관 20달러~
홈페이지 www.manichanguesthouse.com

친자연적인 방갈로
통베이 게스트하우스 Thongbay Guesthouse

아름다운 자연에 둘러싸여 푹 쉬고 싶다면 통베이 게스트하우스가 정답. 중심가에서 떨어진 남칸 강변에 위치하고 있어 조용하고 한적한 루앙프라방을 느낄 수 있다. 여행자거리까지는 툭툭으로 5~10분 정도. 자체 셔틀을 운행하고 있다. 잘 꾸며진 정원에 독채 방갈로들이 띄엄띄엄 놓여있다. 자연광이 들어오도록 설계된 돌로 만든 욕실이 인상적이다. 전용 발코니가 딸려있으며 누울 수 있는 쿠션도 놓여있다. 그곳에 누워 강을 바라보고 있자면 유토피아에 있는 듯하다. 조식을 방갈로 앞까지 가져다주어 테라스에서 자연을 벗 삼아 낭만적인 식사를 즐길 수 있다.

Data **지도** 172p-E
가는 법 푸시 산에서 남쪽으로 2.5km
전화 071-253-234
요금 가든 뷰 방갈로 45달러~, 리버뷰 방갈로 50달러~
홈페이지 www.thongbay-guesthouses.com

Tip 공항까지 무료 픽업, 샌딩 서비스를 실시하고 있다.

친절, 친절, 또 친절
녹노이 란쌍 게스트하우스 Nocknoy Lanwxang Guesthouse

조마 베이커리 뒤쪽 게스트하우스들이 몰려있는 골목, 유난히 깨끗해 보이는 외관으로 눈에 띄는 곳이다. 영어를 잘하는 베트남 청년이 운영하고 있다. 오는 길 고생했다며 건네는 웰컴 과일부터 남다른 센스를 보여준다. 친절함으로 똘똘 뭉친 서비스로 여행 내내 행복해지는 곳이다. 2인실, 3인실, 4인실로 나눠져 있으며 크기와 시설에 따라 가격이 조금씩 차이가 난다. 조식이 포함되어 있으며 평이 좋다. 뷰는 없지만 메콩 강까지 5분 거리로 가깝다. 뒤쪽 골목에 더 저렴한 녹노이 게스트하우스와 함께 운영하고 있다.

Data 지도 174p-A
가는 법 조마 베이커리 1호점에서 도보 5분
전화 020-9629-0936
요금 비수기 20달러~, 성수기 32달러~
홈페이지 www.nocknoylanexang.com

운치있는 목조 건물
솜짓 게스트하우스 Somchith Guesthouse

한국인 사이에서도 제법 유명한 인기 게스트하우스다. 골목 안쪽에 있지만 '완전 개강추'라고 쓰인 한국어 광고판이 붙어 있어 쉽게 찾을 수 있다. 주위 숙소들에 비해 저렴한 편이다. 2개의 건물로 나눠져 있으며 새로 지은 별관 시설이 더 좋다. 커다란 창문이 있어 햇볕이 잘 들고 타일 바닥이라 쾌적하다. 1층과 2층 모두 공용발코니가 있으며 테이블에는 무제한 제공 바나나와 커피가 놓여있다. 라오스 가족이 운영하고 있으며 영어를 잘 못하지만 살갑다. 방음에 취약한 것이 단점이다.

Data 지도 174p-A
가는 법 녹노이 란쌍 게스트하우스 옆 골목으로 도보 1분
전화 071-252-756
요금 더블룸 120,000깁~
이메일 Somjithgh@gmail.com

날으는 부엉이

혼자라고 기죽지 말자
무궁화 게스트하우스 Mugunghwa Guesthouse

이름에서 알 수 있듯이 한국인이 운영하는 숙소이다. 친절한 주인과 깨끗한 시설, 저렴한 가격 삼박자를 갖춘 곳이다. 특이하게도 캡슐형 도미토리를 운영한다. 나무 벽으로 침대칸을 구분하고 각 칸마다 개별 조명과 콘센트가 있다. 여러 명이 사용하지만 프라이버시를 지킬 수 있는 것이 가장 큰 장점. 은은한 나무 냄새가 좁은 공간이 덜 답답하도록 느껴지게 만든다. 2박 이상 묵을 시 편하게 입기 좋은 찜질방 복을 제공하는데 무궁화만의 트레이드마크가 되었다. 애교쟁이 개냥이 비어와 라오라를 기르는데 이곳을 두고두고 추억하게 하는 일등공신이다.

Data 지도 173p-A
가는 법 왓 씨엥무안 사원 옆에 위치
전화 020-5872-0196
카카오톡 sharon
요금 비수기 80,000낍, 성수기 140,000낍

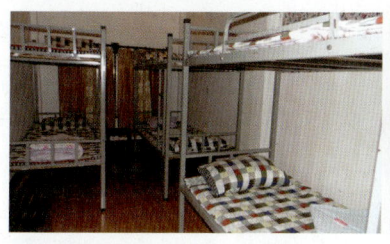

안락하게 쉬어갈 수 있는
판타손 게스트하우스 Phanthasone Guesthouse

싹싹한 중국인 가족이 운영하는 곳이다. 영어도 잘 통하고 서비스도 좋다. 에어컨이 나오는 6인실 도미토리와 2인실, 3인실이 있다. 살인적인 가격을 자랑하는 메콩 강 쪽 숙소 중에서 몇 안 되는 착한 가격을 가진 곳이다. 가격대비 시설도 깨끗한 편이다. 도미토리보다는 개인실을 추천하며, 1층보다는 햇빛이 잘 드는 2층이 더 쾌적하다. 메콩 강, 모닝마켓, 야시장과 모두 가까워 접근성이 좋다. 골목 안쪽에 있어 찾기가 어려울 수 있으나 메콩 인이라는 유명한 숙소 바로 맞은편에 있다.

Data 지도 174p-A
가는 법 메콩 문 인 호텔 안쪽 골목에 위치
전화 030-5032-0983
요금 2인실 15달러~
이메일 changingmean@163.com

라오스
남부
Southern Laos

1. 팍세
2. 씨판돈

Southern Laos By Area
01

팍세
PAKSE

메콩 강과 세돈 강에 둘러싸인 아담한 도시다.
프랑스 콜로니얼 건물들이 그대로 남아있고
그 속에 살아가는 사람들이 도시를 더욱
아름답게 만들어준다. 루앙프라방처럼
잘 보존되지는 못했지만 오히려 그래서 더 정감이
간다. 잘 꾸며진 민속촌이 아닌 라오스 사람들의
넉넉한 삶이 녹아든 곳이다.
남부 여행의 베이스캠프차 왔다가 조금 더
눌러앉게 되는 매력을 지녔다.

Pakse
PREVIEW

한때는 배낭여행자들의 성지였지만 지금은 단체 여행객들로 북적이는 방비엥을 피해 많은 여행자들이 남쪽으로 내려왔다. 라오스 최남단 씨판돈은 방비엥을 잇는 제2의 파라다이스로 각광 받고 있다. 대부분 씨판돈을 가기 위한 관문으로 팍세를 찾는다. 하지만 외곽으로 볼거리가 풍부해 머무는 여행자가 늘고 있다. 동양인보다는 유럽 특히, 프랑스 여행자들을 많이 볼 수 있다. 남부 경제와 행정 중심지인 만큼 편리한 교통편과 여행 인프라를 갖추고 있다.

ENJOY

잠시 거쳐 가는 여행지로 치부하기엔 주변 볼거리가 은근 많다. 참파삭 왕국의 수도였던 참파삭, 유네스코 세계문화유산으로 지정된 왓 푸, 라오스 아라비카를 책임지고 있는 볼라벤 고원까지 놓치기 아쉬운 곳들이다. 빠른 시간 내에 골고루 볼 수 있는 현지투어를 이용하거나 오토바이를 빌려 보고 싶은 곳만 골라 다녀오는 것도 괜찮다.

EAT

다운타운에는 여행자들을 대상으로 하는 레스토랑이 모여 있다. 현지 음식을 중심으로 서양 음식까지 섭렵하고 있는 경우가 대부분이다. 현지스러운 경험을 원한다면 해 질 무렵 메콩 강변을 걸어보자. 소시지와 바비큐, 볶음국수 등을 파는 노천 식당들을 만날 수 있다. 참파삭 쇼핑센터 내에도 작게 포장마차가 열린다.

BUY

특별한 쇼핑거리는 없지만 필요한 것을 마련하는 데는 무리가 없다. 다운타운 내 제법 큰 슈퍼들과 참파삭 쇼핑센터가 있어 편리하다. 참파삭 쇼핑센터는 쇼핑센터라는 명칭이 민망할 정도이니 기대는 금물. 열대과일과 생필품을 사기 좋다. 다운타운에서 툭툭을 타고 약 10분 정도 가면 팍세에서 가장 큰 재래시장 딸랏 다오흐앙이 있다.

SLEEP

여행자들이 많이 오가는 지역인 만큼 싸지는 않지만 괜찮은 숙소를 얻는 것은 어렵지 않다. 5~10만 원 사이로 럭셔리한 호텔을 누릴 수 있고, 1~3만 원이면 쾌적한 게스트하우스를 구할 수 있다. 레스토랑과 여행사가 몰려 있는 다운타운에 묵는 것이 편리하며 떨어진 곳에 묵을 경우에는 툭툭 바가지에 주의하자.

Pakse
BEST OF BEST

여행지보다는 살아가는 맛이 있는 곳이다. 도시 내에 볼거리가 많지 않지만 외곽으로 발길을 돌리면 드넓은 커피밭이 펼쳐지고, 미니 앙코르와트가 나타난다. 은근히 볼거리가 많은 팍세에서 꼭 경험해야 할 볼거리, 먹을거리, 즐길거리는 무엇일까?

볼거리 BEST 3

라오스의 삶이 녹아 있는,
메콩 강

팍세를 지켜주는,
골든 부다

즐거운 물놀이,
탓 로 폭포

먹을거리 BEST 3

커피의 고향에서 맛보는,
아라비카 커피

없던 입맛도 살아나는,
랍

더위를 물리치는 스파이시,
땀막홈

즐길거리 BEST 3

타잔처럼 날아다니는,
트리톱 투어

드넓은 커피밭으로 떠나는,
볼라벤 투어

미니 앙코르와트,
왓 푸 투어

Pakse
GET AROUND

어떻게 갈까?

비행기

남부 여행의 요충지로 교통편이 잘 발달되어 있다. 시내에서 2km 떨어진 곳에 국제공항이 있어 비엔티안, 루앙프라방, 사바나켓을 연결하는 국내선과 호찌민, 시엠립, 방콕을 연결하는 국외선을 이용할 수 있다. 시내에서 10분밖에 걸리지 않지만 툭툭과 공항택시의 가격은 비엔티안보다 비싸다. 툭툭과 썽태우는 약 4~6만, 공항택시는 8만 낍 정도. 오토바이 옆에 좌석을 붙인 쌈러(트라이시클)은 2만 낍 정도로 훨씬 저렴하다.

버스

비엔티안에서 슬리핑버스를 이용할 시 이른 아침 팍세 찟파쏭 버스터미널에 도착할 확률이 높다. 내림과 동시에 툭툭과 쌈러 기사들이 호객 행위를 실시한다. 중심가까지 도보 10분 정도로 걸어서 갈 수 있다. 툭툭을 이용하면 1만 낍. 북부 혹은 남부 터미널에 내린다면 툭툭을 타야하며 가격은 2만 낍 정도. 비엔티안에서 씨판돈행 버스를 구입하여도 팍세에 정차한 후 작은 버스로 갈아탄다. 비엔티안으로 돌아갈 때도 이곳에서 직접 버스표를 구입하거나 여행사를 이용하면 된다.

어떻게 다닐까?

메콩 강과 세돈Xedon 강이 만나는 지점에 다운타운이 형성되어 있다. 다운타운 내에 숙소, 레스토랑, 여행사가 몰려있어 대부분 도보로 이동 가능하다. 도로는 번호로 구분되어 있는데 13번 도로에 대부분의 가게가 몰려있어 여행자거리라고 부른다. 볼라벤 고원, 참파삭 등 외곽으로도 볼거리가 많다. 여행사에서 하는 투어를 이용하거나 개별적으로 오토바이를 렌트하는 경우가 대부분이다. 조금 불편한 것을 감수한다면 로컬 버스로도 가능하다.

버스

버스 터미널이 5개나 되지만 대부분 시내에서 멀리 떨어져 있어 불편하다. 가장 메인이 되는 곳은 남부 터미널이다. 볼라벤 고원이 있는 팍 쏭과 씨판돈을 가기 위한 반 나까상, 태국과 캄보디아행 국제버스도 이곳에서 출발한다. 다오흐앙 시장 입구에도 장거리 썽태우 정류장이 있다. 매일 아침 참파삭으로 가는 썽태우를 운행한다. 다운타운 내 여행사에서 미니밴과 연계 버스 서비스를 운행하고 있다. 7~8km 떨어진 정류장까지 가는 툭툭 비용과 실랑이 등을 생각하면 여행사 버스가 가장 편하다.

여행사 버스 시간표

목적지	출발시간	가격(낍)	소요시간
씨판돈	08:00	60,000(보트 포함)	3시간
참파삭	08:00	55,000	1시간 30분
사바나켓	07:30	65,000	5시간
타켓	07:30, S20:00	80,000, 140,000	6시간
비엔티안	S20:00	150,000	11시간
태국 방콕	15:00	220,000, 250,000(직항)	14시간 30분
태국 우본	07:30	80,000	4시간
캄보디아 프놈펜	07:00	220,000	13시간
캄보디아 씨엠립	08:00	250~270,000	11시간
베트남 콘툼	05:30	180,000	10시간

※S= 슬리핑 버스
※스케줄과 소요시간은 현지 사정에 의해 달라질 수 있습니다.

툭툭&쌈러&썽태우

툭툭은 오토바이 혹은 픽업트럭을 개조시켜 만든 현지식 택시이다. 크기별로 이름이 따로 있지만 통틀어 툭툭이라 부른다. 오토바이 옆에 사이드카를 붙인 형태로, 툭툭보다 작은 2~3인승은 쌈러라고 하며 가장 저렴하다. 개인 툭툭은 바가지가 심하니 흥정 필수. 썽태우는 툭툭보다 크며 시내버스 역할을 한다. 나름 노선이 있어 시내를 돌아다니며 사람을 태우고 내려준다. 참파삭까지 가는 장거리 썽태우도 있다.

쌈러

오토바이

5~6만 낍이면 하루 종일 오토바이를 빌릴 수 있다. 투어 비용도 아끼고 자기가 원하는 곳 위주로 돌아볼 수 있다는 장점이 있다. 대부분 볼라벤 고원 혹은 참파삭까지 다녀온다. 가는 길이 무척 아름다우며 숨어있는 폭포, 마을 등을 발견하는 즐거움이 있다. 다만 비포장도로가 많고 우기에는 길이 매우 미끄러우니 선택 시 유의하자. 출발 전 오토바이 상태를 꼼꼼히 살피는 것은 필수. 메인 거리에 있는 미스 노이miss noy를 체크해보자. 벨기에-라오스인 부부가 운영하며, 오토바이 렌트는 물론 매일 저녁 워크숍을 열어 꿀팁을 얻고 동행자도 구할 수 있다.

SOUTHERN LAOS BY AREA 01
팍세

Pakse
ONE FINE DAY

1일차

06:00
슬리핑 버스에서 탈출

07:00
체크인 후
랑캄 쌀국수 먹기

08:00
크메르 왕국의 흔적을
찾아, 왓 푸 투어

14:00
팍세로 돌아와 다오린에서
현지 음식 맛보기

2일차

08:00
볼라벤 고원 투어 출발

18:00
캄퐁 선상 레스토랑에서
운치 있는 저녁식사

17:00
메콩 강변 거닐며
마을 산책

16:00
팍세 시내가 한눈에
들어오는 골든 부다에
오르기

09:00
딱 판 쌍둥이 폭포에서
인증샷

10:00
커피 농장 거닐기

11:00
소수 민족 까뚜 마을
돌아보기

12:00
딷 로에서 점심식사와
물놀이

비엔티안에서 오는 슬리핑 버스는 아침 일찍, 싸완나켓에서 오는 버스는 점심쯤 도착한다. 대부분의 숙소에서 얼리 체크인을 받아주기 때문에 도착하자마자 입실이 가능하다. 짐을 풀고 반나절 왓 푸 투어 혹은 일일 볼라벤 투어를 떠나보자. 여행사 투어를 잘 이용하여 짧은 시간 내 알짜배기들을 섭렵할 수 있는 코스를 소개한다. 느긋하게 여행하고 싶다면 오토바이를 빌려서 돌아다니는 것을 추천한다.

14:00
베를 짜는 것으로 유명한 마을 방문

15:00
민속촌과 폭포 즐길 수 있는 땃 파수암 구경

17:00
팍세로 컴백

18:00
르 파노라마에서 훌륭한 노을과 음식 즐기기

3일차

08:00
씨판돈으로 고고싱

20:00
아텐스에서 흥겨운 밤 보내기

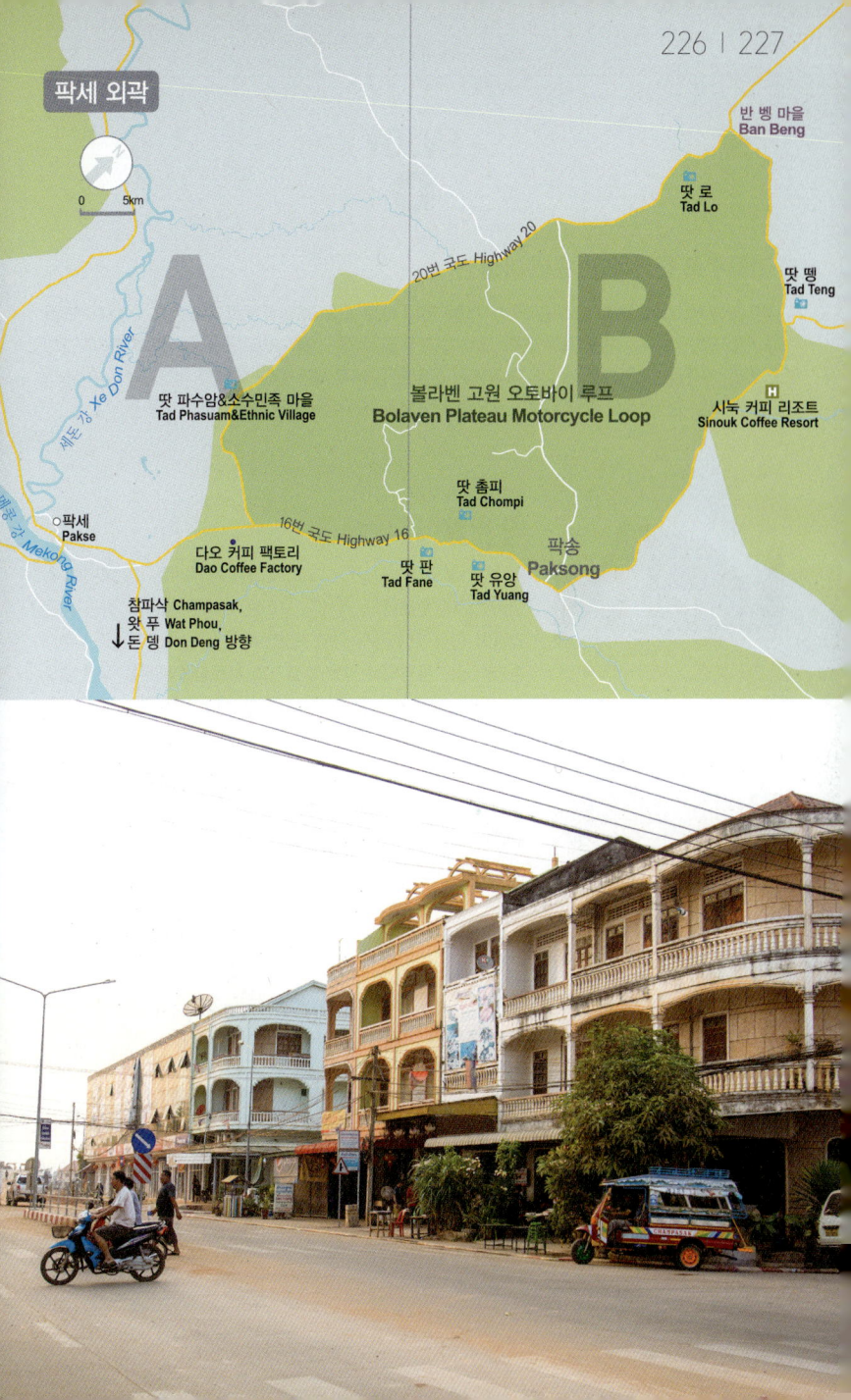

걸을수록 친근하다, 동네 마실

세돈 강에서 시작해 메콩 강과 만나는 지점을 지나 메콩 강을 따라 유유히 걸어보자. 여행자거리를 지나면 사람들이 사는 마을이 이어진다. 칠이 벗겨진 콜로니얼 건물 사이로 전통 치마를 두른 여자들이 오가고, 가족을 태운 오토바이가 지나간다. 잔잔한 강에서 고기 잡는 어부와 멱을 감는 아이들의 모습을 보는 것만으로도 힐링이 된다. 밋밋해 보이던 도시가 어느 순간 따스하게 다가올 것이다.

승가학교가 있는
왓 루앙 Wat Luang

왓 루앙은 팍세에서 가장 크고 오래된 사원이다. 1894년에 건설되었으며 한눈에도 역사가 보이는 오래된 법당과 최근 지은 법당이 함께 어우러져 있다. 강변 쪽에 있는 목조 건물은 현재 승가학교로 운영되고 있으며 불가의 가르침을 배우는 젊은 수도승들은 보기만 해도 긍정 에너지를 받는다. 입장료도, 관리하는 사람도 없지만 종교 기관인 만큼 옷차림을 갖추어야 한다. 여행자거리와 가까운 세돈 강변에 위치한다. 넓은 잔디밭이 있어 책을 읽거나 한적하게 쉬기 좋다.

Data 지도 226p-A 가는 법 Thanon 11. 다운타운 동쪽 쎄돈 강변에 위치 요금 입장료 무료

팍세 대표 재래시장
딸랏 다오흐앙 Talat Daoheuang

팍세에서 가장 큰 재래시장으로, 보기보다 넓고 깔끔하다. 지붕이 있는 콘크리트 건물 안에 농수산물, 식료품, 생필품 등이 끝없이 펼쳐져 있다. 특히 팍세의 과일은 볼라벤 고산 지대에서 생산되어 맛이 좋기로 유명하다. 메콩 강에서 잡아 올린 어마어마한 크기의 생선, 두꺼비 등도 볼 수 있다. 의류를 수선해주는 곳도 많으니 여행 중 망가진 신발과 가방이 있다면 달려가자. 쌀국수와 꼬치구이 등을 파는 푸드코트도 있다.

Data 지도 226p-F 가는 법 Thanon 16W. 다운타운에서 툭툭으로 약 10분 소요 운영시간 05:00~18:00

팍세의 뷰포인트
골든 부다 Golden Buddha

메콩 강 건너편 푸 살라오 산Phou salao 꼭대기에 커다란 금색 불상이 놓여있다. 규모가 무척 커 팍세 지역 어디에서든 올려다 보면 볼 수 있다. 빅 부다 혹은 골든 부다라고도 불린다. 인자한 미소로 팍세 시내를 내려다보는 모습이 무척 든든하다. 뒤편으로 수십 개의 작은 불상들이 나란히 놓여있어 수호신 분위기를 톡톡히 내고 있다. 올라서면 강이 굽어 흐르는 팍세 시내가 한눈에 들어온다. 해 질 무렵 매콩 강으로 지는 노을이 무척 아름답다. 단, 금방 깜깜해지니 주의해야 한다. 입구에서 가파른 계단을 걸어 올라오거나 차로 산을 돌아 꼭대기까지 올라오는 두 가지 방법이 있다. 계단은 가파르지만 심하게 높지 않아 운동 삼아 할 만하다. 가슴 뻥 뚫리는 시원한 풍경이 모든 고생을 가치있게 해줄 것이다. 다운타운에서 툭툭을 타고 약 15분 정도. 비용은 편도 2만 낍, 기다림 포함 왕복 5만 낍 정도 든다.

Data 지도 226p-F
가는 법 참파삭 그랜드 호텔 남쪽 메콩 강 건너편에 위치
요금 입장료 무료

| 숨은 볼거리가 많은 볼라벤 고원 |

라오스 커피로드를 따라서
볼라벤 고원 Bolaven Plateau

어쩐지 낯설지 않은 이름이다. 2012년 한국을 강타한 태풍의 이름으로, 이 지역에서 유래됐다. 해발 800~1,350m의 고원 지대로 연중 날씨가 선선하다. 적절한 일조량과 비옥한 토지 덕분에 프랑스 식민지 시절 커피 산지로 주목되어 발전해왔다. 주 종목은 아라비카, 그 다음으로 로브스타가 많이 제배된다. 대부분 유기농 방식으로 재배하며 큰 일교차가 생두를 단단하게 만들어 품질이 좋다. 볼라벤 고원의 커피 주산지는 팍송paksong이다. 라오스 대표 커피 브랜드 시눅과 다오 커피 역시 이곳에서 생산된다. 시눅 커피농장은 강, 넓은 정원, 커피밭과 어우러진 리조트로 꾸며 놓았는데 풍경이 무척 아름답다. 투어 신청도 가능하다. 볼라벤 고원에는 울창한 숲과 멋진 폭포들이 숨어 있다. 대표적인 폭포는 땃 팬, 땃 유앙, 땃 파쑤암, 땃 로가 있다. 대중교통이 발달되어 있지 않아 주로 여행사 투어 혹은 오토바이를 이용한다. 팍세에서 팍송으로 향하는 길을 따라 커피 농장이 드넓게 펼쳐져 있어 커피로드라고 부른다. 오토바이로 커피로드를 달리는 기분은 이루 말할 수 없다. 다만, 비포장도로가 많으니 주의하자. 마을과 폭포 구경하며 천천히 놀멍쉬멍 1박으로 다녀오는 여행자들도 많다. 이 경우 대부분 땃 로 폭포 주위에서 묵는다.

Data 지도 227p-B
가는 법 팍세에서 동쪽으로 약 50km
요금 볼라벤 데이 투어 150,000낍~

휴양하기 안성맞춤
땃 로 Tad Lo

산기슭을 타고 흐르는 강을 따라 크고 작은 폭포들이 형성되어 있다. 물살이 세지 않고 폭이 넓으며 평평한 바위가 많아 물놀이 하기 안성맞춤. 맨 아래에 있는 폭포 옆으로 리조트와 식당이 있다. 더 하류로 내려가면 강가에서 노는 현지 아이들을 만날 수 있고 위로 올라가면 다른 폭포들을 보는 하이킹을 할 수 있다. 볼라벤 투어 시 이곳을 들른다면 수영복을 준비해가자. 폭포 주위로 배낭여행자들을 위한 저렴한 숙소들이 있다.

Data 지도 227p-B
가는 법 팍세에서 약 83km. 남부 버스터미널에서 살라완행 버스 이용, 반 쿠아셋 마을에서 하차

쌍둥이 폭포를 만나보자
땃 판 Tad Fane

높이 120m에서 2개의 폭포가 시원하게 떨어진다. 출신이 다른 2개의 강이 메콩으로 흘러 하나가 되는 경이로운 장면이다. 주변은 국립 보호구역으로 지정되어 있어 수려한 자연경관을 자랑한다. 땃 판 리조트 내 폭포를 볼 수 있는 전망대가 마련되어 있다. 다만 긴 길이와 무성한 수풀 덕에 물이 떨어지는 것이 보이지 않는다. 간혹 무리해서 아래로 내려가는 사람들이 있는데 무척 위험하다. 특히 수량이 많아지는 우기에는 더더욱 하지 말아야 한다.

Data 지도 227p-B **가는 법** 팍세에서 동쪽으로 약 37km
전화 020-5669-3366 **홈페이지** www.tadfaneresort.com
요금 입장료 5,000낍

Tip *1 Day 볼라벤 투어*

아침 8시에 시작해 오후 5시에 끝난다. 가이드 설명을 들을 수 있는 투어와 교통편만 제공되는 투어 중 선택할 수 있다. 일반적으로 커피 농장과 소수민족 마을, 폭포 두세 개를 돌아보며 모든 입장료는 포함이다. 가격대비 알차다. 추천 여행사는 팍세 트래블과 그린 디스커버리. 커피에 집중하고 싶다면 그린 디스커버리 커피 투어 혹은 카페 시눅에 문의해보자.
팍세 트래블 031-212-842, www.paksetravel.com
그린 디스커버리 031-252-908, www.greendiscoverylaos.com
카페 시눅 023-956-6776, www.sinouk-cafe.com

| 참파삭 왕국의 수도, 참파삭 |

아득했던 옛날이여
참파삭 Champasak

17세기 말 란쌍 왕국이 흔들리면서 라오스는 3개의 왕국으로 갈라졌다. 북부는 루앙프라방을, 중부는 비엔티안을, 남부는 참파삭을 중심으로 새로운 왕정이 탄생했다. 참파삭은 한때 참파삭 왕국이 자리했던 곳이지만 현재는 도시라 부르기도 민망한 작은 시골 마을이다. 오른편에 메콩 강을 끼고 달랑 2개뿐인 도로를 따라 학교와 식당, 집들이 늘어서 있다. 관광객의 발길이 닿지 않아 조용하고 평화로운 삶을 느끼고 싶은 생활 여행자들에게 제격이다. 70~80년대를 연상시키는 거리가 시골 할머니 댁에 놀러가는 것처럼 따뜻하고 정겹다. 그래서일까, 참파삭에는 유독 오래 머무는 장기 여행자들이 많다. 팍세에서 차로 약 1시간 정도 떨어져 있으며 주위에 세계문화유산으로 지정된 사원 왓 푸가 있다. 왓 푸를 포함한 반나절 여행상품으로 방문하거나 개별적으로 버스를 이용해 올 수 있다. 현지인들과 부대끼고 싶다면 딸랏 다오흐앙에 가서 썽태우를 타보자. 거리가 멀지 않아 덜 힘들면서도 기억에 남는 여행을 만들 수 있을 것.

Data 지도 227p-A
가는 법 팍세에서 남쪽으로 약 32km
요금 여행사 미니밴 55,000낍, 썽태우 25,000낍

> **Tip** 당시의 위용을 따 라오스 남서쪽 끝에 있는 주를 참파삭 주州라고 부른다. 팍세, 참파삭, 씨판돈 모두 참파삭 주에 속한다. 현재 참파삭 주의 수도는 팍세다.

시간 여행을 떠나보자
돈 뎅 Don Deng

'돈'은 라오스어로 섬이다. 돈 뎅은 참파삭 마을 맞은편에 있는 섬이다. 건기에는 풀등처럼 물 위로 하얀 모래사장이 길게 난 모습이 이국적이다. 참파삭이 모던하게 느껴질 만큼 전통적인 모습을 오롯이 간직하고 있다. 먼지가 폴폴 날리는 비포장도로를 따라 나무로 만든 집들이 늘어서 있다. 차 대신 소와 돼지 등 가축들이 길의 주인이다. 사람들은 자전거, 오토바이, 경운기를 타고 다닌다. 둘레가 12km나 되는 의외로 큰 섬이다. 참파삭에서 자전거를 빌려가는 것이 좋다. 시골길을 따라 마을들이 이어져 있다. 돈 뎅의 최고 매력은 길 위에서 만나는 사람들이다. 상냥하게 웃어주는 사람들과 사랑에 빠지게 될 것이다. 더위에 목이 탈 때 나타나는 구멍가게의 달달한 커피 한잔이 얼마나 맛있는 것인지도 새삼 느끼게 될 것이다. 그들의 삶에 한 발 더 다가가고 싶다면 홈스테이를 이용해보자. 마을에서 관리해서 시설도 나쁘지 않다. 정기적으로 운영하는 배는 없고 투어리스트 센터나 숙소에 문의하거나 뱃사공과 흥정을 해야 한다. 왕복 약 8~10만 낍 정도.

Data 지도 227p-A
가는 법 참파삭 마을에서 보트로 5분

팍세

미니 앙코르와트
왓 푸 Wat Phou

왓은 사원, 푸는 산으로 산의 사원이라는 뜻이다. 해발 1,408m 푸 카오phou Kao 산 아래 위치하고 있으며 특이하게도 불교가 아닌 크메르 양식을 띄고 있다. 크메르 제국은 9세기에 등장, 인도차이나 반도 일대를 평정했을 정도로 영향력이 대단했다. 15세기까지 캄보디아의 수도 시엠립을 중심으로 수천 개의 사원과 위대한 건축물을 남겼다. 대표적인 것이 우리에게 친숙한 앙코르와트. 앙코르와트에 비하면 왓 푸의 규모는 살짝 실망스러울 수 있지만 종교와 문화적인 의미는 결코 작지 않다. 앙코르와트보다 무려 100여 년 앞선 10세기에 건축되었으며 지형을 이용해 고대 크메르 사람들이 생각하는 우주를 표현했다. 크메르 양식은 사원 가운데에 우주의 중심 메루 산을 형상화한 탑을 쌓지만, 왓 푸는 푸 카오 그 자체로 메루 산을 표현한다. 역사적 의미를 인정받아 2002년 세계문화유산으로 등록됐다. 바라이라는 큰 연못을 지나면 조금 낯 뜨거운 조형물들이 늘어서 있다. 남성 성기를 닮은 이 돌은 링가Linga라는 것으로, 크메르 양식의 주요 특징이다. 자손 번영의 상징물이자 우주를 창조하는 힘의 원천을 가리킨다. 또한 힌두교의 주요 신인 시바 신을 상징하기도 한다. 왓 푸가 자리한 푸 카오 역시 가운데가 툭 튀어나온 링가 모양으로 예로부터 무척 신성하게 여겨졌다.

Data 지도 227p-A
가는 법 팍세에서 남쪽으로 약 55km. 참파삭에서 약 10km
전화 020-9127-1011
운영시간 08:00~16:30
요금 입장료 55,000낍,
왓 푸 반나절 투어 120,000낍

양옆으로 쭉 늘어선 링가를 지나면 2개의 사원이 나타난다. 과거 순례자들을 품던 곳이다. 창문 등에서 크메르 건축 양식을 찾아볼 수 있는 건물은 세월을 이기지 못하고 무너졌다. 길은 가파른 돌계단으로 이끈다. 돌계단마다 구멍이 뚫려있는데 옛날 돌을 옮기기 위해 낸 것이다. 중간중간 심어져 있는 커다란 참파 나무 아래 음료와 간식을 판다. 높은 곳에 오르면 호수와 사원, 참파삭 평야가 한눈에 들어온다. 눈에 걸리는 것이 아무 것도 없어 저 멀리 지평선이 보인다. 정상에는 중앙 신전이 있다. 크메르 양식으로 지어진 중앙신전 입구에는 신전을 지키는 수문장 드바라팔라와 여신 데바타가 조각되어 있는데 형태가 잘 보존되어 있다. 내부에는 놀랍게도 불상이 안치되어 있다. 참파삭 왕국이 불교를 도입하면서 두 종교가 공존하게 된 것. 사원 전체에는 힌두교 신이 새겨져 있고 그 앞으로 불상이 놓인 것을 볼 수 있다. 두 종교 간 다툼이 있을 만도 한데 평화롭게 공존하고 있는 것이 역시 라오스답다. 매년 2월 왓 푸 축제가 열리는데 라오스는 물론 태국, 캄보디아에서 몰려든 승려와 신도들의 등불 행렬이 펼쳐진다.

SOUTHERN LAOS BY AREA 01
팍세

|Theme|
폭포 위를 날아보자! 트리톱 익스플로러

무엇을 상상하든 그 이상을 경험하게 될 것! 어린 시절 한번쯤은 꿈꾸었던 로망을
실현시켜줄 투어가 나타났다. 타잔처럼 정글을 날아다니고, 선녀처럼 폭포수를
온몸으로 맞고, 만화영화를 보며 갖고 싶었던 나무 위의 작은 집에서 잠을 잔다.
이미 서양 여행자들 사이에서 인기 투어로 성수기에는 예약하기가 별따기다.
국내에선 아직 리뷰가 없는 트리톱 익스플로러를 낱낱이 살펴보도록 하자.

트리톱 익스플로러 Tree Top Explorer란?

라오스 최고의 에코 투어 여행사 그린 디스커버리에서 운영하는 투어이다. 팍세에서 1시간 정도 떨어진 볼라벤 고원 내 깊은 숲 속으로 들어가면서 시작된다. 사람의 발길이 닿지 않은 거친 숲을 헤치고 올라가 짚라인을 타고 날아서 이동한다. 태초의 손길이 그대로 묻어있는 폭포 주위로 짚라인과 스카이워크 등이 설치되어 있다. 국내 짚라인과는 스케일 면에서 차원이 다르다. 1박 2일 동안 정글 트레킹, 짚라인, 계곡 수영을 경험할 수 있다. 재미는 물론, 자연의 아름다움까지 2마리 토끼를 모두 잡았다. 난이도는 중상. 빡셀 때 빡세고 쉴 때는 마음껏 늘어지는 유러피안 스타일이다. 고소공포증만 없고 아이 캔 두잇 정신력만 있으면 초보도 가능하다. 안전이 필수인 만큼 그린 디스커버리 측은 유럽의 안전 기준을 적용하고 있다. 가격은 저렴하지 않지만 그만큼 가이드들에게 많은 공을 들여 교육을 시켜 믿을 수 있으며 혹시 모를 사고에 대한 조치가 잘되어 있다. 1박 2일 코스와 2박 3일 코스가 있다. 예약은 필수, 그린 디스커버리 웹사이트에서 가능하다. 라오스 내 곳곳에 지사가 있으며 팍세 시내에도 있다. 영어를 못 해도 큰 지장은 없다.

Data 그린 디스커버리
Green Discovery
전화 비엔티안 021-223-022,
팍세 031-252-908
홈페이지
www.greendiscoverylaos.com

무엇을 할까?

짚라인 Zip line
트리톱 투어의 하이라이트는 단연 짚라인. 이틀 동안 20개가 넘는 짚라인을 타고 타잔처럼 정글을 가로지른다. 울창한 수풀과 협곡, 크고 작은 폭포 위를 날아다닌다. 가장 긴 것은 400m나 되는데 폭포가 흐르는 물기둥을 따라간다. 폭포에서 튀는 물방울이 고스란히 느껴질 정도로 생생하다. 중간중간 아찔한 흔들다리와 낙하코스로 스릴을 더한다.

하이킹 Hiking
짚라인을 타려면 가장 먼저 무엇을 해야 할까? 그렇다. 올라가야 한다. 따라서 이 투어에는 상당한 시간이 하이킹에 할애되며 난이도도 만만치 않다. 어떠한 교통수단도 불가! 오로지 사람의 다리로만 갈 수 있는 울창한 정글을 탐험하며 자연의 위대함을 느낄 수 있다. 건강해진 몸을 느낄 수 있을 것.
Tip 오랜만에 열일하는 발목이 놀라지 않도록 잡아주는 밴드와 파스 등을 준비해가면 유용하다.

수영 Swimming
베이스캠프는 거대한 카멧 폭포와 협곡에 둘러싸인 비밀 요새다. 날아오며 보았던 폭포의 실체는 훨씬 더 웅장하다. 이제껏 흘렸던 땀과 열기를 보상받을 시간! 수영복으로 갈아입고 달려가보자. 맑은 물에 놀라고 정신이 번쩍 들 만큼 차가워서 한 번 더 놀란다. 수영 대신 폭포가 바로 보이는 테라스에 앉아 휴식을 취하는 사람들도 많다. 눈을 감고 폭포소리와 바람을 느껴보자. 신선놀음이 따로 없다.

음식 Food
다행히 삼시 세끼가 제공된다. 아침에는 빵과 오믈렛 등의 서양식이, 점심과 저녁으로는 현지식이 나온다. 땀을 뺀 후 자연 속에서 먹는 음식은 꿀맛이다. 에너지를 북돋아줄 간식거리를 사가는 것을 추천한다. 별들이 수놓은 하늘 아래 모닥불 주위로 둘러앉아 즐기는 비어라오 타임은 잊지 못할 추억을 가져다준다.

나무 위 오두막 Treetop House
10m 높이 나무 위에 귀여운 오두막 6채가 띄엄띄엄 있다. 바로 우리가 묵을 숙소. 사다리가 아닌 짚라인을 타고 날아들어 간다. 드디어 어린 시절 꿈꿔왔던 로망이 이루어지는 순간이다. 하지만 그만큼 걱정도 크다. 과연 저런 곳에서 잘 수 있을까? 내부에는 침대와 화장실이 있다. 화장실도 수세식으로 깨끗하다. 샤워는 식당 뒤쪽 공용 샤워장을 이용해야 하며 뜨거운 물은 안 나온다. 침대는 모기장과 침낭이 놓여있다. 의외의 아늑함이 놀랍다. 다음 날, 폭포와 새 소리에 잠이 깨고 창 밖 구름과 눈이 마주치는 환상적인 아침을 맞이할 것이다.

비아 페레타 Via Ferrata
트리톱 익스플로러의 마지막 관문이다. 이걸 넘어야만 투어도 끝이 난다. 비아 페레타의 영어 이름은 아이언 웨이Iron way. 수직에 가까운 암벽에 철심 같이 생긴 스템플을 박아놓고 그것을 밟으면서 암벽을 타는 익스트림 스포츠 중 하나다. 전문적인 암벽등반 기술이 없어도 쉽게 모험과 스릴을 즐길 수 있어 유럽에서 각광받고 있다. 체력보다는 아찔한 높이를 이기는 용기가 필요하다. 뒤돌아보면 아름다운 전경에 대한 감탄과 오싹한 기분이 동시에 든다. 무사히 정상에 오르면 자기 자신에 대한 대견함으로 뿌듯할 것이다.

준비물
- 편한 운동화와 긴 바지는 필수.
- 자신의 야생적인 모습을 담을 카메라. 전기 사용이 여의치 않으니 여분의 배터리를 챙기자. 생동감 넘치는 영상을 남길 수 있는 고프로도 추천.
- 그 외 수영복, 슬리퍼, 수건, 선크림, 모기퇴치제, 손전등, 샤워도구, 상비약 등.
- 가장 중요한 것! 무엇이든 할 수 있다는 도전정신과 힘듦 속에서도 잃지 않는 미소.

EAT

| 팍세 간판 맛집 모음 |

★★★★★급 레스토랑
르 파노라마 Le Panorama

중심가에 위치한 팍세 호텔의 루프톱 레스토랑이다. 7층밖에 되지 않지만 주변에 높은 건물이 없어 강에 둘러싸인 시내가 360도 파노라마로 펼쳐진다. 해 질 무렵이면 노을을 보며 맥주 혹은 칵테일을 즐기는 사람들로 북적거린다. 서양식과 아시안 음식을 모두 갖췄다. 피자와 파스타, 스테이크 등 익숙한 요리를 찾아볼 수 있다. 특히 기본적인 스테이크, 포크 찹, 치킨 브레스트 외에 생선, 오리, 연어 등을 추가할 수 있어, 선택의 폭이 넓은 그릴 셀렉션을 가지고 있다. 전통적인 라오스 음식은 물론, 태국 요리, 퓨전요리까지 다양하다. 볼라벤에서 수확한 커피와 꿀로 만든 소스를 곁들인 오리 고기 phat du chef는 팍세 호텔에서만 맛볼 수 있는 고품격 요리다. 환상적인 뷰와 격 있는 서비스, 맛있는 음식을 즐길 수 있는 르 파노라마는 단연 팍세 최고의 레스토랑이다. 호텔 디너치고 지나치게 착한 가격 역시 별 5개를 줄 수밖에 없는 이유.

Data 지도 226p-A
가는 법 Thanon 10과 46의 교차점에 위치
전화 031-212-131
운영시간 16:30~23:30
가격 스테이크 75,000낍, 피자 65,000낍~
홈페이지 www.hotelpakse.com

분위기 갑! 선상 레스토랑
캄퐁 보트 레스토랑 Khamfong Boat Restaurant

메콩 강 위에 떠있는 선상 레스토랑이라니! 이보다 낭만적일 수 있을까. 여행자들 사이 입소문이 난 곳이 아니라 현지 레스토랑 느낌이 물씬 난다. 일반 식당보다 가격대가 높아 중산층의 라오스 가족들이 오순도순 식사를 즐기는 모습을 볼 수 있다. 메콩 강에서 잡은 생선을 굽고, 찌고, 튀긴 다양한 요리를 맛볼 수 있다. 육류 혹은 해산물을 야채와 볶은 요리와 구운 새우 등 무난한 요리도 많다. 영어 메뉴판이 있어 편리하다. 살랑살랑 부드러운 강가 바람을 느끼며 수평선 너머로 사라지는 둥근 해를 감상할 수 있다. 분위기, 음식 모두 깔끔하다. 서빙은 다소 느린 편이고 영어가 잘 통하지는 않지만 친절하다. 강변이니 만큼 안티 모스키토 제품은 필수다.

Data 지도 226p-D
가는 법 Thanon 11. 왓 루앙에서 남쪽으로 도보 20분
전화 031-213-240
운영시간 16:00~21:00
가격 생선구이 35,000낍, 새우튀김 40,000낍

젊음이 모이는 핫 플레이스
아텐스 Athens

팍세의 패밀리 레스토랑 격이다. 여행자들은 물론 현지의 젊은 사람들과 가족 단위로도 많이 찾는다. 브런치 메뉴, 파스타, 스테이크 등을 판매한다. 아테네 호텔에서 운영하며 여행자들의 입맛에 맞춘 음식을 선보인다. 친절한 직원들이 분위기를 한결 더 밝고 경쾌하게 만들어준다. 사장과 태국에서 온 매니저는 훌륭한 영어를 구사한다. 저녁에는 분위기 좋은 라이브 바로 변신한다. 때로는 잔잔하게, 때로는 신명나게 태국과 라오스 가요를 부르는데 다 같이 어울리는 분위기다. 원하면 나가서 노래도 부를 수 있다. 철판 깔고 도전해보는 것도 좋은 추억을 남길 수 있는 방법 아닐까. 반응은 걱정하지 않아도 된다. 라오스 사람들은 리액션 빼면 시체다.

Data 지도 226p-A 가는 법 Thanon 13. 생 아룬 호텔 맞은편
전화 030-282-8008 운영시간 07:30~21:30(일요일 휴무)
가격 파스타 25,000낍~, 스테이크 110,000낍

아침엔 가볍게 쌀국수 한 그릇~
랑캄 쌀국수 Lankham Noodle Soup

랑캄 호텔 1층에 있는 쌀국수 집. 소뼈를 우려낸 국물에 소고기와 어묵이 들어있다. 살짝 짭조름하지만 함께 나오는 야채를 곁들이면 맛이 한껏 살아난다. 샌드위치와 커피도 판매한다. 호텔 와이파이를 이용하며 쾌적하게 식사할 수 있다. 아침 일찍부터 열어 오전에만 장사를 한다. 소고기 베이스 쌀국수가 질렸다면 건너편 멩키Mengky로 가볼 것. 닭, 오리, 돼지고기 중 선택 가능하며 맛이 무척 진하다. 익숙지 않은 사람에게는 살짝 거부감이 들 수도 있다.

Data 지도 226p-A
가는 법 Thanon 13. 랑캄호텔 1층에 위치
전화 020-5583-6888
운영시간 07:00~14:00
가격 쌀국수 15,000낍~

세계 여행자들의 사랑을 듬뿍
다오린 레스토랑&커피 Daolin Restaurant&Coffee

트립어드바이저 팍세 레스토랑 1, 2위를 자랑하는 현지 식당이다. 라오스 음식뿐만 아니라 태국, 서양 음식 등을 골고루 취급한다. 대부분의 음식이 기대 이상이라 세계 각지의 여행자들에게 사랑받고 있다. 아침부터 든든한 서양식 조식을 먹는 사람들로 붐빈다. 밥과 함께 나오는 볶음요리는 간단하고도 저렴하게 한 끼를 때울 수 있는 메뉴다. 투어 혹은 팍세를 떠나기 전에 따로 샌드위치를 테이크아웃하러 오는 사람이 많아지면서 한편에 샌드위치 전용 공간이 마련되었다. 사진과 영어 설명이 들어간 친절한 메뉴판이 있어 쉽게 주문이 가능하다. 가격 역시 착해 여러 가지를 시켜 먹어도 부담이 없다.

Data 지도 226p-A
가는 법 Thanon 13과 24의 교차로에 위치
전화 020-5573-3199
운영시간 06:00~22:30
가격 샌드위치 15,000낍~, 쌀국수 15,000낍

Ready for Lao food?
쑤언마이 레스토랑 Xuanmai Restaurant

궁금한 라오스 요리가 있다면 쑤언마이를 놓치지 말자. 팍세를 대표하는 오래된 맛집으로 다양한 라오스 요리를 맛볼 수 있는 세트 메뉴가 있다. 라오스 전통 요리인 치킨 랍과 메콩 강에서 잡은 생선으로 만든 스프, 파파야 샐러드 땀막홍에 대나무 통에 담겨나오는 찰밥까지! 구성이 알차면서도 부담이 없다. 10만 낍, 한국 돈 약 15,000원으로 다채로운 라오스의 맛을 느낄 수 있다. 떡갈비 맛이 나는 냄느엉, 달달한 비빔국수 미분 등이 포함된 베트남 요리 세트도 갖추고 있다. 세트 메뉴는 혼자 먹기에는 많고 둘이 먹기에는 부족한 양. 부족하다면 단품을 추가해서 먹으면 된다.

Data 지도 226p-A
가는 법 Thanon 10.
살라 참파 호텔 맞은편
전화 020-5848-5684
운영시간 07:00~22:30
가격 단품 25,000낍~,
베트남 세트 150,000낍

올레, 씨푸드
하이싼 베트남 Hai San Vietnam

내륙국가 라오스에서 먹기 힘든 해산물을 만나볼 수 있는 베트남 식당이다. 매일 사이공에서 직접 배달되는 싱싱한 해산물만을 사용하는데 가격도 부담스럽지 않다. 짭조름한 굴 소스에 볶은 조개나 오징어요리는 밥도둑이 따로 없다. 치즈를 올려 오븐에 구운 가리비, 굴 요리, 칠리크랩, 다양한 방식으로 구운 새우 요리 등 씨푸드 러버라면 환호성이 절로 나올 메뉴들이 한가득이다. 해물탕처럼 보글보글 끓여먹는 전골메뉴도 있다.

Data 지도 226p-A
가는 법 Thanon 13.
피아오 호텔 맞은편
전화 020-996-96179
운영시간 07:00~23:00
가격 오징어튀김 50,000낍,
그릴드 쉬림프 225,000낍

전통 이태리 스타일을 만나보자
독마이 이탈리안 레스토랑 Dokmai Italian Restaurant

아무리 라오스라도 쌀국수만 먹으며 여행할 수는 없는 법. 수준 높은 파스타를 만날 수 있는 레스토랑을 소개한다. 이탈리아인이 직접 운영하며, 우리나라 파스타처럼 소스가 흥건한 것이 아니라 본토 스타일로 꾸덕꾸덕한 식감이 특징이다. 식전 빵도 맛있으며 양도 넉넉하다. 흔히 접할 수 없는 가정식 요리와 디저트를 보면 절로 행복해진다. 피자가 없는 것이 아쉽다. 친절한 미소로 맞아주는 주인과 테이블을 오가며 재롱을 부리는 주인집 강아지까지, 다시 한 번 찾고 싶은 곳이다.

Data 지도 226p-A
가는 법 Thanon 24, 아텐스에서 오른쪽으로 한 블록 직진 후 오른쪽 골목
전화 020-5844-7879
운영시간 11:00~23:00
가격 파스타 40,000낍~, 포크 스튜 60,000낍

이열치열엔 인디안 커리
하싼 레스토랑 Hasan Restaurant

동남아의 좋은 점 중 하나는 인도 요리를 부담 없이 즐길 수 있다는 것. 하싼 역시 동네 식당에서 밥 먹는 것처럼 편안하게 커리를 맛볼 수 있는 곳이다. 커리의 종류가 꽤 많은 편이다. 마일드한 맛을 원한다면 코르마, 중간 단계로 달달하면서 살짝 매콤한 풍미를 가진 티카 마살라, 매콤하고 묵직한 맛을 원한다면 마살라와 로간 조쉬를 추천한다. 화덕에 구운 폭신한 난을 찍어먹으면 맛이 두 배가 된다. 인도요리와 찰떡궁합 라씨도 빼먹으면 섭섭하다.

Data 지도 226p-A
가는 법 Thanon 24, 다오리 레스토랑 옆 건물 1층
전화 020-2278-6786
운영시간 06:00~22:00
가격 치킨 마살라 30,000낍, 탄두리 치킨 30,000낍~

| 커피의 고장에서 즐기는 한 잔의 여유 |

라오스의 뿌리가 담긴
카페 시눅 Cafe Sinouk

시눅은 창업자의 이름이다. 프랑스에서 30년 이상을 살다온 후 고향에서 시작한 커피 사업이 번창하면서 2003년 자신의 이름을 건 커피 브랜드를 만들었다. 커피 재배로 유명한 볼라벤 고원 커피농장은 강과 넓은 정원, 커피밭이 어우러진 리조트로 꾸며 놓았는데 아름다운 풍경으로 무척 인기가 높다. 이곳에서 투어 신청도 가능하다. 진한 에스프레소 한 잔으로 라오스 아라비카 본연의 맛을 음미해보자. 커피에 색다른 시도를 한 시눅 스페셜 메뉴도 주목할 만하다. 톡톡 쏘는 상쾌함이 매력인 아이스라테 페퍼민트는 뜨거운 태양이 빼앗아간 활기를 되찾아줄 아이템. 원두는 선물용으로도 제격이다. 캡슐로도 판매한다. 비엔티안과 팍세에 지점을 운영하고 있다.

Data 지도 226p-A
가는 법 Thanon 11, 레지던스 시눅 1층에 위치
전화 020-956-6776
운영시간 07:00~21:00
가격 커피 15,000낍~, 런치세트 55,000낍
홈페이지 www.sinouk-cafe.com

여름엔 아이스커피~
델타 커피 Delta Coffee

변변한 카페가 많지 않은 팍세에서 눈에 띄는 로컬 카페이다. 에어컨은 없지만 진한 아이스커피 한 잔이면 더위를 날려버리기 충분하다. 독특하게도 맥주잔에 나와 더욱 시원하게 느껴진다. 볼라벤 고원에서 난 원두를 사용하여 신선한 커피를 제공한다. 실내보다는 테라스의 분위기가 더 좋다. 나무로 된 테이블과 의자들, 몇몇 식물이 전부지만 오래 전부터 알았던 단골 같은 편안함을 준다. 실내에는 원두와 기념품을 판매한다. 영어가 잘 안통하고 무뚝뚝한 서비스가 단점.

Data 지도 226p-B 가는 법 Thanon 13, 아텐스에서 동쪽으로 도보 10분 전화 030-534-5895 운영시간 07:00~21:00
가격 카페라테 12,000낍, 과일 셰이크 6,000낍~

빵 굽는 냄새를 따라오세요
비다 베이커리 카페 Vida Bakery Cafe

골목 안쪽에 꼭꼭 숨어있어 찾기 힘든 것이 흠이지만 그만큼 보물을 찾은 기분이 든다. 환한 내부와 시원한 에어컨 바람, 갓 구워 신선한 빵이 가득한 진열장을 보는 순간 기분이 좋아질 것이다. 간단한 아침식사와 샌드위치 등 간단한 스낵을 판매한다. 자신의 입맛에 99.9% 맞는 샌드위치 만들기에 도전해보자. 테이블 위에 놓인 'Make your way' 종이에 원하는 재료를 표시하면 끝. 내용물은 물론 빵 종류, 소스까지 고를 수 있어 나만의 샌드위치가 탄생된다. 물론 BLT 같은 기본 메뉴도 주문 가능하다. 오후에는 햄&치즈 키쉬와 샐러드가 함께 나오는 런치 스페셜이 인기다. 훌륭한 에스프레소 커피는 기본, 과일을 아낌없이 넣은 생과일 스무디 역시 비다의 추천 메뉴. 현지인들에게 교육과 일자리의 기회를 주고자 선교사들이 만든 곳으로 2층에는 영어 학원을 운영하고 있다. 직원들이 영어를 배우며 삼삼오오 앉아 숙제를 하는 훈훈한 모습을 종종 볼 수 있다.

Data 지도 226p-A
가는 법 Thanon 12, 하이싼 레스토랑 옆 골목으로 도보 7분
전화 020-2925-6632
운영시간 06:30~16:30 (일요일 휴무)
가격 스무디 15,000낍~, 런치 스페셜 20,000낍
홈페이지 facebook.com/VidaBakeryCafe

SLEEP

| 10만 원 이하로 누리는 고급 호텔 |

팍세 아니 남부 최고의 럭셔리
참파삭 그랜드 호텔 Champasak Grand Hotel

팍세에서 가장 좋다고 해도 과언이 아닌 4성급 호텔. 우리가 생각하는 호텔다운 호텔의 면모를 모두 갖추고 있다. 영어가 가능한 친절한 서비스, 푹신한 침대, 탁 트인 전망, 맛있는 레스토랑, 힐링에 정점을 찍어줄 스파 마사지까지! 12층짜리 건물로 팍세에서 가장 높은 건물이다. 3~7층까지는 스탠더드, 8~10층까지는 디럭스, 그 이상은 프리미어 룸으로 나눠진다. 메콩 강 바로 옆에 위치하며 강을 끼고 있는 팍세 시내가 한눈에 들어온다. 널찍한 야외 수영장도 있어 휴양을 즐기기 좋다. 중식당, 메인식당, 강변 식당 3개의 레스토랑과 6개의 리셉션 홀이 있어 다양한 행사를 진행한다. 태국과 중국 단체 관광객들이 많이 찾는다. 팍세에서 가장 큰 재래시장 딸랏 다호흐앙과 걸어서 3분 거리로 가깝다. 단점은 여행자들이 많이 모이는 다운타운까지 거리가 있다. 툭툭을 타고 10분, 가격은 1~2만 낍 정도.

Data 지도 226p-F
가는 법 Thanon 16W,
다운타운에서 남동쪽으로 약 2.5km
전화 030-1225-5111
요금 슈피리어 50달러~
홈페이지
www.champasakgrand.com

> **Tip** 할인, 레이트 체크아웃 등 자체적으로 다양한 프로모션을 제공하니 홈페이지를 체크하자.

실속파 유러피안 감성
팍세 호텔 Pakse Hotel

1962년 참파삭 왕국 마지막 왕에 의해 지어진 호텔이다. 당시 가장 높은 7층짜리 건물로 옥상에서 드넓게 펼쳐진 왕국을 조망할 수 있었다. 카지노와 공연장을 갖춘 호텔로 문화 중심지 역할을 해왔다. 2003년 대대적인 리노베이션을 거친 후 프랑스 기업의 관리를 받으며 현재의 모습으로 발전했다. 카지노와 공연장은 없어지고 63개의 방과 2개의 레스토랑, 1개의 컨벤션 홀을 갖추고 있다. 8개 종류의 룸이 있으며 가장 저렴한 싱글룸은 20만 낍부터 시작한다. 호텔다운 방을 원한다면 디럭스룸 이상을 추천한다. 부담 없는 가격으로 높은 만족도를 보장받을 수 있어 유러피안 중년 부부 혹은 커플들이 많이 찾는다. 특히 7층에 있는 루프톱 레스토랑 르 파노라마는 투숙객이 아니더라도 가볼 만하다. 다운타운 중심에 위치하고 있지만 메인 도로 안쪽이라 소음에서 좀 더 자유롭다. 메콩 강과 가깝고 바로 앞에 참파삭 쇼핑센터가 있다. 쇼핑센터라 쓰여 있지만 재래시장에 가깝다. 낮에는 열대과일을, 저녁에는 꼬치구이 등을 먹으며 구경하기 좋다.

Data 지도 226p-A
가는 법 Thanon 10과 46의 교차점에 위치
전화 031-212-131
요금 에코 싱글 200,000낍~, 디럭스 450,000낍~
홈페이지 www.hotelpakse.com

오늘만큼은 왕자님, 공주님
참파삭 팰리스 호텔 Champasak Palace Hotel

참파삭 왕국 시절 차오 분 움Chao Boun Oum 왕자의 궁궐로 지어진 곳이다. 1969년에 짓기 시작했으나 1974년 사회주의 정부의 탄생으로 완성되기 전에 왕자는 프랑스로 망명을 떠났다. 그 후 정부의 행사용으로 사용되다가 1995년 호텔로 다시 태어났다. 왕궁의 걸맞은 위엄과 규모를 갖추고 있다. 7층짜리 메인 빌딩을 기준으로 낮은 건물들이 케이크처럼 층층이 떨어진다. 아치형 테라스와 창문이 늘어선 모습이 무척 우아하다. 방은 115개로, 평범한 스탠더드 룸보다는 상위 레벨에 묵어 보는 것을 추천. 킹 스위트와 퀸 스위트, VIP 룸은 왕족이 된 듯한 기분을 선사할 것이다. 스탠더드 바로 위 단계인 슈피리어만 되어도 분위기가 확 다르다. 2004년에 리노베이션을 통해 전통적인 디테일은 살리면서 모던하게 변신했다. 훌륭한 건축물과 문화적 자산임에도 불구하고 소홀한 관리가 안타깝다.

Data 지도 226p-B
가는 법 Thanon 13.
피다오 호텔에서 도보 15분
전화 031-212-263
요금 스탠더드 200,000낍~,
퀸 스위트 1,000,000낍~
홈페이지 www.champasak
palacehotel.com

저택에 놀러온 듯한 기분
아테나 호텔 Athena Hotel

라오스 건축 양식을 가미한 유럽 저택을 연상시킨다. 외관만큼이나 실내도 단아하게 꾸며져 있다. 커다란 창이 있으며 나무 바닥과 원목 가구로 따뜻한 기분이 든다. 개별 발코니가 있으며 시티 뷰보다 가든 뷰를 추천. 스탠더드와 디럭스로 나뉘는데 3개밖에 없는 디럭스룸은 넓고 욕조가 있다. 수영장이 있어 쉬기 좋은 리조트 느낌을 풍긴다. 특히 건기에 진가를 발휘한다. 1층에 부속 레스토랑이 있으며 조식이 포함되어 있다. 공항 픽업과 샌딩 어렌이지가 가능하다. 룸이 21개밖에 없는 부티크 호텔로 성수기에는 금방 예약이 완료된다.

Data 지도 226p-B 가는 법 Thanon 13. 피다오 호텔에서 도보 10분
전화 031-214-888 요금 스탠더드 60달러~, 디럭스 90달러~
홈페이지 www.athenahotelpakse.com

가격도, 시설도 착한 숙소 없을까?

군더더기 없는 스테이
피다오 호텔 Phi Dao Hotel

호텔이라고 부르기는 살짝 민망한 수준. 주위 게스트하우스들보다 비싼 편이지만 한국인 기준에 잘 부합하는 숙소이다. 2012년에 오픈하여 깨끗하고 잘 관리되어 있다. 매일 청소해주고 수건을 교체해준다. 트윈, 더블, 트리플룸이 있으며 창문이 없는 방은 더 저렴하다. 모든 방에 에어컨과 냉장고가 있으며 무료 생수를 제공한다. 테라스 여부는 방마다 다르다. 중심가에 있어 접근성이 좋으며 1층에는 쾌적한 카페 겸 레스토랑을 갖추고 있다. 시내에서 가장 맛있는 커피라 자부할 정도이니 한 번 시음해보자. 와이파이가 빨라 스마트폰 혹은 노트북을 들고 밀린 검색을 하기 좋다. 인기가 많아 성수기에는 방을 구하기 힘들다.

Data 지도 226p-A 가는 법 Thanon 13. 랑캄 호텔 옆에 위치
전화 031-215-588 요금 트윈 20달러, 트리플 24달러
이메일 phidaohotel@gmail.com

위치와 시설, 두 마리 토끼를 탕탕!
생아룬 호텔 Sang Aroun Hotel

중심가에 있는 하얀 호텔. 딱 봐도 주위 다른 건물들보다 고급스럽다. 내부 역시 하얀 타일 바닥과 벽으로 화사하다. 기분 좋게 쉴 수 있는 넓은 로비가 있다. 중국계 라오스인 오너가 운영하고 있으며 로비 옆에 중국 분위기가 물씬 나는 레스토랑이 있다. 작아보이지만 뒤 건물까지 연결되어 있어 규모가 꽤 크다. 방은 2인실 밖에 없으며 크기와 시설에 따라 스탠더드, 슈피리어, 디럭스로 나뉜다. 에어컨과 냉장고가 있으며, 조식을 포함하고 있다. 국내 비즈니스호텔 급으로, 약 3만 원 전후로 게스트하우스보다는 비싼 편이지만 숙소에 예민한 편이라면 괜찮은 선택이다. 운 나쁘면 중국인 단체 관광객과 함께 묵을 수 있다.

Data 지도 226p-A
가는 법 Thanon 13.
아텐스 레스토랑 맞은편에 위치
전화 031-252-111
요금 스탠더드 200,000낍~, 디럭스 245,000낍~
이메일 sengarounhotelpakse@gmail.com

게하 중의 인기스타
알리사 게스트하우스 Alisa Guesthouse

팍세에서 가장 먼저 만실이 되는 숙소가 아닐까 싶다. 성수기가 아닐 때도 워크인으로 방을 얻은 사람을 거의 보지 못할 만큼 인기가 높다. 가격 대비 넓은 방과 깔끔한 시설이 그 비결. 총 17개의 방이 있으며 2, 3, 4인실로 구성되어 있다. 에어컨과 냉장고, 공용 발코니가 있다. 파워풀한 수압의 온수 샤워로 유명하다. 아쉽게도 와이파이가 매우 약하다. 메인 거리에 있어 편리하지만 도로 쪽 방은 시끄러울 수 있다. 오토바이 렌탈숍도 함께 운영하고 있다. 상태 좋은 오토바이를 빌릴 수 있으니 참조. 라오스 가족이 운영하며 워낙 높은 인기 탓인지 다소 무뚝뚝하다.

Data 지도 226p-A
가는 법 Thanon 13. 아텐스 레스토랑 옆에 위치
전화 031-251-555
요금 트윈 160,000낍~, 트리플 180,000낍~, 쿼터 240,000낍~
홈페이지 www.alisa-guesthouse.com

내 집 같은 포근함
낭노이 게스트하우스 Nang Noi Guesthouse

젊은 라오스 가족이 운영하는 게스트하우스. 노이는 여주인의 이름이다. 워낙 친절하다는 리뷰가 많아 기대하고 갔다간 의외로 쌀쌀맞아 당황할지도 모른다. 머물수록 매력을 알 수 있는 츤데레 가족이기 때문. 방이 8개밖에 없어 금방 꽉 찬다. 4개의 방에만 에어컨이 있다. 4인실 도미토리, 1인실, 2인실, 4인실이 있다. 도미토리와 1인실은 구하기가 쉽지 않을 정도. 청결에 무척 신경을 써 도미토리까지 보송보송하다. 방은 작지만 가정집을 개조해 아기자기한 맛이 있다. 곳곳에 흩어진 주인집 딸의 장난감이 더욱 가정집 같은 기분이 들게 한다.

Data 지도 226p-A 가는 법 Thanon 5. 13번 도로 남쪽의 작은 골목에 위치 전화 030-956-2544 요금 도미토리 40,000낍~, 싱글 60,000낍~, 더블 80,000낍~ 이메일 bounthong1978@hotmail.com

알뜰한 여행자를 위한
랑캄 호텔 Alisa Guesthouse

라오스에선 이름에 호텔이 붙었다고 호텔로 믿으면 안 된다. 랑캄 호텔이 대표적인 예. 오래된 건물에 방들이 빼곡히 들어서 있다. 2인실과 3인실, 선풍기와 에어컨 룸으로 나뉜다. 방 크기는 작으며 침대와 수납장, 좁은 욕실로 이루어져 있다. 6만 낍으로 욕실이 딸린 개인실을 쓸 수 있기에 많은 여행자들이 찾고 있다. 낡은 시설에 비해 수압은 나쁘지 않고 의외로 불편한 점이 없다. 에어컨이 있는 룸은 리모델링 건물에 있어 더 깨끗하고 냉장고도 있다. 도미토리는 2층 침대가 여럿 놓인 것이 아니라 3인실을 나눠 쓰는 것이라 훨씬 편하다. 1층에 환전소가 있는데 비교적 환율이 좋은 편이다. 와이파이는 로비 주위에서만 잘 터진다.

Data 지도 226p-A 가는 법 Thanon 13. 피디오 호텔 오른편에 위치
전화 031-213-314 요금 선풍기 60,000낍~, 에어컨 100,000낍~
이메일 lankhamhotel@yahoo.com

싱글 여행객들의 아지트
사바이디 2 게스트하우스 Sabaidy 2 Guesthouse

값싼 도미토리와 여행자들과 어울릴 수 있는 분위기, 이 두 가지가 배낭여행자들을 사바이디 2로 불러들이는 가장 큰 이유다. 일반 가정집처럼 보이지만 22개의 방을 가진 제법 규모가 있는 중급 숙소다. 이야기꽃을 피우기 좋은 테이블이 곳곳에 놓여있고 자체적으로 볼라벤 투어를 진행한다. 도미토리와 2인실로 나눠져 있다. 2인실은 공용 화장실이냐 개인 욕실이냐에 따라 가격이 달라진다. 신축 건물은 더 비싸다. 더블룸 가격이 결코 싼 편이 아니라서 도미토리가 아니라면 별로 메리트는 없다. 중심가에서 살짝 벗어나 있다.

Data 지도 226p-A
가는 법 Thanon 24. 13번 도로 다오린 레스토랑 골목으로 직진 도보 5분
전화 031-212-992
요금 도미토리 35,000낍, 2인실 80,000낍~
홈페이지 www.sabaidy2tour.com

Southern Laos By Area
02

씨판돈
SI PHAN DON

이런들 어떠하며, 저런들 어떠하리.
남쪽 나라 특유의 여유가 짙게 배어 있다.
모든 근심 걱정이 무색해지는 곳인 만큼 일상의
쉼표가 필요한 사람이라면 누구라도 환영이다.
일찍 일어날 이유도, 급하게 해야 하는 일도 없다.
해먹에 걸터앉아 책을 읽고, 낮잠을 잔다.
그러다 더워지면 메콩 강으로 풍덩!
이곳에 머물다보면 느림의 미학이라 불리는
라오스의 다른 도시조차 바쁘게 느껴질 만큼
시간이 느릿느릿 흐른다. 오늘이 며칠인지,
무슨 요일인지 가물가물하다면
씨판돈 라이프 적응 완료다.

Siphandon
PREVIEW

씨판돈은 4천 개의 섬이라는 뜻이다. 포 싸우전드 아일랜드Four thousand islands 라고도 불린다. 라오스 최남단에 위치하고 있으며 물 수위에 따라 크고 작은 섬들이 모습을 드러내는데 그 수가 약 4천 개나 된다 해서 붙여진 이름. 강폭도 무척 넓어 바다 같다. 관광객으로 넘치는 방비엥의 바통을 이어받아 제2의 배낭여행자들의 아지트로 급부상했다. 가장 큰 섬은 돈 콩이다. 여행자들은 주로 돈 콩보다 작은 돈 뎃으로 몰린다. 씨판돈하면 돈 뎃을 가르치는 경우가 많다. 돈 뎃은 바로 옆 섬 돈 콘과 다리로 연결되어 있다.

ENJOY

빈둥빈둥, 뒹구르르. 씨판돈에 머무는 여행자들의 소리이다. 그나마 여행자들이 많은 돈 뎃에서는 몇몇 액티비티를 즐길 수 있다. 해 질 무렵 보트를 타고 옆 무인도로 가서 수영과 바비큐를 즐기는 선셋 보트 투어가 인기. 활동적인 것을 원한다면 카약을 타고 돌고래를 찾아 캄보디아 국경까지 갔다 콘파펭 폭포를 돌아보고 오는 카약 투어를 추천한다. 자전거를 빌려 타고 옆 섬 돈 콘으로 소풍을 떠나면 목가적인 풍경과 마주할 수 있다.

EAT

뛰어난 맛집이 없는 것이 씨판돈의 유일한 아쉬운 점. 대부분의 방갈로에서 레스토랑을 함께 운영하고 있다. 라오스 음식은 기본, 파스타 같은 간단한 서양 요리까지 섭렵하고 있다. 맛은 대동소이. 다행히도 돈 뎃은 눌러앉은 서양인들 덕분에 괜찮은 곳이 늘고 있는 추세다.

SLEEP

콘크리트 건물vs방갈로. 먼저 어떤 스타일의 숙소에 묵을 것인지 선택해야 한다. 에어컨이 꼭 있어야 하고 벌레가 끔찍이도 싫다면 콘크리트 건물, 강가 앞 해먹에 드러누워 나무늘보처럼 늘어지고 싶다면 방갈로다. 방갈로 중에서도 콘크리트>목재>나무줄기 혹은 대나무로 만든 것으로 급이 나뉜다. 기본적으로 침대와 선풍기, 개인 욕실, 해먹이 걸린 발코니로 구성되어 있다. 다만 에어컨이 있는 방은 찾기 힘들며 온수설치가 되지 않은 곳이 대부분이다.

Siphandon
BEST OF BEST

무엇을 해도 좋고, 아무것도 하지 않아도 좋다. 메콩 강에 둥실둥실 떠 비어라오를 마시고, 자전거를 타고 섬 일주를 다녀보자. 씨판돈의 매력을 한층 더 끌어올려줄 버킷 리스트를 소개한다.

볼거리 BEST 3

4천 개의 섬이 둥실둥실,
메콩 강

이보다 낭만적일 순 없다,
일몰

동남아시아 최고의 폭포,
콘파펭 폭포

먹을거리 BEST 3

메콩 강에서 갓 잡아 올린,
생선구이

물놀이 후엔 역시,
피시 앤 칩스

싱싱한 열대과일이 듬뿍,
생과일 셰이크

즐길거리 BEST 3

메콩 강 탐험으로 최고!
카약킹

황금빛 노을에 젖어 신선놀음,
선셋 튜빙

페달을 밟아라!
돈 콘으로 산책

| 캄보디아로 넘어가기 |

캄보디아에서 육로로 국경이 연결되어 있다. 잠시 쉬었다 캄보디아로 가거나 비자 연장을 위해 다녀올 수 있다. 팍세에서부터 13번 도로를 타고 쭉 내려오면 국경도시 라오스 원캄Veun kham-캄보디아 돔끄라Dom kralor까지 연결된다. 캄보디아는 비자가 필요한 나라다. 국경에서 비자 발급이 가능하니 필요한 서류와 돈은 미리 챙겨가자. 이곳 국경은 뒷돈을 요구하기로 유명하다. 3~5달러 여윳돈을 준비하는 것이 좋으며 다른 외국 여행자들과 힘을 합치면 조금 할인도 가능하다. 싸우는 건 득이 되지 않는다. 살살 애교를 부리는 편이 낫다.

어떻게 다닐까?

돈 뎃은 이글거리는 뙤약볕을 견딜 수만 있다면 한나절 만에 걸어서 일주가 가능할 만큼 아담한 섬이다. 섬의 북쪽, 선착장이 있는 마을 반 후아뎃 근처로 식당과 숙소들이 모여 있어 대부분 걸어서 모든 것이 해결 가능하다. 선착장에서 내려 오른쪽으로 가면 선셋 사이드, 왼쪽으로 가면 선라이즈 사이드이다. 섬을 한 바퀴 둘러보거나 돈 콘까지 다녀올 경우 자전거를 이용하는 것이 좋다. 걸을 수는 있지만 거리가 만만치 않고 그늘이 별로 없어 힘들다. 오토바이 렌트도 가능하다. 비포장도로이니 조심할 것. 숙소에서 보트와 툭툭을 빌려주는 곳도 있지만 비싸다. 돈 뎃 내 여행사에서 팍세는 물론 라오스 주요 도시로 가는 버스와 캄보디아, 태국, 베트남으로 가는 버스 티켓까지 구입가능하다.

SOUTHERN LAOS BY AREA 02
씨판돈

Siphandon
ONE FINE DAY

1일차

12:00
지상낙원
돈 뎃에 도착

13:00
숙소 구한 후
피시 앤 칩스 즐기기

14:00
꿈꿔왔던
해먹과 한 몸 되기

2일차

08:00
든든하게 조식 먹기

19:00
아담스 바에서
든든한 뷔페 만찬

17:00
일몰 속으로 함께
녹아드는 선셋 튜빙

09:00
자전거 타고
돈 콘 소풍가기

10:00
리피 폭포 구경

14:00
돈 뎃으로 돌아와
햄버거로 허기 달래기

딱히 코스를 짤 것도 없는 것이 돈 뎃 여행의 핵심. 게을러지기 위해 간 곳인 만큼 마음껏 누리자!
석양이 아름답기로 손꼽히니 선셋 투어에 참가해보는 것을 추천한다. 돈 콘을 간다면
해가 뜨거워지기 전 오전에 출발하는 것이 좋다. 활발한 액티비티를 좋아한다면
돌고래 카약 투어를 놓치지 말자.

15:00
다시 해먹과 합체하여
게으름부리기

18:00
노을을 보며 원모어 바
진저 에일과 푸틴을~

21:00
레게 바에서
이 밤을 불태우기

3일차

09:00
아쉽지만 다시 보트
타고 반 나까상으로

SOUTHERN LAOS BY AREA 02
씨판돈

씨판돈 전도
Siphandon

돈뎃 261p
- 보트 선착장 / Boat Pier
- 리틀 에덴 / Little Eden
- 바바 게스트하우스 / Baba Guesthouse
- 크레이지 게코 / Crazy Gecko
- 왓 돈뎃 / Wat Dondet
- 미스터 토스 방갈로 / Mr. Tho's Bungalows
- 정글 바&게스트하우스 / Jungle Bar&Guesthouse
- 돈뎃 섬 / Don Det
- 마마 루아 게스트하우스&레스토랑 / Mama Leuah Guesthouse&Restaurant
- 이지고 백패커스 / Easygo Backpackers
- 더 보트하우스 / The Boathouse
- 살라 돈 콘 호텔&리조트 / Sala Don Khon Hotel&Resort
- 파카 게스트하우스 / Pakha Guesthouse
- 싼티팝 레스토랑 / Santiphap Restaurant
- 라오 롱 / Lao Long
- 생알룬 빌라 / Seng Ahloune Villa
- 해피 바 키친 & 바 / Happy Bar Kitchen & Bar
- 찬토마 돈 콘 / Chanthouma Don Khone
- 프렌치 브리지 / French Bridge
- 녹노이 레스토랑 / Noknoy Restaurant
- 생알룬 리조트 / Seng Ahloune Resort
- 판스 게스트하우스 / Pan's Guesthouse
- 콘파펭 폭포 방향 →
- 왓 콘파이 / Wat Khon Tai
- 증기기관차 / Locomotive
- 리피 폭포 / Li Phi Waterfall
- 콘 파 쏘이 폭포 / Khon Pa Soi Waterfall
- 돈콘 섬 / Don Khone
- 돌핀 와칭 보트 선착장 / Dolphin Watching Boat Pier
- 콩야이 해변 / Khongyai Public Beach

0 500m

| 이런 힐링 또 없습니다 |

곁에 있어줘서 고마워
메콩 강 Mekong River

동남아시아 유일한 내륙 국가인 라오스가 삭막하지 않는 이유는 바로 메콩 강 덕분이다. 메콩 강 없는 라오스는 상상할 수 없을 만큼 현지 사람들의 삶에 영향을 미치고 있다. 씨판돈에 사는 사람들 대부분 강의 영양분을 듬뿍 머금은 땅에서 농사를 짓고, 강가로 나가 고기를 잡으며 살아간다. 늦은 오후가 되면 일과를 끝내고 하나둘씩 멱을 감으러 주황빛 강물에 몸을 담근다. 씨판돈은 특별한 관광지를 보러 오는 곳이 아니다. 먼지가 뽀얗게 날리는 비포장도로를 걸으며 나지막한 집에 사는 사람들과 눈을 맞추고, 한국에서는 엄두도 못 낼 강물에 몸을 담가보며 온몸으로 느끼는 시간 여행인 것이다. 메콩 강에 둘러싸인 한가로운 전경에 몸과 마음까지 풍요로워질 것이다. 여행자들은 주로 강변 방갈로의 해먹이나 평상에 누워 시간을 보낸다. 건기에는 선착장에 모래사장이 생기면서 해변의 역할을 한다. 굳이 해변이 아니더라도 어디서든 물로 뛰어드는 사람들을 심심치 않게 볼 수 있다. 해먹에 누워 강을 바라보고 있자면 시간은 금이 아니라 물인 것 같다.

해지는 메콩 강 속으로
썬셋 튜빙 Sunset Tubing

나라 서쪽에 위치한 메콩 강 덕분에 지는 해가 아름답기로 유명한 라오스지만 씨판돈의 노을은 더욱 특별한 여운을 가져다준다. 감히 라오스 최고의 일몰이라 꼽을 수 있겠다. 처음에는 금빛으로 세상을 물들이더니 점점 강렬한 주황색으로 짙어진다. 눈이 아릴 정도로 불타던 해가 강 너머로 사라지고 나면 솜사탕에 파묻힌 것 마냥 주위가 분홍색으로 변한다. 짙은 보라빛 여운을 남기면서 어둠이 찾아온다. 이 모든 과정은 바라보면서도 믿기지 않을 만큼 몽환적이다. 백문이 불여일견. 캄보디아로 가기 전 잠시 들른 돈 뎃에서 일몰에 발이 묶인 사람을 여럿 보았다. 썬셋 튜빙은 해가 지기 전 보트를 타고 상류로 올라가 튜브를 타고 내려오며 노을을 즐기는 것이다. 둥실둥실 구름처럼 물 위에 떠있다 보면 내가 강인지 강이 나인지를 알 수 없을 정도. 복잡한 머릿속까지 말랑말랑하게 비워진다. 돈 뎃 내 여러 곳에서 썬셋 프로그램을 운영하고 있다. 각자 포함된 사항과 성격이 조금씩 다르니 발품을 팔아 자신에게 잘 맞는 것을 고르도록 하자.

Data 로그 아담스 Rogue Adam's
전화 020-9951-9525
요금 튜브 렌트 10,000낍, 썬셋 튜빙 50,000낍

Tip 여행사보다는 인기 펍이나 레스토랑에서 투어를 진행하는 경우가 대부분이며 쉽게 찾을 수 있다.

언제나 즐거운 옆 동네 산책
돈 콘 Don Khon

여행자들이 몰리는 곳이다 보니 돈 뎃 역시 북적거림을 피할 수 없다. 조금 더 한적한 곳을 원한다면 자전거를 빌려 돈 콘으로 소풍을 떠나보자. 넓은 들판과 풀을 뜯는 소, 드문드문 떨어져 있는 판잣집, 막대기를 흔들며 과일을 따는 아이들 등 우리나라 80년대 시골 풍경을 마주하게 된다. 돈 뎃의 남쪽에 다다르면 돈 콘으로 이어지는 다리가 나온다. 프랑스에서 만들어 프렌치 브리지French bridge라고 불린다. 돈 뎃에서 돈 콘으로 넘어갈 때 입장료를 내야하는데 입장료에는 리피 폭포 입장료가 포함되어 있다. 여러 번 방문할 예정이라면 티켓을 잃어버리지 않도록 하자. 다리를 건너 왼쪽으로 가면 선착장과 마을이, 오른쪽으로 가면 리피 폭포가 나온다. 리피 폭포 쪽으로 가는 초입에 뜬금없는 증기 기관차가 있는데 프랑스에서 캄보디아와 라오스를 육로로 연결해 물자를 운반하던 당시 사용되던 것이다. 리피 폭포를 들렀다 여유가 되면 마을을 둘러보고 돌아오면 알찬 돈 콘 탐험 끝! 섬 한 바퀴를 도는 코스는 없다.

Data 지도 260p-E
가는 법 돈 뎃에서 남쪽으로 4km
요금 통행료 35,000낍
(리피 폭포 입장료 포함)

기대 이상의 웅장함
리피 폭포 Li Phi Waterfall

귀여운 이름과 다르게 제법 거친 속살을 가졌다. 원래 이름은 쏨파밋이지만 현지인 대부분 '땃Tat(폭포) 리피'라고 부른다. '리'는 덫, '피'는 귀신이라는 뜻한다. 과거 거센 물살에 배가 자주 뒤집혔는데 나쁜 영혼이 씻겨 내려간 것이라고 믿었다. 폭이 넓거나 낙차가 큰 것은 아니지만 협곡을 따라 급류가 흐르는데 물살이 무척 세다. 특히 우기에는 수량과 유속이 엄청나기 때문에 폭포 근처로 접근하는 것은 위험하다. 폭포 주위로 공원이 잘 조성되어 있다. 프렌치 브리지에서 산 티켓을 보여줘야 하니 잃어버리지 말자. 공원 내에는 레스토랑과 방갈로, 미니 비치가 형성되어 있어 쉬어가기 좋다.

Data 지도 260p-E 가는 법 프렌치 브리지를 건너와 왼쪽으로 사원 왓 콘따이를 지나 직진 운영시간 08:00~17:00 요금 입장료 35,000낍

동남아시아 최고의 규모
콘파펭 폭포 Khon Phapheng Waterfall

동남아시아 최대 규모답게 웅장한 폭포 소리가 압도적이다. 잔잔하게 흐르던 메콩 강이 좁은 협곡을 만나 급류로 바뀌면서 형성되었다. 낙차는 약 20m밖에 되지 않지만 폭이 300m로 어마어마하게 넓다. 또한 연달아 이어지는 바위 협곡이 매력적이다. 강수량이 풍부한 우기에 가면 위풍당당한 자태를 제대로 느낄 수 있다. 팍세에서 운행하는 씨판돈 투어, 카약 투어 등을 통해 많이 찾는다. 투어 이용 시 입장료가 대부분 포함되어 있다. 돈 콘 섬 내 위치하는 것이 아니라 13번 도로 근처에 있어 개별적으로 가려면 반 나까상으로 가서 툭툭을 대절해야 하는데 왕복 10만 낍 이상 든다.

Data 지도 260p-D 가는 법 Thanon 13. 보트를 타고 반 나까상으로 건너간 후 툭툭 이용 운영시간 08:00~17:00 요금 입장료 55,000낍, 툭툭 왕복 100,000낍

돌고래를 찾아서
카약 투어 Kayak tour

아직 한국 사람들에게는 유명하진 않지만 서양에서는 즐겨 하는 스포츠다. 1~3명이 앉을 수 있는 소형 보트에서 양날로 노를 저어 나아간다. 선체가 길고 둥글어 흔들흔들 온몸으로 스릴을 느낄 수 있다. 오로지 사람의 힘으로만 가는 친환경적 스포츠라 더 유쾌하다. 원래 카약 투어의 하이라이트는 캄보디아 국경에서 만나는 이라와디 돌고래였다. 특이하게도 민물에 사는 돌고래로 70년대까지만 해도 1,000여 마리가 살았지만 현재는 10마리도 채 남지 않았다. 따라서 매우 운이 좋아야만 돌고래를 볼 수 있다. 여전히 돌핀 투어라는 이름으로 성황인 투어는 카약을 타고 메콩 강을 거슬러 캄보디아 국경까지 갔다가 콘파펭 폭포를 들러 돌아오는 코스이다. 물놀이하기 좋은 폭포와 강가에서 즐기는 바비큐가 포함되어 있다. 카약을 타고 섬과 섬 사이를 헤집고 다니는 여정이 무척 아름다우며 메콩 강의 속살을 오롯이 느낄 수 있는 경험이 될 것이다. 더위에 지칠 때쯤 여럿이 즐기는 물싸움의 재미는 덤이다. 가격은 1인당 18만 낍 정도.

Data 원더풀 투어
Wonderful Tour
전화 030-955-1522
미스터 모 어드벤처 투어
Mr. Mo Adventure Tour
전화 020-575-9252

EAT

| 돈 뎃 맛집 BEST 7 |

흙 속의 진주를 찾다
키아스 백패커 파라다이스 Kea's Backpacker Paradise

선셋 사이드 도로로 가는 좁은 골목 코너, 허름하지만 정감을 자아내는 작은 식당이 있다. 메뉴판 외에도 스페셜 메뉴 보드를 꼭 확인해보자. 키아스에서 먹어야 할 메뉴는 피시 앤 칩스와 치킨 혹은 피시 커리. 세계 각국에서 모인 여행자들의 엄지를 척 올리게 만드는 음식이다. 가격도 놀랄 만큼 착한데 넉넉한 양까지 자랑한다. 달랑 3개의 테이블로, 10명 남짓 수용할 수 있다. 어둠이 오면 분위기 좋은 칵테일 바로 변신한다. 눈짐작으로 대충 만드는 칵테일이 아닌 제대로 만든 진한 칵테일을 마실 수 있는 곳 중 하나다. 여행자들끼리 말문을 트기 편한 오붓한 공간으로 저녁 시간에는 자리를 잡기 힘들다.

Data 지도 261p-A 가는 법 선셋 사이드와 선라이즈 사이드를 잇는 골목에 위치 전화 030-951-6795 운영시간 07:00~23:00 가격 피시 앤 칩스 30,000낍, 치킨 커리 20,000낍

물놀이 후엔 버거가 진리
스트리트 뷰 Street View

선라이즈 사이드 강변에 위치한 레스토랑. 물 위로 테라스가 있어 강바람을 맞으며 기분 좋게 식사할 수 있는 곳이다. 낮부터 평상에 누워 빈둥대는 사람들을 볼 수 있다. 유쾌한 호주-라오스인 부부가 함께 운영하고 있다. 시그니처 메뉴는 호주사람답게 바비큐와 버거. 메콩 강에서 잡은 생선, 소고기, 치킨과 돼지고기 중 고르면 그 자리에서 구워준다. 샐러드와 감자튀김이 함께 나온다. 버거는 한 입에 들어가지 않을 두툼한 패티로 사람들을 유혹한다. 채식주의자를 위한 호박 버거도 있다.

Data 지도 261p-B 가는 법 선라이즈 사이드, 아담스 바에서 도보 10분 전화 020-9877-9177 운영시간 07:00~23:00 가격 바비큐 55,000낍~, 하와이언 버거 50,000낍

굿 로케이션, 굿 피플
조니스 레스토랑 Johnny's Restaurant

돈 뎃에 도착하자마자 바로 보이는 선착장 앞에 위치하고 있다. 든든한 점심과 과일 셰이크로 산 넘고 강 건너 온 여독을 풀어보자. 요청 시 상황에 따라 배낭을 맡아주기도 하니 잠시 맡겨 두고 숙소를 찾아다니면 편리하다. 바로 뒤 조니 게스트하우스도 함께 운영한다. 쌀국수, 볶음밥, 샌드위치 등 가볍게 요기할 만한 음식들이 많다. 맛은 평범한 편. 위치가 좋아 자주 찾게 된다. 선착장에서 물놀이를 하다가도, 마지막 날 보트를 기다리며 조식을 먹기에도 좋다.

Data 지도 261p-A
가는 법 선착장 바로 옆
전화 020-9768-2555
운영시간 06:00~21:00
가격 샌드위치 15,000깁~, 셰이크 8,000깁~

아는 사람만 아는 현지 맛집
캄마니사이 Khammanysai

선라이즈 쪽 캄마니사이 방갈로와 함께 라오스 가족이 운영하고 있는 레스토랑이다. 주인아주머니 요리솜씨가 좋아 맛있는 현지 음식을 맛볼 수 있다. 볶음밥과 누들 외 바나나 잎에 싸서 찐 생선 요리 같은 전통 라오스 요리도 가능하다. 추천 요리는 코코넛 커리. 태국의 그린 커리와 비슷한데 좀 더 국물이 넉넉하고 찹쌀밥과 함께 먹는다. 코코넛 밀크 특유의 부드럽고 진한 맛이 일품이다. 트립어드바이저를 포함 온라인에서 아직 소문나지 않은 집이지만 가보면 늘 북적거리는, 아는 사람만 아는 맛집이다. 강변에 위치해 유유자적 신선놀음하기 좋다.

Data 지도 261p-B
가는 법 선라이즈 사이드. 아담스 바에서 도보 5분
전화 020-9132-5457
운영시간 07:00~22:30
가격 볶음밥 15,000깁~, 치킨 코코넛 커리 20,000깁

매콤한 인도 요리가 땡길 때
자스민 레스토랑 Jasmin Restaurant

팍세에 있는 자스민 레스토랑의 첫 번째 분점이다. 선착장이 바로 보이는, 위치 좋고 전망 좋은 레스토랑이다. 맛있는 인도 커리와 난을 만날 수 있다. 인디안계 말레이시안 주인이 운영하며 커리 외에 말레이시안 음식인 나시고랭, 미고랭 등도 맛볼 수 있다. 볶음밥과 볶음국수로 속이 느끼해져 있다면 스파이시라고 붙어있는 메뉴를 선택해보자. 인도 요리 특유의 묵직한 칠리 맛이 기름기를 쏙 내려줄 것이다.

Data **지도** 261p-A **가는 법** 선착장 캄퐁 레스토랑 옆에 위치
전화 030-572-3314 **운영시간** 07:00~22:00 **가격** 커리 15,000낍~

돈 뎃의 바나나 레스토랑
하누만스 Hanouman's

방비엥에 바나나 레스토랑이 있다면, 돈 뎃에는 하누만스가 있다. 하루 종일 미국 드라마 프렌즈를 틀어준다. 라오스 요리는 기본, 피자, 스테이크 등 서양식까지 섭렵하고 있다. 맛은 평균이고 서비스는 느리지만 한없이 멍때리기 좋은 곳이다. 혼자 가도 외롭지 않고, 여행 중 아무 것도 하기 싫거나 재충전하고 싶다면 딱이다. 제법 빠른 와이파이도 솔로 여행자들을 부르는 비결이다.

Data **지도** 261p-A **가는 법** 선라이즈 사이드, 아담스 바 맞은편 **전화** 020-5606-0743
운영시간 08:00~23:00
가격 팟타이 20,000낍, 쌀국수 25,000낍

휴가 중에도 커피는 마셔야 한다면
미스터 빈스 티&커피 하우스
Mr. Beans Tea&Coffee House

여행하다 보면 진한 커피가 그리워지는 순간이 있다. 커피를 재배하는 라오스임에도 입맛에 맞는 커피를 찾기 힘들다. 특히 시골로 갈수록 더 그렇다. 캐나다에서 온 영어 선생님이 차린 미스터 빈스에서는 갓 로스팅한 원두로 내린 신선한 원두커피를 맛볼 수 있다. 어설픈 에스프레소나 쓰디쓴 라오 커피보다 익숙하고 부드럽다. 간단한 아침식사와 머핀 등도 판매한다.

Data **지도** 261p-A **가는 법** 선착장에서 선라이즈 사이드 방향 도보 3분 **전화** 020-9966-1333
운영시간 08:00~19:00
가격 커피 15,000낍~, 치즈 케이크 25,000낍

| 강변에 불어오는 히피 바람 |

가장 핫 한 쿨 플레이스
아담스 바 Adam's Bar

방비엥의 사쿠라 바 격. 북쪽에서는 사쿠라 바 티셔츠를 입고 다닌다면 남쪽에선 아담스 바 나시 티를 입는다. 'been there don det'이라는 슬로건이 쓰인 색색의 티셔츠를 입은 사람들을 흔히 마주칠 수 있다. 젊은 여행자들이 모이는 핫플레이스. 낮에는 강을 바라보며 나무늘보처럼 늘어져 휴식을 취하는 사람들이 대부분이고 저녁이 되면 왁자지껄 바의 모습을 되찾는다. 비어라오의 생맥주를 맛볼 수 있는 곳이니 놓치지 말자. 저녁 6시 반부터 열리는 뷔페는 먹을 것도 많고 맛도 좋다. 영국에서 온 아담이 주인으로, 맞은편 로그Rogue숍도 함께 운영하고 있다.

Data 지도 261p-A
가는 법 선착장에서 도보 1분
전화 020-9951-9525
운영시간 08:00~23:30
가격 비어라오 15,000낍, 뷔페 50,000낍

푸틴과 맥주는 언제나 옳다
1 모어 바&레스토랑 1 More Bar&Restaurant

선셋 사이드에 위치하며 아름다운 노을을 볼 수 있는 명당장소이다. 요란스럽지 않아 느긋이 지는 해를 바라보기 좋다. 캐나다 사람이 차린 곳으로 캐나다 국민음식 푸틴을 판매하고 있다. 푸틴은 걸쭉한 그레이비소스를 듬뿍 얹은 감자튀김으로 캐나다 사람들의 소울 푸드라고 볼 수 있다. 육즙이 가득한 수제 버거 역시 인기. 채식주의자를 위한 호박 버거도 있다. 이곳에서 만큼은 잠시 비어라오를 내려놓아도 좋다. 1 모어 바의 스페셜리스트 진저 위스키와 진저 에일을 추천한다. 직접 만든 홈메이드로 생강 특유의 쌉싸름한 맛이 살아있다. 친절한 주인과 직원들로 하여금 다시 찾게 만드는 곳이다.

Data 지도 261p-A 가는 법 선셋 사이드. 리틀에덴에서 도보 7분
전화 020-9647-6088 운영시간 07:00~24:00
가격 진저에일 15,000낍, 푸틴 30,000낍~

니노막시무스 카이저쏘제~
레게 바 Reggae Bar

주의: 동양인은 거의 없고 고삐 풀린 망아지처럼 노는 서양 젊은이들의 모습에 놀랄 수 있음! 흔들흔들 그루브를 타는 펍은 몇 있지만 레게 바는 하드코어다. 특별한 나이트 라이프가 없는 섬이라 더욱 그렇다. 바 안쪽으로 6m 높이의 다이빙대가 있다. 낮에는 뛰어내리는 사람들로 활기가 넘치고, 밤에는 술 게임과 춤을 추는 사람들로 시끌벅적하다. 음식도 판매하지만 추천하지는 않는다. 바는 바로 즐기자. 이런 와일드한 파티 분위기를 좋아한다면 레게 바에서 운영하는 선셋 투어에 참여해보는 것도 괜찮다.

Data 지도 261p-A 가는 법 선라이즈 사이드, 아담스 바에서 도보 2분
전화 020-5606-0743 운영시간 08:00~23:00
가격 비어라오 15,000낍

영혼까지 자유로워지는
해피 바 Happy Bar

돈 뎃 내 가장 히피스러운 곳이다. 선셋 사이드에 위치하여 오렌지빛으로 물드는 메콩 강을 바라보는 것은 물론, 원한다면 튜브를 빌려 바로 물에 뛰어들 수도 있다. 어깨춤이 절로 나는 레게 음악을 배경음악으로 세계 각국에서 온 친구들과 이야기를 나누다 보면 어느 순간 근심 걱정은 사라지고 해피해피해진다. 간단한 샌드위치와 안주하기 좋은 튀김 요리들을 판매한다. 술을 자비롭게 넣어주는 해피 칵테일이 기분을 한껏 업시키도록 도와준다. 서로 모르는 사람들이라도 담배를 돌려 피는 것을 흔히 볼 수 있는데 이것은 평범한 담배가 아니니 잘 생각해보고 대처하자. 원하지 않는다면 자신의 차례에 다른 사람에게 넘기면 된다. 바비큐를 포함한 해피 바 선셋 투어를 진행하고 있다.

Data 지도 261p-A
가는 법 선셋 사이드,
리틀 에덴에서 도보 7분
전화 020-393-9393
운영시간 07:00~24:00
가격 해피 칵테일 30,000낍,
버거 35,000낍
홈페이지 facebook.com/
Happybar4000islands

| 꼭꼭 숨어있는 돈 콘 맛집 |

잠시 쉬어가세요
생알룬 Seng Ahlouner

돈 뎃과 돈 콘을 잇는 다리 바로 옆에 있는 레스토랑. 땀 뻘뻘 흘리며 걸어서 혹은 자전거를 이용해 돈 콘에 도착해 한숨 돌리기 좋은 레스토랑이다. 생알룬 리조트에서 운영하는 식당으로 강변에 앉아 오가는 사람들을 감상할 수 있다. 라오스와 태국 요리를 주 메뉴로 갖추고 있다. 간단한 요기용 음식부터 바비큐, 라오스 핫팟인 신닷까지 다양하다. 태국 톰 얌과 커리를 좋아한다면 종류가 많아 눈여겨볼 만하다. 굳이 음식을 시키지 않더라도 생과일주스 혹은 맥주를 마시며 쉬어가도 괜찮다. 주변 다른 식당들보다 화장실이 깔끔하다.

Data 지도 260p-C
가는 법 프렌치 브리지를 건너 오른편에 위치
전화 020-5573-5009
운영시간 06:00~22:00
가격 볶음국수 25,000낍~, 과일 셰이크 15,000낍
홈페이지
www.sengahlouneresort.com

순박한 시골 식당
찬토마 돈 콘 레스토랑
Chanthouma Done Khone Restaurant

라오스인 아주머니가 운영하는 소박한 레스토랑이다. 평생 요리만 했다는 아주머니는 딱 봐도 내공이 장난 아니다. 고군분투하며 꾸려나가는 모습이 정겹다. 라오스 음식을 판매하며 영어 메뉴판이 있다. 흔히 보는 쌀국수, 볶음밥, 코코넛 커리 등이 있고 맛은 무난하다. 메뉴판 맨 뒤에 여러 생선의 그림이 있는데 그날그날 가능한 생선으로 구이 등의 요리를 주문할 수 있다. 아주머니의 주전공 메뉴라고 하니 생선 요리를 좋아하는 사람이라면 시도해보자. 다리를 등지고 왼쪽으로 쭉 걸어오면 오른편에 있다.

Data 지도 260p-C 가는 법 프렌치 브리지를 건너 왼쪽으로 도보 5분
운영시간 07:00~21:00 가격 쌀국수 20,000낍~, 생선구이 40,000낍

일출을 볼 수 있는 선라이즈 사이드vs일몰을 볼 수 있는 선셋 사이드. 당신의 선택은? 선라이즈 사이드는 편의성이 좋지만 일찍부터 더워진다. 인기가 높은 선셋 사이드는 방갈로가 낡고 시설에 비해 비싼 편이다. 미리 예약하는 경우보다 발품을 팔아 구하는 것이 일반적이다. 저렴한 방갈로는 3~5만 낍, 시설이 좋은 방갈로는 8~10만 낍 정도. 한적한 곳을 원한다면 돈 콩이나 돈 콘을 추천.

| 깔끔함이 최고! 콘크리트 게스트하우스 |

메콩 강 뷰만큼이나 아름다운 열정
바바 게스트하우스 Baba Guesthouse

돈 뎃에서 제일 빨리 만실이 되는 곳이다. 리틀 에덴과 함께 트립어드바이저 1, 2위를 다툴 정도로 인기가 높지만 방이 7개 밖에 없어 예약하기가 힘들다. 성수기에는 예약 필수. 만약 예약하지 않았다면 배에서 내리자마자 달려가 보자. 프랑스-라오스인 부부가 열정을 다해 꾸려가는 모습이 인상 깊다. 돈 뎃 관련 정보를 제공하는 웹사이트 돈뎃닷컴의 운영자로 여행자들을 도와주기 위해 매우 적극적이다. 빵빵한 에어컨과 수압, 와이파이를 자랑한다. 방에서 바로 메콩 강이 내려다보이며, 3년밖에 되지 않아 깨끗하다. 최근 강가 바로 앞으로 테라스를 설치해 오롯이 강을 누릴 수 있게 되었다.

Data 지도 261p-A
가는 법 선착장에서 선라이즈 방향으로 도보 3분
전화 020-9889-3943
요금 비수기 200,000낍, 성수기 300,000낍
홈페이지 www.dondet.net

리틀 럭셔리~
리틀 에덴 Little Eden

돈 뎃 내 가장 고급스러운 숙소다. 페리 선착장에서 선셋 사이드 쪽 조니 게스트하우스를 지나 바로다. 벨기에-라오 커플이 운영하고 있다. 14년 동안 돈 뎃에서 게스트하우스를 운영하였으며 2012년 리모델링 후 유러피안 스타일의 외관과 인테리어의 호텔로 다시 태어났다. 시설은 깨끗하고 오너의 서비스 마인드도 훌륭하다. 6개의 스탠더드와 16개의 디럭스, 총 22개의 룸으로 이루어져 있다. 넓고 발코니가 있는 디럭스룸이 훨씬 쾌적하다. 모두 에어컨, 냉장고, 금고를 갖추고 있다. 길 하나 건너면 바를 갖춘 전용 수영장도 있다. 투숙객이 아니더라도 5만 낍을 내면 하루 종일 이용 가능하다. 섬의 북서쪽 끝에 위치, 최고의 일몰 장소로 꼽힌다. 여유롭게 일몰을 감상할 수 있는 강변 레스토랑도 있다. 음식 수준도 높다. 투숙객이 아니라도 이용 가능하니 방문해보자.

Data 지도 261p-A
가는 법 선셋 사이드. 선착장에서 도보 2분
전화 020-7773-9045
요금 스탠더드 45달러, 디럭스 60달러
홈페이지 facebook.com/LittleEdenGuesthouse

가성비 갑! 합리적인 초이스!
마마 루어스&르 비쥬 Mama Leurth&Le Bijou

고만고만한 돈 뎃에서 눈에 띄게 잘 차려진 콘크리트 건물이 2개 있는데 바로 마마 루어스와 르 비쥬이다. 르 비쥬는 선셋 사이드와 선라이즈 사이드를 잇는 중간에, 마마 루어스는 선셋 사이드에 위치하고 있다. 둘 다 같은 가족이 운영하여 시설과 가격 모두 비슷하다. 방마다 햇볕이 잘 드는 창이 있고 타일 바닥은 쾌적하다. 방은 제법 큰 편인데 달랑 침대만 놓여있다. 에어컨이 있지만 사용하지 않을 시 팬 룸 가격으로 할인 가능하다. 온수 샤워가 가능하다. 머무는 동안 청소는 해주지 않으며 수건은 교체 가능하다. 동남아 여행 최고의 적, 벌레와 꿉꿉함에 예민한 사람들을 위한 가격 대비 최상의 숙소이다.

Data 지도 261p-A
가는 법 두 곳 모두 선착장에서 도보 5분 이내
전화 마마루어스 020-5904-9900, 르 비쥬 020-2556-2013
요금 더블 100,000낍~, a/c 더블 150,000낍~

평타 이상
그린 게스트하우스 Green Guesthouse

몇 안 되는 콘크리트 건물과 타일 바닥으로 깨끗함을 자랑하는 숙소이다. 역시나 가구는 에어컨과 침대 하나가 전부. 에어컨을 사용하지 않을 시 더 저렴하다. 공용 발코니가 있어 젖은 옷을 말리거나 할 때 편리하다. 빨래를 해결할 수 있는 라운드리와 자전거 렌탈 서비스가 가능하다. 강변 뷰는 아니지만 돈 뎃을 중앙으로 가로지르는 도로에 위치해 푸른 논밭이 펼쳐지는 잔잔한 풍경을 만날 수 있다. 맞은편에 있는 요말레이 게스트하우스도 가격, 시설 등이 비슷하다.

Data 지도 261p-A
가는 법 선셋과 선라이즈 사이드 사이 골목
전화 020-9180-3519
요금 더블 100,000낍~, a/c 더블 150,000낍~

멋진 강변 뷰를 즐길 수 있는
테나 게스트하우스&방갈로
Tena Guesthouse&Banglows

게스트하우스와 방갈로 모두를 가지고 있다. 강변 쪽으로 2층 짜리 게스트하우스 건물과 식당이, 맞은편에 방갈로들이 놓여있다. 게스트하우스가 시설이 더 모던하며 환상적인 노을을 바라볼 수 있는 발코니가 있다. 기본에 충실한 목재 방갈로 역시 상태가 나쁘지 않아 한 푼이 아쉬운 배낭여행자에게 안성맞춤이다. 온수 샤워는 게스트하우스만 가능하다. 라오스 가족이 운영하며 영어는 잘 통하지 않지만 친절하다.

Data 지도 261p-A 가는 법 선셋 사이드. 해피 바 가기 전에 위치 전화 020-2272-2730
요금 방갈로 40,000낍~, 게스트하우스 70,000낍~

편리한 옵션 넘버 원
조니스 플레이스 Johnny's Place

돈 뎃 선착장에서 강을 등지고 오른쪽으로 돌아보면 바로 보이는 조니스 레스토랑에서 함께 운영하는 방갈로다. 많은 사람들이 첫 집이기 때문에 좀 더 욕심을 부려 돌아다니는데 사실 방갈로는 조니스만 한 곳을 찾기 힘들다. 콘크리트와 나무로 된 방갈로가 있는데 에어컨을 갖춘 콘크리트 방갈로가 더 쾌적하고 비싸다. 강변 뷰는 아니지만 선착장과 맞닿아 있어 편리하다. 또한 방갈로 앞마다 해먹이 걸려있어 휴양 분위기 내며 휴식을 취하는 데 부족함이 없다.

Data 지도 261p-A 가는 법 선착장에서 선셋 사이드로 도보 1분 전화 020-9768-2555
요금 목조 50,000낍~, 콘크리트 120,000낍~

전망보다 시설이라면
돈뎃 방갈로 Dondet Banglows

선라이즈 쪽 길을 따라 안쪽으로 들어오다 보면 제법 멋을 부린 방갈로들이 눈에 띈다. 전통 건축 방식으로 만든 목조 방갈로 다른 방갈로보다 넓고 시설도 좋은 편. 멋진 뷰는 없지만 맞은편 강변에 널찍한 레스토랑이 있어 메콩강을 질리도록 바라볼 수 있다. 목조 방갈로의 경우 온수가 안 되는 곳이 많은데 돈뎃 방갈로는 온수 사용이 가능하다. 에어컨은 없다. 이틀 이상 숙박 시 자전거를 무료로 대여해준다.

Data 지도 261p-B 가는 법 선셋 사이드. 아담스 바에서 도보 10분 전화 020-2300-4959
요금 120,000낍~

친절한 토 아저씨
미스터 토스 방갈로 Mr. Tho's Bungalows

숙소와 레스토랑이 모여 있는 곳에서 조금 떨어져 있다. 여행자거리가 아닌 마을에 붙어있어 진짜 돈 뎃을 볼 수 있다. 강가에 목조 방갈로와 레스토랑이, 길 건너편에 새로 지은 콘크리트 숙소가 있다. 방갈로와는 달리 럭셔리를 지향하며 번쩍번쩍하게 지었다. 새 건물에서만 에어컨과 따듯한 샤워가 가능하다. 주인 토 아저씨가 친절하고 영어를 잘해 편리하다.

Data **지도** 261p-F **가는 법** 선라이즈 사이드. 선착장에서 도보 20분 **전화** 020-5668-7181 **요금** 방갈로 80,000낍, 콘크리트 180,000낍 **이메일** mrthobungalow@gmail.com

한량한량하기 딱 좋은
선셋 방갈로 Sunset Bungalows

2개의 선셋 방갈로가 근처에 자리하고 있다. 선착장 근처에 있는 파란 선셋 방갈로는 대나무로 지어 시설이 열악하다. 조금 더 길을 따라 들어와 다타Datta 레스토랑 옆으로 난 작은 길 끝 선셋 방갈로로 가보자. 콘크리트 건물로 시설이 괜찮은 편이다. 강을 마주하고 있으며 방갈로의 발코니와 해먹도 멋들어지게 갖추고 있다. 7개의 방갈로는 거의 만실이다. 레스토랑을 함께 운영한다. 숙소 바로 옆에 강으로 내려가는 길이 있어 편리하다.

Data **지도** 261p-A **가는 법** 선셋 사이드. 다타 바나나리프 레스토랑 옆 **전화** 020-9788-2879 **요금** 80,000낍~

이보다 저렴할 순 없다!
미스터 파오스 리버뷰 게스트하우스

Mr. Phao's Riverview Guesthouse

게스트하우스라는 이름이 무색할 정도로 낡은 방갈로 숙소다. 트립어드바이저 상위권의 인기 비결은 무엇일까? 바로 주인장이다. 러블리하다는 말이 딱 어울리는 가족이 운영하고 있다. 미스터 파오는 영어가 가능하며 개인 보트를 가지고 있어 요청 시 이용할 수 있다. 여행자거리를 꽤 벗어난 한적한 강가에 7개의 방갈로가 있다. 4개만 개별 욕실을 갖추고 있다. 바로 옆 딸이 운영하는 레스토랑도 평이 좋다.

Data **지도** 261p-F **가는 법** 선라이즈 사이드. 선착장에서 도보 20분 **전화** 020-656-9651 **요금** 더블 공용욕실 30,000낍, 더블 개인욕실 60,000낍

| 내게 한적함을 달라! 돈 콘에 머무리랏다~ |

독특한 콘셉트가 돋보이는
살라 돈 콘 호텔&리조트 Sala Don Khon Hotel&Resort

돈 콘에서 최고 고급스러운 리조트이다. 5개의 룸 타입이 있는 데 각자 개성이 뚜렷하다. 눈여겨볼 만한 곳은 프렌치 레지던스. 1896년에 지어진 프랑스 저택이 리노베이션을 통해 호텔로 다시 태어났다. 거실과 침실이 구분되어 있으며 아치형 기둥과 스테인드글라스 등 프렌치 디테일이 잘 살아있다. 우아하게 차를 마실 수 있는 테라스는 마치 저택 티타임에 초대받은 느낌이 들게 한다. 이 외에도 친환경 소재로 유럽식 빌라 형태로 지어진 반 딘, 라오스 전통 가옥 스타일 반 라오, 식민지 시절 병원을 개조해서 만든 프렌치 스튜디오, 물 위에 떠있는 플로팅 방갈로가 있다. 플로팅 방갈로는 말 그대로 강 위 데크에 지어져 있어 발코니를 통해 언제든지 수영을 즐길 수 있다. 카테고리마다 룸 스타일은 물론, 품고 있는 이야기가 달라 재미있다. 부대시설로는 레스토랑과 수영장이 있다. 레스토랑은 강가에 있어 분위기가 무척 좋다. 수영장은 다소 낡았다.

Data 지도 260p-C
가는 법 돈 콘. 프렌치 브리지를 건너 왼쪽으로 도보 10분
전화 031-260-940
요금 반 라오 40달러~, 프렌치 레지던스 55달러~
홈페이지
www.salalaoboutique.com

실속만점 알찬 숙소
생알룬 리조트 Seng Ahloune Resort

전망 좋고 시설 좋은 중급 리조트이다. 저렴이 게스트하우스들이 대부분인 돈 콘인지라 더욱 반갑다. 프렌치 브리지를 기준으로 오른쪽 바로 옆에 리조트가, 왼쪽으로 5분 정도 걸어가면 빌라가 있다. 에어컨과 온수샤워, 냉장고를 갖추고 있다. 같은 주인이 운영한다. 리조트는 방갈로 형식으로 강 뷰 발코니가 있다. 빌라 역시 강변에 있어 전망이 좋다. 평화로운 돈 콘을 누리기에 손색없는 숙소이다.

Data 지도 260p-C
가는 법 돈 콘, 프렌치 브리지를 건너 오른편에 위치
전화 020-5573-5009
요금 리버뷰 디럭스 50달러
홈페이지
www.sengahlouneresort.com

돌고래 간판을 찾으세요
파카 게스트하우스 Pakha Guesthouse

파카는 국경에 사는 민물 돌고래의 이름이다. 라오스 가족이 꾸려나가는 귀여운 게스트하우스이다. 에어컨이 있는 콘크리트 건물과 나무로 된 방갈로가 있다. 방갈로는 시설은 낡았지만 강변에 바로 붙어있어 전망이 좋다. 이 가격에 드물게 온수 샤워도 가능하다. 식당도 함께 운영한다. 돈 콘 선착장에서 가깝다. 와이파이는 가능하지만 밤에는 전원을 끄니 참고하자.

Data 지도 260p-D
가는 법 돈 콘, 프렌치 브리지를 건너 왼쪽으로 도보 15분
전화 031-260-939
요금 방갈로 80,000낍, 콘크리트 120,000낍
홈페이지 facebook.com/PaKhaGuestHouseRestaurant/

라오스
북부
Northern Laos

1. 폰싸완
2. 농키아우
3. 루앙남타

Northern Laos By Area

01

폰싸완
PHONSAVAN

폰싸완은 라오스의 속내를 들여다볼 수 있는
진솔한 도시이다. 폰싸완이 있는 씨앙쿠앙 주는
지구상에서 가장 많이 폭탄을 맞았다.
옛 수도의 영화는 연기처럼 사라졌고, 아직까지도
불발탄으로 인한 피해가 끊이지 않고 있다.
겉모습은 이러한 사실이 믿기 힘들 만큼
평화롭기만 하다. 해발 1000m 고원에 지어진
도시 주위로 푸른 논밭이 펼쳐져 있으며 여느
라오스처럼 마음이 부자인 사람들이 살고 있다.
들여다볼수록 가슴 아리는 진한 아픔을 품고서
말이다. 서정적인 풍경이 더욱 역설적으로
다가와 가슴에 새겨진다.

Phonsavan
PREVIEW

폰싸완은 씨앙쿠앙 주의 주도로 지도상으로는 루앙프라방보다 남쪽에 있어 라오스 중부에 속한다고 볼 수 있다. 원래 주도는 씨앙쿠앙(지금의 므앙 쿤)이라는 도시였지만 미국의 폭격으로 초토화된 후 1975년 지금의 폰싸완을 건설했다. '낙원의 언덕'이라는 뜻에 걸맞게 목가적인 도시다. 해발 1000m에 위치하여 늘 쌀쌀한 편이며 겨울에는 0도까지 떨어질 만큼 춥다.

ENJOY

역사가 짧은 만큼 도시 자체에 볼거리는 없지만 주위로 볼거리들이 흩어져 있다. 남쪽으로는 미스터리를 품고 있는 항아리 평원이, 남동쪽으로는 옛 수도인 므앙 쿤이, 북쪽으로는 전쟁때 사용했던 동굴과 천연 온천, 폭포, 소수민족 마을들이 있다. 대중교통으로 다녀오기 어려우므로 여행사 투어를 이용하거나 오토바이를 렌트해 다녀오는 것이 일반적이다.

EAT

다운타운 내 여행자들이 갈 만한 레스토랑들이 모여 있다. 주로 샌드위치와 현지 음식, 태국 음식들을 다루며 맛은 모두 비슷하다. 여행자들의 발길이 늘면서 점차 발전하고는 있지만 아직 갈 길이 멀다. 그만큼 현지 경험을 많이 할 수 있다는 뜻이기도 하다. 영어 메뉴판은커녕, 간판도 없다. 저녁에만 잠깐 여는 길거리 뷔페에 도전하거나, 시장 한구석에 마련된 좌판에서 쌀국수와 스프링롤 등을 맛보는 재미난 경험을 할 수 있다.

SLEEP

여행 인프라가 많이 부족하지만 여행자들이 늘면서 게스트하우스 역시 하나둘씩 늘어가는 추세다. 대부분 콘크리트로 되어있으며 쾌적한 편. 6~10만 낍이면 괜찮은 곳에서 묵을 수 있다. 특히 날씨가 쌀쌀한 폰싸완에서 온수는 필수이니 체크하자. 미리 예약하기보다는 돌아다니며 방을 구하는 것이 일반적이다. 숙소가 많지 않아 성수기에는 원하는 방을 구하는데 어려움이 있을 수도 있다. 아고다 혹은 호텔스닷컴 등을 통해 미리 예약을 받는 곳도 있으나 믿을 수 없는 경우가 많다. 예약 시 바우처를 꼭 프린트해 가자.

Phonsavan
BEST OF BEST

다시는 있어서 안 될 끔찍한 역사를 간직한 폰싸완. 라오스의 역사와 삶에 관심이 많다면 보람찬 시간을 보낼 수 있을 것이다. 핵심 볼거리, 먹거리, 즐길거리를 콕콕 집어 더욱 알차게 보내자.

볼거리 BEST 3

볼수록 신기한,
항아리 평원

가슴 아프지만 꼭 마주해야
하는 현실, MAG&UXO

전쟁에 파괴된 옛 수도,
므앙 쿤

먹을거리 BEST 3

사람만큼이나 진국인,
쌀국수

의외의 이태리 감성 발견!
수제 파스타

언제나 즐거운,
재래시장 군것질

즐길거리 BEST 3

몽족이 사는 마을,
몽 빌리지

전쟁의 은신처가 되어준,
탐 피유

머드 마사지를 즐겨보자,
야외 온천

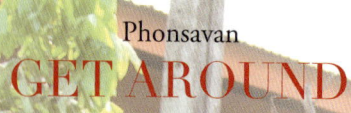

Phonsavan GET AROUND

어떻게 갈까?

1. 비행기
중심가에서 약 4km 떨어진 곳에 씨앙쿠앙 국내선 공항이 있다. 비엔티안↔씨앙쿠앙 노선을 매일 1회 운항한다. 소요시간은 30분으로 짧지만 금액은 10만 원대. 라오항공 홈페이지를 통해 스케줄 확인과 예약이 가능하다. 공항에서 다운타운까지는 툭툭을 이용해야 하며 약 15분 정도 소요된다. 금액은 2~3만 낍 정도.

2. 미니밴, 버스
비엔티안, 방비엥, 루앙프라방에서 폰싸완행 미니밴을 탔을 경우 두앙짜이 미니버스터미널에서 내려준다. 두앙짜이 미니버스터미널은 푸감 농수산 시장 내 위치해 있으며 여행자거리와 가까워 편리하다. 시장 밖으로 나가면 바로 콩 깨오 게스트하우스가 있으며 작은 골목을 따라 나가면 숙소와 식당이 모여 있는 7번 도로와 만난다. 그 외 타지역에서 로컬 버스를 타고 다른 터미널에 내렸다면 중심가까지 툭툭을 이용해야 한다. 약 2만 낍 정도 든다.

어떻게 다닐까?

7번 도로 위 씨앙쿠앙 호텔부터 생타완 게스트하우스 사이에 여행자거리가 형성되어 있다. 주변에 숙소와 여행사, 식당, ATM과 은행 등이 있다. 환전은 여행사보다 씨앙쿠앙 호텔 건너편에 모여 있는 환전소들 환율이 더 좋다. 시내를 오가는 툭툭이 있으며 흥정은 필수. 웬만한 곳은 1~2만 낍으로 가능하다. 개별적으로 항아리 평원, 므앙 쿤 등 주변 여행지를 둘러보고 싶다면 오토바이를 렌트해야 한다. 하루 8만 낍 정도 든다. 길이 잘 포장되어 있으며 가는 내내 평화로운 시골 풍경이 눈을 즐겁게 해준다. 오토바이 상태를 꼼꼼히 점검하는 것은 필수.

|다른 도시로 이동하기|

폰싸완에는 3개의 버스정류장이 있다. 비엔티안, 방비엥, 루앙프라방행 미니밴을 탈 수 있는 두앙짜이 미니버스터미널, 베트남행 국제버스를 탈 수 있는 메인 터미널 씨앙쿠앙 터미널, 씨앙쿠앙-빡산-비엔티안 노선을 운영하는 분미싸이 남부터미널이 있다. 씨앙쿠앙 터미널은 시내에서 서쪽으로 4km, 분미싸이 남부터미널은 남쪽으로 4km 떨어져 있다. 베트남 빈까지 가는 버스는 화·목·금·일 오전 6시 30분 씨앙쿠앙 메인 버스터미널에서 출발한다. 게스트하우스와 여행사를 통해 예약하면 픽업을 해준다. 미니밴을 타는 것이 가장 편리하여 많이 이용한다.

두앙짜이 미니버스터미널 시간표

목적지	종류	출발시간	가격(낍)	소요시간
비엔티안	미니밴	07:30	130,000	10시간
	로컬버스	06:30, 08:30, 17:30	110,000	
	슬리핑	19:30	130,000	
방비엥	미니밴	08:30	100,000	7시간
루앙프라방	미니밴	08:30	110,000	9시간

※화폐 단위는 라오스 낍
※소요시간과 스케줄은 현지 사정에 의해 달라질 수 있습니다.

NORTHERN LAOS BY AREA 01
폰싸완

Phonsavan
ONE FINE DAY

도시 외곽으로 볼거리가 넓게 펼쳐져 있어 무엇을 보고 싶은지와 동선을 잘 고려해 일정을 짜야 한다. 폰싸완 핵심 포인트들을 효과적으로 볼 수 있는 알찬 1박 2일을 소개한다. 옛 수도 므앙 쿤을 둘러보고 싶다면 하루 더 머물며 오토바이를 빌려 다녀오는 것을 추천한다.

1일차

15:00
두앙싸이 미니버스터미널 도착

17:00
MAG&UXO 생존자 센터에서 다큐멘터리 보기

19:00
밤부즐에서 여유로운 저녁 식사

2일차

10:00
항아리 평원 1구역 둘러보기

12:00
든든한 쌀국수 한 그릇 먹기

13:00
몽족 마을 아이들과 놀아주기

20:00
치즈가 듬뿍 든 파스타 호로록~

17:00
노천온천에서 여독 풀기

15:00
헤드렌턴 차고 탐 피유 탐험

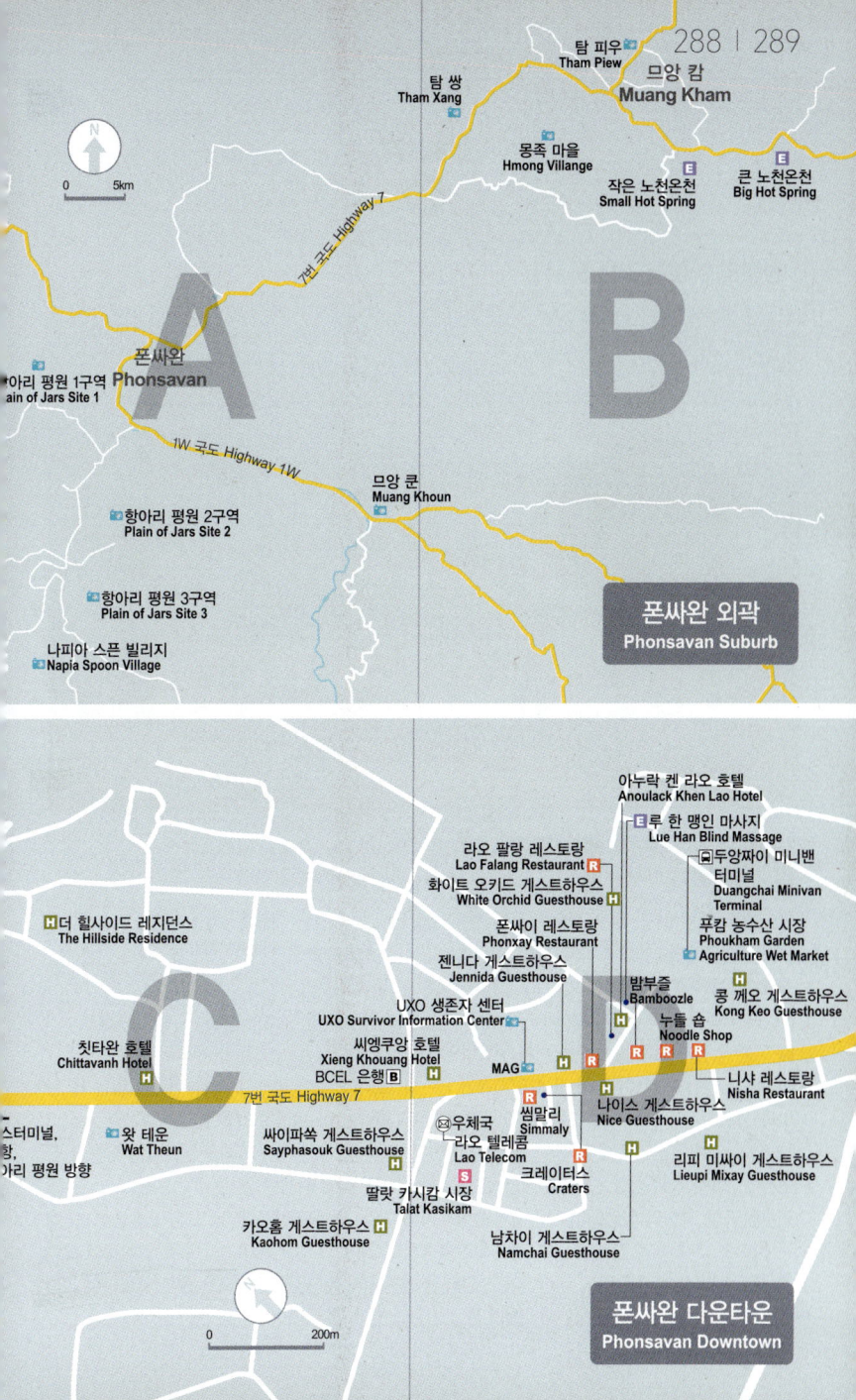

| 전쟁의 아픔이 깃든 도시 |

미스터리한 상상력을 자극하는
항아리 평원 Plain of Jars

야트막한 푸른 언덕 위 돌 항아리들이 흩뿌려져 있다. 부서져 구멍만 남은 것부터 성인 남자 키를 훨씬 넘는 커다란 항아리까지 가지각색이다. 크기나 모양이 다양하며 뚜껑이 있는 것도 있다. 파란 하늘과 어우러져 평화롭기만 한 이곳은 미스터리와 가슴 아픈 역사가 숨어있다. 현재까지 씨엥쿠앙 지역에서 60군데 이상에서 발견되었으며 그 수가 4,000개가 넘는다. 도대체 누가, 어떤 이유로 이토록 많은 돌 항아리들을 여기에 가져다 놓았을까? 어떻게 13톤에 육박한 이 무거운 것을 옮겼을까? 약 2,500년 전에 생성된 것으로 추정되며, 먼 옛날 거인이 위스키를 보관하기 위해 만들었다는 설화가 전해진다. 여러 가지 가설 중 가장 힘을 싣는 것은 장례 의식에 사용되었다는 것. 프랑스와 호주의 연구팀이 돌 항아리 아래에서 유골을 발견했기 때문이다. 돌 속에 시신을 넣고 장례를 치른 후 뼈만 남으면 다시 추려 땅에 묻었을 것이라고 추정하고 있다. 또한 신분이 높을수록 항아리의 크기가 크고 정교하게 만들었다. 안타깝게도 밝혀진 것은 많지 않다. 현재 라오스 정부가 항아리 평원의 세계문화유산화를 추진하면서 유네스코 조사단과 함께 본격적인 연구를 진행 중이다.

Data 지도 289p-A
가는 법 다운타운에서 1구역까지 약 10km. 차로 15분 소요
운영시간 08:00~16:00
요금 입장료 1구역 15,000낍, 2구역 10,000낍

하지만 돌 항아리의 비밀을 푸는데 가장 큰 방해요소는 불발탄이다. 씨엥쿠앙 주는 인도차이나 전쟁 당시 가장 많은 폭탄이 투여된 곳으로 지금까지도 불발탄 사고가 끊이지 않고 있다. 불발탄 제거 작업이 진행된 12곳의 항아리 평원이 대중에게 오픈되어 있다. 일반적으로 가장 많이 가는 곳은 1~3구역이다. 1구역은 폰싸완 시내로부터 약 10km, 2구역은 24km, 3구역은 30km 떨어져 있다. 가장 가까운 1구역만 돌아도 충분하다. 공개된 항아리 평원 중 가장 넓으며 약 2시간 정도가 소요된다. 입구에 있는 여행자 센터에는 항아리 연구와 비밀 전쟁에 대한 기록과 물품들을 소장하고 있다. 평원을 걷다보면 움푹 파인 구덩이들을 볼 수 있는데 바로 폭탄이 터진 곳이다. 1구역에만 20개가 넘는 구덩이가 있다. 아직 불발탄이 남아있을 수도 있으므로 반드시 안전 경계선을 지켜야 한다. 폭격 속에서도 항아리들이 본연의 모습을 잘 간직하고 있어 더욱 신비스럽다. 푸른 들판에 돌 항아리들이 흩어져 있는 모습도 장관이지만 그 속을 걸어가는 길도 아름답다. 고즈넉한 평원에 박혀있는 폭격의 흔적이 오묘한 기분을 자아낸다.

전쟁의 아픔이 고스란히 묻어있는
므앙 쿤 Muang Khoun

고대 씨앙쿠앙(푸안) 왕국의 수도가 있었던 곳으로, '올드 씨앙쿠앙'이라고도 불린다. 16세기 전성기 때는 루앙프라방에 견주어도 손색이 없을 만큼 훌륭한 도시였다. 보석으로 치장된 사원과

Data 지도 289p-A
가는 법 다운타운에서 남쪽으로 32km
요금 왓 피아왓 입장료 10,000낍

탑이 늘어서 있었고, 비엔티안, 루앙프라방 양식과 함께 라오스 3대 건축 양식으로 분류될 만큼 역사적 가치가 높았다. 하지만 베트남 전쟁 시 미국의 공습으로 인해 전부 파괴되고 폐허가 되었다. 약 30km 떨어진 폰싸완에 신도시가 건설되면서 옛 씨앙쿠앙의 영광도 빛을 잃었다. 마을 이름도 므앙 쿤으로 바뀌었다. 왓 피아왓Wat phiavat은 유일하게 전쟁의 피해를 입지 않은 사원이다. 원래는 금빛으로 반짝였다고 하지만 현재는 무너져가는 돌더미 속 슬픈 표정을 한 커다란 부처만이 쓸쓸하게 맞아줄 뿐이다. 얼굴과 팔 여기저기서 폭격의 흔적을 느낄 수 있다. 버스 정류장 뒤편 언덕에는 30m 높이의 탑 탓 푼That phun이 있다. 16세기 부처님의 사리를 모시기 위해 지어진 매우 신성한 탑이다. 뒤쪽으로 비슷한 시기에 지어진 탓 쫌펫That chomphet이 있다. 프랑스 식민 시절이 지어진 병원은 외벽만이 덩그러니 남아있다. 길이 잘 되어있어 오토바이를 렌트해서 방문하기 좋다. 폰싸완에서 약 40분 정도 소요된다. 푸른 논밭이 펼쳐져 있는 아름다운 여정을 선물한다.

|Theme|
아는 만큼 보인다! 미국의 비밀 전쟁

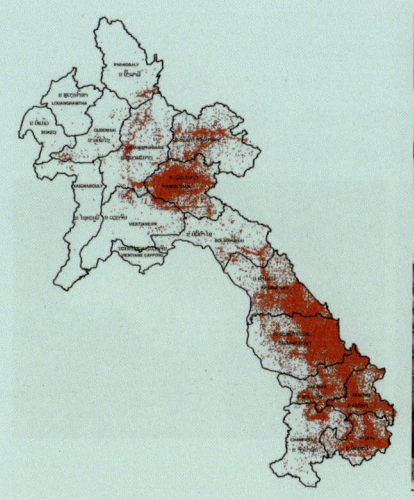

미국과 베트남 사이 이데올로기 싸움으로 알려진 제2차 인도차이나 전쟁. 베트남 전쟁이라고도 불리는 이 전쟁에서 가장 큰 피해를 입은 곳은 다름 아닌 라오스였다. 남부와 북부 베트남을 잇는 호찌민 트레일이 라오스를 통과하여, 미국은 물자공급 차단을 위해 어마어마한 양의 폭탄을 라오스 땅에 투하했다. 2차 세계대전 당시 독일과 일본에 투하된 양보다 더 많은 양의 폭탄이 라오스를 뒤덮었다. 1964년부터 1973년 9년 동안 58만 번이 넘게 폭탄을 투하하였으며 총 양은 2백만 톤에 이른다. 계산해 보면 8분마다 비행기 한 대분의 폭격이 가해졌다는 이야기. 이 엄청난 수가 단지 기록된 것만 카운팅되었다는 점은 충격이 아닐 수 없다. 씨앙쿠앙은 세계 인구대비 폭탄을 가장 많이 맞는 지역이며 이 시기 주민의 약 80%, 전체 인구의 10%가 사망한 것으로 보고 있다.

폭탄 중 30%는 불발탄으로 남아있으며 지금까지도 사고가 끊이지 않고 있다. 전 세계에서 발생하는 불발탄 사고의 50%가 라오스라고 하니 위험성이 얼마나 높은지 알 수 있다. 당시 라오스는 전쟁 당사국이 아닌 중립국이었다. 말 그대로 고래 싸움에 새우등 터진 격이다. 미국은 폭격에 대해 전면 부인하고 있으며 아직까지 아무런 책임을 지고 있지 않다. 2016년 9월 미국 대통령 중 최초로 라오스를 방문한 오바마 대통령이 유감을 표명했다. 3년간 9,000만 달러(약 980억 원)을 지원할 것으로 약속해 불발탄 제거에 큰 도움이 될 것으로 보인다.

대학살의 참혹함이 깃든
탐 피우 Tham Piew

비밀전쟁 당시 주민들이 폭탄을 피해 숨어있던 동굴이다. 1969년 미국의 로켓포 한 방으로 내부에 있던 400명가량의 사람들이 몰살당했다. 대부분은 전쟁 나간 남자들을 기다리던 여자와 아이들이었다. 아직도 거두지 못한 시신들이 돌무더기에 깔려있다. 입구에는 이들을 기리는 동상과 당시 상황을 알 수 있는 작은 박물관이 있다. 동굴은 가파르고 깊으며 끝까지 다녀오는데 1시간 넘게 걸린다. 헤드랜턴은 필수. 길을 잃을 수 있으니 가이드가 없다면 너무 깊게 들어가지 않는 것이 좋다. 근처에 전사들이 사용하던 동굴 탐 쌩Tham xang도 있다.

Data 지도 289p-B
가는 법 다운타운에서 북쪽으로 6km 툭툭 렌트 시 50,000낍 정도
요금 입장료 10,000낍

마주해야 하는 현실
MAG Mines Advisory Group

MAG는 불발탄 제거를 위해 활발한 활동을 펼치고 있는 글로벌 NGO이다. 1994년부터 씨앙쿠앙 주변의 폭탄제거작업을 진행해오고 있다. 다운타운에 있는 MAG 센터에는 미국이 라오스를 어떻게 초토화시켰는지, 현재 제거작업이 어떻게 되고 있는지에 대한 자료들이 전시되어 있다. 오후 4시 30분, 5시 50분, 6시 30분 하루 3번 다큐멘터리를 방영해준다. 영상으로 보면 폭탄의 위력과 라오스 사람들의 아픔이 더욱 생생하게 다가온다. 3번 모두 다른 이야기를 상영하니, 연달아 관람해도 상관없다.

Data 지도 289p-D
가는 법 7번 국도. 다운타운 중심가에 위치
전화 061-211-010
운영시간 10:00~20:00
요금 입장료 무료
홈페이지
www.maginternational.org

끝나지 않은 비극
UXO 생존자 센터 UXO Survivor Information Center

UXO는 Exploded ordnance의 약자로 불발탄을 뜻한다. 폭격 당시 미국은 클러스터cluster 폭탄을 사용했다. 클러스터 폭탄은 1.5m의 어뢰 속에 수백 개의 테니스 공 크기의 작은 폭탄을 넣어 투하시키는 무기로 넓은 지역을 초토화시킬 수 있다. 수억 개의 작은 폭탄들이 라오스 전역에 떨어졌고 아직까지 3,000만 개의 폭탄이 불발탄으로 남아있다. 많은 사람들이 목숨을 잃고 장애를 얻었다. UXO 생존자 센터는 불발탄으로 인해 장애를 얻은 사람들의 재활을 돕는 곳. 생기 있게 꾸며진 공간이 오히려 더 가슴 아프게 다가온다. 그들이 직접 만든 가방과 액세서리 등을 판매하고 있다.

Data 지도 289p-D
가는 법 7번 국도, 다운타운 중심가에 위치
전화 061-211-124
운영시간 08:00~20:00, 주말 10:00~22:00
요금 입장료 무료
홈페이지 facebook.com/QLACenter

 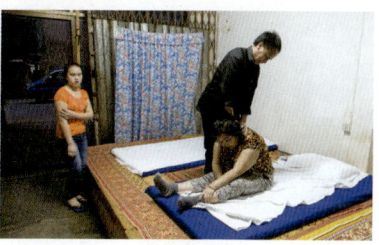

세심한 손길이 느껴지는
루 한 맹인 마사지 Lue Han Blind Massage

루 한은 2005년 쌀농사를 짓다가 불발탄이 터지면서 두 눈을 잃었다. 비엔티안에서 마사지 교육을 수료 후 UXO 생존자 센터를 운영하고 있는 QLAQuality of Life Association의 도움을 받아 현재 마사지 숍을 운영하고 있다. 2~3명의 직원이 있는데 모두 불발탄 사고로 빛을 잃은 맹인 마사지사이다. 오일을 사용하지 않고 손으로 꾹꾹 눌러주는데 한국 사람들이 좋아하는 스타일이다. 현지인들도 많이 찾는다. 1시간에 5만 낍으로 가격도 무척 저렴하다.

Data 지도 289p-D
가는 법 폰싸이 레스토랑 옆 골목으로 100m
전화 020-2248-8513
운영시간 07:00~21:00
요금 1시간 50,000낍

희망이 깃든
몽족 마을 Hmong Village

몽족은 라오스의 소수민족 중 하나로 해발 1000m 이상 고산지대에 자리 잡고 사는 것이 특징이다. 비밀 전쟁 중 미국의 편에서 싸웠다는 이유로 아직까지 정부로부터 핍박과 박해를 받고 있는 안타까운 민족이다. 중국의 먀오족과 같은 민족으로 알려지며 고유의 언어와 문화가 잘 계승되고 있다. 씨앙쿠앙 주에 터를 잡고 살아가는 몽족 마을에서는 폭탄 잔해를 이용해 만든 집들을 볼 수 있다. 위화감 없이 폭탄 기둥 사이를 뛰어다니는 아이들과 옥수수 껍질을 이용해 종이를 만드는 여인들 등 역설적이어서 슬픈, 그럼에도 평화로운 시골 마을을 만나볼 수 있다.

Data 지도 289p-B
가는 법 다운타운에서 북쪽으로 30km
요금 입장료 무료

머드팩을 즐겨보자
노천온천 Hot Spring

라오스에 무슨 온천이냐며 의구심이 든다면 방문해보자. 뜨거운 물이 솟아나는 노천온천으로 쌀쌀한 폰싸완에서 이보다 반가울 수 없다. 김이 모락모락 나는 유황 물에 몸을 담그면 온몸의 피로가 사라지는 듯하다. 강가에 위치하고 있는데 경계를 넘으면 차가운 강물이다. 늦은 오후 현지 사람들도 삼삼오오 모여들어 몸을 씻는다. 2개의 온천이 있는데 보냐이Bo nyai 온천이 더 크고 머물기 좋다.

Data 지도 289p-B 가는 법 다운타운에서 북동쪽으로 67km
요금 입장료 10,000낍

> **Tip 투어 예약하기**
> 여행자거리에 있는 여행사들을 통해 예약할 수 있다. 항아리 평원과 므앙 쿤, 소수민족 마을을 둘러보는 투어가 있다. 투어마다 비중을 두는 것이 다르니 일정을 꼼꼼히 살펴보고 결정해야 한다. 가장 인기 있는 투어는 콩 깨오 게스트하우스 투어. 명확한 설명과 시원시원한 진행으로 유쾌한 시간을 보낼 수 있다. 요청에 따라 일정 조절도 가능하다. 비용은 사람 수에 따라 달라지며 6인 기준 6만 낍 정도.

| 다운타운 맛집 탐방 |

반갑구만, 반가워요
라오 팔랑 레스토랑 Lao Falang Restaurant

다운타운 내 가장 레스토랑답다. 폰싸완과 사랑에 빠진 제노바 출신의 이탈리아인이 오픈했으며, 이탈리아에서 자란 스페인 셰프가 요리한다. 전통 이탈리안 방식을 고수하면서도 신선한 라오스 식재료를 사용한다. 인기메뉴는 홈메이드 파스타. 일반 파스타와 프레쉬 파스타가 있는데 프레쉬 파스타는 전통방식 그대로 계란과 밀가루만을 이용해 면부터 직접 만든다. 면은 페투치니, 탈리에리니, 뇨끼 등 다양한 선택이 가능하다. 바비큐 그릴을 갖추고 있어 다양한 그릴 요리가 가능하다. 동남아에서 먹기 힘든 맛있는 스테이크를 맛볼 수 있다. 그 외 피자, 버거, 디저트까지 높은 별점을 받고 있다. 시원한 맥주와 훌륭한 와인 리스트도 갖추고 있다.

Data 지도 289p-D 가는 법 아누락 켄 라오 호텔 골목으로 도보 1분.
전화 020-2921-3573 운영시간 07:00~16:00, 17:00~22:30
가격 파스타 50,000낍~, 피자 50,000낍~

편안한 분위기에 취하는
밤부즐 Bamboozle

대나무로 장식된 깔끔한 외관이 '여행자 식당' 포스를 풍긴다. 밤에 특히 분위기가 좋아 맥주를 즐기는 사람들로 붐빈다. 버거와 피자부터 톰얌과 팟타이까지 동서양을 넘나드는 메뉴를 갖추고 있다. 영문 메뉴판도 준비되어 있다. 현지식당과 비교했을 때 가격은 높은 편이지만 음식과 서비스 모두 호평을 받고 있다. 토핑 가득한 피자는 언제나 옳은 선택이다. 치즈 마니아라면 라오스산 유기농 고트 치즈가 들어간 샐러드와 샌드위치를 먹어보자. 맛있는 태국식를 만날 수 있는 곳이기도 하다. 다만 사람이 몰리는 저녁시간에는 서빙이 몹시 느리다. 저녁 늦게까지 오픈하는 몇 안 되는 레스토랑 중 하나다. 성수기에는 라이브 음악도 들을 수 있다.

Data 지도 289p-D 가는 법 7번 국도. 다운타운 중심가에 위치
전화 030-952-3913 운영시간 17:00~22:30
가격 샌드위치 32,000낍~, 팟타이 25,000낍

겉만 보고 판단하지 말라
니샤 레스토랑 Nisha Restaurant

허름한 외관에도 불구하고 손님으로 북적이는 식당을 본다면 아마 니샤 레스토랑일 것. 하루쯤은 인도 음식으로 반가운 자극을 주는 것이 어떨까. 다양한 커리 셀렉션이 돋보인다. 약 30가지의 채식주의자용 메뉴도 가지고 있다. 부드러운 맛을 원한다면 버터 치킨, 매콤한 맛에는 마살라 커리가 제격이다. 강렬하게 매운 맛을 먹고 싶다면 빈달루를 먹어보자. 화덕에서 금방 구운 바삭+촉촉한 난과 함께 먹으면 더 맛있다. 루앙프라방의 니샤 레스토랑과 주인이 같다.

Data **지도** 289p-D **가는 법** 7번 국도. 밤부즐에서 오른쪽으로 도보 3분 **전화** 020-9959-9674
운영시간 07:00~22:00 **가격** 커리 20,000낍~

불발탄이 멋진
크레이터스 Craters

커다란 불발탄이 놓여있는 살벌한 입구로 시선을 끈다. 메뉴가 책 한 권만큼 두툼하다. 샌드위치, 피자, 스테이크부터 아시안 음식까지 웬만한 요리는 다 찾을 수 있다. 가격은 저렴한 편이고 음식은 무난하다. 인스턴트의 느낌이 강하다. 폰싸완 특유의 분위기가 느껴져 맥주 혹은 생과일 셰이크를 마시며 시간을 보내기 괜찮다.

Data **지도** 289p-D **가는 법** 7번 국도. 다운타운 중심가에 위치 **전화** 020-5647-4022
운영시간 06:30~22:00
가격 클럽 샌드위치 32,000낍, 쌀국수 18,000낍

쌀국수와 딤섬의 조화
누들 숍 Noodle Shop

옆 가게 밤부즐과 대비되는 순도 90%의 로컬 식당이다. 손님은 현지인들이 대부분이며, 영어가 통하지 않는다. 메뉴는 쌀국수와 쌀죽 2개. 쌀국수의 국물이 놀랄 만큼 진하다. 고기 베이스의 국물을 좋아하지 않는다면 과하게 느껴질 수도. 오후 7시쯤 가게 앞에 딤섬 트레이가 세워진다. 슈마이와 하까오 등이 맛스럽게 놓여 있다. 냉동 딤섬으로 맛이 뛰어난 것은 아니지만 뜻밖의 별미로 입을 즐겁게 해준다.

Data **지도** 289p-D **가는 법** 7번 국도. 밤부즐에서 오른쪽으로 도보 1분
전화 061-312-329 **운영시간** 18:00~22:00
가격 쌀국수 15,000낍, 딤섬 5,000낍~

왠지 모르게 친근한
폰싸이 레스토랑 Phonxay Restaurant

라오스 가족이 운영하며 저렴하게 현지식을 즐길 수 있는 곳이다. 쌀국수와 볶음밥, 랍 등을 판매한다. 메뉴에 프라이드fried 즉, 튀김 요리라고 나와 있는 것들은 볶음stir-fried 요리가 대부분이니 참고하자. 매운 맛을 좋아한다면 스파이시 프라이드 치킨 혹은 비프를 추천한다. 스윗 앤 사워sweet&sour 요리 역시 새콤달콤한 탕수육 맛이 나는 소스를 사용해 한국인의 입맛에 잘 맞는다. 생과일 셰이크를 마시며 테라스에 앉아 휴식 취하기 좋은 곳이다. 주인은 영어는 잘 못하지만 싹싹하다.

Data 지도 289p-D
가는 법 7번 국도.
다운타운 중심가에 위치
전화 020-5506-8414
운영시간 06:30~21:00
요금 20,000~40,000낍

추억의 간식거리를 찾아
푸캄 농수산 시장 Phoukham Garden Agriculture Wet Market

언제나 신나는 시장 구경이지만 군것질은 그 즐거움을 배로 만들어준다. 대부분의 여행자들이 이용하는 미니버스 터미널이 시장 내 위치하고 있다. 시장은 식재료와 생필품을 판매한다. 몽족의 전통의상을 파는 곳도 여럿 볼 수 있다. 내부로 들어가면 규모가 있는 푸드 코트가 있다. 국수류와 바비큐는 물론, 찐 옥수수와 꽈배기, 도넛 등 친숙한 주전부리도 제법 눈에 띈다. 영어는 통하지 않지만 손짓 발짓하며 고르는 재미가 있다. 장거리 버스 여행에서 대나무 통에 담긴 찹쌀밥 카오 람과 찐 옥수수는 여행길을 든든하게 책임져줄 친구가 되어줄 것이다. 아침 일찍 활기를 띄고 오후에는 여유롭다.

Data 지도 289p-D
가는 법 아누락 켄 라오 호텔
골목으로 도보 7분
운영시간 06:00~17:00

| 쌀쌀한 폰싸완, 잠은 따듯하게! |

편안하게 쉴 수 있는 중급호텔
아누락 켄 라오 호텔 Anoulack Khen Lao Hotel

방이 80개나 있는 라오스 기준 준호텔 급 숙소다. 2개의 건물로 이루어져있으며 2013년에 지어진 신관이 더 쾌적하다. 2인실과 4인실, 스위트룸으로 나뉜다. 방과 욕실이 넓고 시설은 깨끗하다. 일반 숙소에서 보기 힘든 엘리베이터와 냉장고를 갖추고 있다. 뜨거운 물이 잘 나오며 욕조를 갖춘 방도 있다. 가격이 높은 편이라 비즈니스 혹은 중년 여행자들에게 인기가 높다. 조식이 포함되어 있지만 기대하지 않는 편이 좋다. 매니저를 제외하고는 영어를 잘 못하지만 대체적으로 친절하다. 중심가에 위치해 접근성이 좋다. 와이파이는 로비 쪽에서만 잘 터진다.

Data 지도 289p-D 가는 법 7번 국도. 다운타운 중심가에 위치
전화 061-213-599 요금 2인실 250,000낍~
홈페이지 www.anoulackkhenlao.com

여행자를 사로잡는 디테일
젠니다 게스트하우스 Jennida Guesthouse

도로 쪽으로 나 있는 미니마트 안쪽으로 들어오면 아기자기 귀여운 게스트하우스가 나타난다. 3층짜리 건물에 총 21개의 방이 있으며 모두 2인실 트윈 혹은 더블룸이다. 에어컨 룸은 없지만 날씨가 쌀쌀한 지역이기 때문에 크게 불편하지는 않다. 콘크리트 건물에 타일 바닥으로 쾌적하며, 큰 창문이 있어 채광도 좋다. 1층보다는 2, 3층이 더 환하다. 히터가 있어 온수 샤워도 가능하다. 라오스 가족이 운영하며 옷걸이, 욕실 슬리퍼 같이 소소한 것을 구비한 센스가 돋보인다.

Data 지도 289p-D
가는 법 7번 국도.
MAG 우측 미니마트 안쪽
전화 030-941-9990
요금 80,000낍
이메일 jennidaguesthouse
@hotmail.com

친구 집에 온 것 같은 따뜻함
더 힐사이드 레지던스 The Hillside Residence

콜로니얼 양식으로 지어진 러블리한 맨션이다. 중심가에서 1km 떨어진 마을 내에 위치하고 있다. 7번 도로에서 간판을 따라 마을로 들어선 후 비포장도로를 따라 안쪽까지 들어와야 한다. 찾기 다소 어렵지만 여행자거리가 아니라 마을에 있다 보니 현지인들의 삶에 더 가까이 다가갈 수 있어 더 매력적이다. 2층 테라스에 앉아 오가는 사람들을 구경하는 것만으로도 즐겁다. 개별욕실을 갖춘 12개의 방이 있다. 조식이 포함되어 있는데 자신이 원하는 시간에 먹을 수 있다. 영어를 잘하는 친절왕 라오스 부부가 운영한다. 공항과 버스터미널까지 무료 픽드롭 서비스를 운영한다.

Data 지도 289p-C
가는 법 7번 국도, 중심가에서 도보 20분
전화 061-213-300
요금 30달러
이메일 thehillsideresidence@gmail.com

폰싸완 숙소 인기투표 1위
콩 깨오 게스트하우스 Kong Keo Guesthouse

착한 가격에 시설도 괜찮은 숙소다. 목조 방갈로와 콘크리트 건물로 이루어져 있다. 모두 개인 욕실이 있고 온수 샤워가 가능하다. 싱글 침대가 4개 놓인 도미토리도 있다. 공용 마당에 폭탄 외피로 만든 캠프파이어가 있다. 저녁이면 여행자들이 둘러앉아 이야기꽃을 피운다. 이곳을 인기 1위의 게스트하우스로 만든 데는 주인이 직접 운영하는 투어의 공이 크다. 시간에 쫓기듯 다니는 다른 투어와 달리 알찬 체험으로 가득 차 있다. 주인 미스터 깨오의 유쾌한 입담이 곁들여져 폰싸완과 라오스에 대해 많은 것을 느낄 수 있는 시간이 될 것이다.

Data 지도 289p-D
가는 법 아누락 켄 라오 호텔 옆 골목으로 도보 5분
전화 061-211-354
요금 도미토리 30,000낍, 방갈로 60,000낍
이메일 kongkeojar@hotmail.com

여행자들의 오랜 친구
나이스 게스트하우스 Nice Guesthouse

폰싸완 내 게스트하우스의 터줏대감으로 꾸준히 여행자들의 사랑을 받아온 곳이다. 영어를 잘 하는 주인에게 여러 가지 여행 팁을 얻기 좋다. 총 15개의 방은 모두 2인실이며 더블 혹은 트윈이다. 방 크기에 따라 가격이 나뉘며 가장 작은 더블 룸은 6만 낍 정도다. 중간은 8만, 가장 큰 방은 10만 낍이다. 가장 큰 룸은 냉장고를 갖추고 있다. 수건과 생수가 제공되며 온수 샤워가 가능하다. 크게 창문이 있지만 바로 앞으로 건물이 들어서 있어 채광은 좋지 않다.

Data 지도 289p-D
가는 법 7번 국도, 다운타운 중심가에 위치
전화 061-312-454
요금 60,000~100,000낍
이메일 nice_guesthouse@hotmail.com

세련된 시설이 돋보이는
남차이 게스트하우스 Namchai Guesthouse

40개의 객실을 갖춘 제법 규모가 있는 게스트하우스이다. 중심가에 있지만 메인 도로에서 벗어나 있어 접근성과 조용함 모두 잡았다. 3층짜리 서양식으로 지어진 2개의 건물로 이루어져 있으며 2011년도에 지어져 깨끗하다. 쾌적한 시설로 여행자들 사이에서 입소문이 난 곳이다. 방에는 침대와 테이블, 텔레비전, 옷장이 마련되어 있어 지내기 편리하다. 온수 샤워도 가능하다. 커피와 차가 무료로 제공된다.

Data 지도 289p-D
가는 법 니샤 레스토랑 건너편 골목으로 도보 3분
전화 061-312-095
요금 80,000낍
이메일 ssonluni@gmail.com

상큼한 노란 집
리피 미싸이 게스트하우스 Lieupi Mixay Guesthouse

2012년에 지어진 반짝반짝 신식 게스트하우스다. 남차이 게스트하우스 가까이 위치하고 있으며 남차이와 마찬가지로 메인 도로와 떨어져 있어 조용하다. 밝은 색으로 칠해진 내부, 햇볕이 잘 드는 커다란 창문, 깨끗한 침구와 바닥, 따듯한 샤워 등 기분 좋게 머물다 갈 수 있는 요소들로 가득한 곳이다. 단, 운영하는 라오스 가족이 영어를 거의 하지 못한다. 미리 예약하지 말고 워크인을 하도록 하자.

Data 지도 289p-D
가는 법 남차이 게스트하우스에서 도보 1분
전화 030-990-2789
요금 싱글 80,000낍, 더블 100,000낍

앤티크한 매력이 있는
화이트 오키드 게스트하우스 White Orchid Guesthouse

낡았지만 멋들어지게 나이가 든 건물이다. 민트색 벽에 하얀 난초가 그려져 있어 쉽게 찾을 수 있다. 1987년에 지어진 건물로 2006년에 리노베이션을 통해 게스트하우스로 다시 태어났다. 청결하게 관리되고 있으며 서비스 마인드가 있는 주인과 직원들을 만날 수 있다. 다만 방마다 컨디션이 다르니 미리 살펴보고 정하도록 하자. 크기에 따라 가격이 달라진다. 가장 저렴한 이코노미 방은 8만 낍으로 시설 대비 저렴한 편은 아니다. 여행자 거리 중심가에 있어 접근성이 좋다.

Data 지도 289p-D
가는 법 아누락 켄 라오 호텔 골목 코너에 위치
전화 061-312-403
요금 이코노미 80,000낍, 더블 100,000낍
이메일 knovahang@yahoo.com

02
Northern Laos By Area

농키아우
NONG KHIAW

농키아우에 도착하는 순간, 고민에 빠질 것이다.
기대 이상으로 수려한 풍광이 눈과 마음을
휘어잡고 발길을 놓아주지 않기 때문.
강변에 있는 작은 방갈로를 아지트 삼아 해먹에
누워 뒹굴다 보면 마음이 풍족해진다.
기지개를 쭉 펴고 자전거를 빌려 모험을 떠나보는
것은 어떨까. 한 발씩 페달을 내디딜 때마다
상쾌한 강바람이 몸속 깊숙이 들어온다.
나만 알고 싶은 여행지로 등극 완료!

NORTHERN LAOS BY AREA 02
농키아우

Nong Khiaw
PREVIEW

농키아우는 북쪽의 방비엥이라 불린다. 방비엥보다 좋으면 좋았지 부족하지 않은 전경을 가졌다. 병풍처럼 둘러진 석회절벽 사이로 흐르는 남우 강은 청아함을 자랑한다. 산과 강 덕분에 다른 지역에 비해 시원한 편이라 여행하기 좋다. 강을 사이에 두고 반 농키아우와 반 쏩훈 2개의 마을로 이루어져 있다. 마을을 잇는 다리를 중심으로 여행자거리가 형성되어 있다. 은행과 환전소, 슈퍼, 우체국 등 편의시설을 갖추고 있다.

ENJOY

강가에서 물놀이를 즐기고 해먹에서 책을 읽으며 한량 놀이를 하는 것이 농키아우의 진정한 미덕이다. 멍 때리다가 지겨우면 자전거를 타고 떠나거나 배를 타고 오지마을 탐험에 나선다. 여유가 좋아 농키아우를 찾는 여행자들이 늘어나면서, 아이러니하게도 해야 할 액티비티들도 늘어났다. 빼어난 풍경을 즐길 수 있는 남우 강 보트 트립, 카약, 오지마을 트레킹이 대표적이다. 투어 예약 시 안전과 관련된 부문이므로 무조건 싼 곳이 아닌 전문적인 여행사를 선택할 것을 권한다. 나이트라이프가 발달되지 않아 밤 10시만 되어도 조용해진다.

EAT

레스토랑의 수가 많은 것은 아니지만 단골 삼고 싶은 가게들을 발견할 수 있는 동네다. 주민들이 하는 가족형 식당이 대부분이며 순박한 서비스와 분위기를 느낄 수 있다. 매일 아침 시장이 열리고 강을 끼고 있어 식재료가 풍부하다. 신선한 재료로 만든 현지식을 맛볼 수 있다. 주문과 동시에 만들어 시간이 오래 걸린다. 보통 8시면 마감을 하고 밤늦게까지 하는 곳은 별로 없다. 아침 일찍 시장에서 맛보는 좌판 국수와 찹쌀도넛도 별미.

SLEEP

반 농키아우와 반 쏩훈 마을 어디서든 게스트하우스와 방갈로를 쉽게 찾아볼 수 있다. 반 쏩훈 마을 안쪽 싸바이 레스토랑 옆길로 여행자들에게 인기가 많은 숙소들이 몰려있다. 방갈로 형태의 숙소들이 많았지만 여행자들이 늘면서 콘크리트 건물들도 늘었다. 해먹의 로망이 있다면 강변에 위치한 목조 방갈로를, 쾌적함 중요하다면 모던한 건물을 선택하면 된다. 워크인이 일반적이며 비수기에는 흥정도 가능하다.

Nong Khiaw
BEST OF BEST

이런들 어떠하며, 저런들 어떠하리. 시가 술술 읊어질 것만 같은 농키아우의 풍광에 푹 빠져보자. 맛있는 음식을 곁들이면 금상첨화. 며칠이고 머무르다 겨우 떠나는 발걸음이 덜 아쉽도록 꼭 해야 할 베스트 오브 베스트를 소개한다.

볼거리 BEST 3

방비엥을 뛰어넘는 아름다움, 남우 강

고생한 보람이 있는, 농키아우 전망대

일찍 일어나는 새가 더 많이 구경한다, 모닝마켓

먹을거리 BEST 3

먹을수록 땡기는 라오스 소시지, 싸이우아

바나나 잎에 싸서 찐 촉촉한 생선요리, 목 파

코코넛의 풍미가 돋보이는 커리, 수지

즐길거리 BEST 3

연어처럼 거슬러 올라가는, 폭포 투어

오지마을 탐험하기, 므앙응오이

아찔함을 즐긴다, 암벽타기

Nong Khiaw
GET AROUND

어떻게 갈까?

루앙프라방에서 버스를 타고 들어오는 것이 일반적이다. 약 3~4시간 소요된다. 아침 일찍부터 버스가 있어 점심쯤 농키아우에 도착한다. 여행사에서 운행하는 미니밴을 타면 여행자 거리에 내려주지만 로컬 버스의 경우 중심가에서 1.5km 떨어진 터미널에 내려준다. 내리면 바로 툭툭이 대기하고 있다. 합승으로 인당 5,000낍. 툭툭은 마을 초입에 있는 BCEL은행과 다리를 지나 반 쏩훈 마을에 내려준다. 다리 근처에 내리는 것이 숙소를 구하는데 더 편리하다. 버스 시간대에 맞춰 버스터미널을 오가는 공용 쌩태우가 있으며 인당 5,000낍이다.

어떻게 다닐까?

남우 강을 사이에 두고 2개의 마을이 다리로 연결되어 있다. 남우 강 북서쪽은 반 농키아우, 남쪽은 반 쏩훈이다. 반은 마을이라는 뜻. 다리를 중심으로 여행자거리가 형성되어 있다. 여행사와 식당은 반 농키아우에, 숙소는 반 쏩훈에 더 많이 몰려있다. 버스터미널과 므앙응오이행 선착장은 반 농키아우에 있다. 크지 않아 걸어다닐 만하다. 탐 파독 동굴 등으로 조금 멀리 나갈 때는 자전거를 이용하면 수월하다.

| 다른 도시로 이동하기 |

1. 버스

반 농키아우 서쪽으로 중심가에서 1.5km 떨어진 곳에 작은 터미널이 있다. 매일 루앙프라방과 우돔싸이, 빡몽으로 가는 버스가 출발한다. 루앙프라방으로 향하는 버스는 북부 버스터미널행과 남부 버스터미널행으로 나눠진다. 북부행은 로컬 버스, 남부행은 미니밴이다. 어느 쪽이든 내려서 중심가까지는 툭툭을 타고가야 한다.

2. 미니밴

여행사에서 자체적으로 운영하는 미니밴 이용 시 금액은 더 비싸지만 반 농키아우 중심가에서 출발하여 루앙프라방 중심가에서 내려주어 편리하다. 빡몽은 루앙프라방과 농키아우 중간에 있는 소도시로 훼이싸이, 루앙남타, 방비엥행 로컬버스로 환승 가능하다.

목적지	출발시간	가격(낍)	소요시간
루앙프라방 북부	08:30, 11:00, 12:00	40,000	4시간
루앙프라방 남부	13:30	55,000	4시간
우돔싸이	11:00	45,000	5시간
빡몽	8:30, 10:00	25,000	1시간

※ 금액과 일정은 현지 사정에 의해 달라질 수 있습니다.

| 농키아우 ↔ 므앙응오이 |

반 농키아우에 있는 보트 선착장에서 므앙응오이와 므앙쿠아행 보트를 운영한다. 므앙응오이행은 오전 11시와 오후 2시에 출발한다. 금액은 25,000낍. 므앙응오이에서 농키아우로 돌아오는 편은 매일 아침 9시 반에 출발한다. 보트 이용 시 므앙응오이에서 오는 편이 1대 밖에 없어 하루 숙박하는 수밖에 없다. 개별적으로 보트를 빌릴 경우 6인 기준 50만 낍, 숙박 시 60만 낍 정도. 여행사에서 므앙응오이 보트투어 당일치기 상품을 판매하고 있다. 므앙쿠아행은 매일 오전 11시에 출발, 10명이 차야지만 출발한다.

> **Tip** 농키아우에는 BCEL은행이 들어와 있어 환전과 ATM 사용이 가능하다. 므앙응오이에는 은행은 없고 몇몇 숙소에서 환전을 해주지만 환율이 나쁘다. 농키아우나 루앙프라방 등 대도시에서 미리 준비해가는 것이 좋다.

NORTHERN LAOS BY AREA 02
농키아우

Nong Khiaw
ONE FINE DAY

1일차

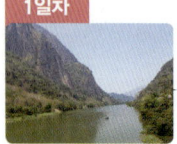
13:00
도착하자마자 눈호강!
농키아우 입성

14:00
커피와 달콤한
디저트로 당 보충하기

15:00
소박한 강변 마을
거닐기

16:00
아이 캔 두 잇!
전망대 오르기

2일차

13:00
비타 레스토랑에서
요리 수지 도전

12:00
므앙응오이 도착

11:00
선착장에서
므앙응오이 배 탑승

19:00
농키아우 이모네,
알렉스에서
수제 소시지 맛보기

3일차

14:00
반 하 마을까지
트레킹

18:00
게코 바에서
저녁 식사

06:00
소박하고도 성스러운
탁밧 구경

07:00
펫다완 뷔페에서
아침부터 포식하기

농키아우의 풍경과 므앙응오이의 한적함, 그 무엇도 놓칠 수 없는 당신을 위해 농키아우와 므앙응오이 모두 즐길 수 있는 3박 4일 코스를 소개한다. 시간적 여유가 없다면 투어를 통해 므앙응오이를 당일치기로 다녀오거나, 농키아우로 돌아와 오후 버스를 타고 루앙프라방으로 건너가는 것도 가능하다. 물론, 농키아우에서만 시간을 보내는 것도 좋은 방법이다.

09:30
다시 농키아우로 출발

11:00
해먹과 합체!
마음껏 빈둥빈둥~

17:00
코코 바에서 아름다운
노을 보며 저녁 식사

19:00
이 밤이 아쉽다면,
큐 바에서 칵테일 한 잔

4일차

08:00
루앙프라방으로 출발

06:00
탁밧과 모닝 마켓 구경

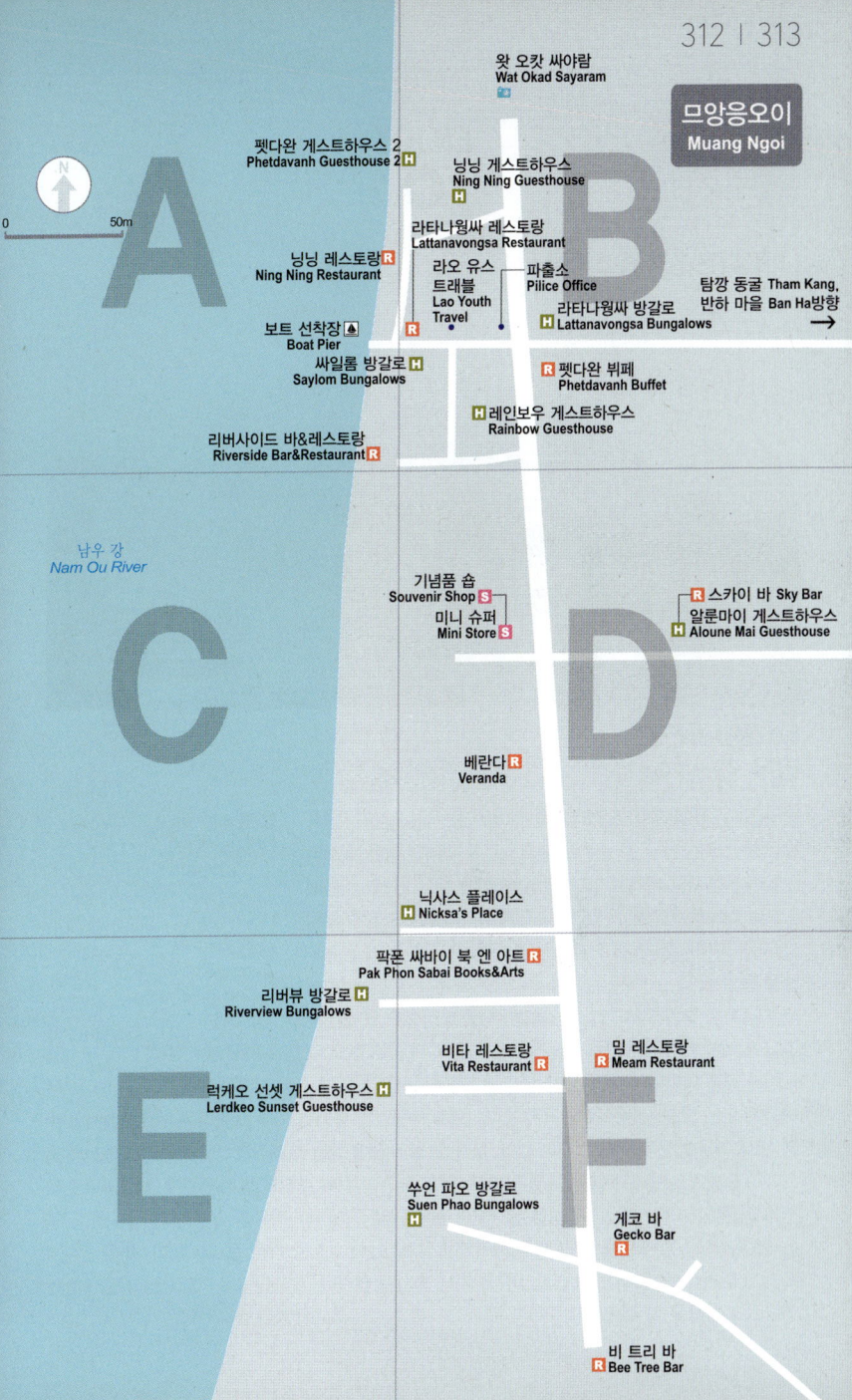

NORTHERN LAOS BY AREA 02
농키아우

| 아름다운 풍경 속 소박한 삶 |

보고 있어도 보고 싶은
남우 강 Nam Ou

방비엥에는 남쏭 강이 있었다면 농키아우에는 남우 강이 있다. 유유히 흐르는 남우 강 주위로 카르스트가 빚어낸 높은 석회암 산들이 병풍처럼 둘러져 있다. 강을 사이에 두고 2개의 마을이 있으며 다리로 연결되어 있다. 다리에서 바라보는 모습은 힐링 그 자체. 아침이면 안개가 낮게 깔려 구름 모자를 쓴 석회 절벽들을 볼 수 있다. 사이로 강물이 굽이굽이 흐른다. 이따금 한 대씩 지나가는 통통배들이 만드는 물결무늬를 바라보고 있자면 시간을 잊게 된다. 여행자들이 늘면서 남우 강의 매력을 한껏 더 느끼게 해줄 다양한 투어가 생겨났다. 보트를 타고 므앙응오이까지 갔다가 카약을 타고 돌아오는 데이 투어는 알찬 내용으로 인기가 높다. 오가는 동안의 풍경이 매우 아름다우며 폭포에서의 수영, 오지마을 방문 등이 포함되어 있다. 또한 보트 여행에 정글 트레킹과 소수민족 마을에서의 홈스테이 등을 연계한 프로그램도 있다. 어느 정도 인원이 차야 출발하기 때문에 투어를 하고 싶다면 미리 문의하거나 첫날 여행사를 알아봐야 한다. 4월 초에 농키아우를 방문한다면 진귀한 구경을 할 수 있다. 주변 마을 간의 보트 레이싱이 펼쳐지는데 1년 중 가장 큰 축제이다. 마을 전체가 축제 분위기로 큰 장이 들어서고, 여기저기서 파티가 열린다. 이때만큼은 "빨리 빨리"를 외치는 라오스 사람들을 볼 수 있다.

Data 추천 여행사
그린 디스커버리
071-810-081
www.greendiscoverylaos.com
타이거 트레일
020-5493-5686
www.laos-adventures.com
NK 어드벤처
020-5537-9661
facebook.com/mangnonkhai

가슴 깊숙한 곳까지 시원하게~
농키아우 전망대 Nong Khiaw Viewpoint

아무것도 하지 않아도 좋은 농키아우에서 꼭 해야 할 것을 꼽는다면 바로 전망대 가기. 눈 호강은 물론, 오랫동안 마음속에 간직될 풍경을 만날 수 있다. 반 쏩훈 마을 안쪽에 위치한 산으로 올라가면 남우 강에 둘러싸인 마을 전경이 파노라마로 펼쳐진다. 든든하게 주위를 감싸고 있는 석회 절벽들이 빛에 따라 겹겹으로 보이는데 한 폭의 수묵화를 연상시킨다. 아침 일찍 오르면 안개가 감싸고 있는 전경을, 해 질 무렵에는 금빛으로 물드는 남우 강을 볼 수 있다. 올라가는 길은 힘들지만 충분히 가치가 있다. 올라가는 길은 표시가 잘 되어 있어 어렵지 않으며 약 1시간 반 정도 소요된다. 생각보다 길이 험하니 운동화를 신는 것이 좋다. 일몰을 볼 생각이라면 내려올 때 길이 어두우니 헤드랜턴은 필수다. 구멍가게도 없으니 물을 넉넉히 챙겨가자. 반 농키아우 마을 쪽에 전망대가 하나 더 생기면서 각각 올드 뷰포인트와 뉴 뷰포인트라 부른다. 뉴 뷰포인트는 트레킹 코스가 더 길고 잘 되어있다. 중간에 동굴도 볼 수 있다. 시간과 체력이 된다면 둘 다 오르면 좋겠지만 올드 뷰포인트만 올라도 충분하다.

Data 지도 312p-D
가는 법 1C 도로, 반 쏩훈 안쪽
운영시간 06:30~16:00
요금 20,000깁(시간 외 무료)

한 마리의 거친 연어가 되어
100 폭포 투어 100 Waterfalls Tour

폭포를 따라 내려오는 것이 아니라 물길을 거슬러 올라간다니! 역발상이 돋보이는 액티비티이다. 국토의 80%가 산으로 이루어져있는 라오스는 폭포와 동굴이 많다. 여기에 카르스트 지형이 더해지면서 층층이 계단처럼 이어지는 폭포가 형성되었다. 진짜 100개는 아니지만 그만큼 많은 폭포를 거슬러 올라가야 정상에 닿을 수 있다. 농키아우와 루앙프라방에 지점을 둔 여행사 타이거 트레일Tiger trail에서 처음 시작한 투어로, 인기가 많아지면서 유사한 투어들이 생겼지만 오리지널이 가장 좋은 법이다. 약 30분 정도 배를 타고 반 돈쿤이라는 작은 마을로 향한다. 전형적인 오지마을로 한쪽에서는 라오라오 위스키를 만들고 한쪽에서는 가축과 아이들이 뛰어다닌다. 웃음이 많은 사랑스러운 마을이다. 마을을 지나 푸른 논과 밭을 따라 걷다보면 폭포를 만나는데 그 물줄기를 따라 산을 오른다. 가파른 구간에는 줄이 설치되어 있다. 미끄러우니 슬리퍼는 금지. 가장 좋은 것은 스포츠 샌들이지만 없으면 젖는 것을 감안하고 운동화를 신어야 한다. 수량이 많은 우기에는 물살이 거세 힘들지만 더 스릴 있어 인기가 높다. 꼭대기에 오르면 온통 푸르른 나무들의 세상이 펼쳐진다.

Data 지도 289p-C
가는 법 반 돈쿤에 위치. 배로 약 40분
전화 020-5439-5686
운영시간 10:00~20:00
요금 67달러
홈페이지 www.laos-adventures.com

> **Tip** 반 돈쿤은 라오라오 위스키로 유명하다. 나가는 길에 한 병 사가는 것도 추천.

폭탄 비를 피해서
탐 파톡 Tham Pha Thok

이토록 평화롭기 그지없는 마을도 전쟁의 그늘을 피할 수는 없었다. 탐 파톡 동굴은 베트남 전쟁 당시 미국의 폭격으로부터 몸을 피하기 위한 주민들의 피난처로 사용된 곳이다. 안에 따로 조명이 설치되어 있지 않으니 둘러보고 싶다면 헤드랜턴을 챙겨가자. 가이드 없이는 깊이 들어가지 않는 것이 좋다. 근처에 가면 주민들이 구경시켜주겠다고 다가온다. 공짜는 아니니 미리 흥정하고 가는 것이 좋다. 굳이 깊이 들어가 볼 큰 메리트는 없다. 절벽 사이에 난 동굴도 멋있지만 가는 길이 예뻐 추천하고 싶다. 자전거가 베스트. 걸어가면 왕복 2시간 정도 소요된다.

Data 지도 312p-D
가는 법 반 쏩훈에서 남쪽으로 1C 도로를 따라 걷다보면 표지판이 나옴
요금 입장료 5,000킵

흥정은 즐거워
모닝마켓 Morning Market

라오스의 하루는 일찍부터 시작된다. 반 농키아우 마을 초등학교 근처에 있는 공터에서 아침 일찍 장이 열린다. 규모는 크지 않지만 소박한 현지의 삶을 그대로 담고 있다. 새벽 6시 전에 상인들이 직접 재배한 채소를 들고 나와 자리를 잡으면 7시 쯤 탁밧을 마친 사람들이 몰려든다. 구운 쥐고기 같은 생소한 식재료를 접할 수 있으며 국수와 도넛 등 군것질거리도 판매한다. 시장을 돌아본 후에는 반 농키아우 마을을 구경해보자. 낮은 담 사이로 삼삼오오 모여 전통방식으로 밥을 짓는 여인들, 등교시간에 맞춰 교복을 갖춰 입고 나온 귀여운 학생들과 눈인사를 할 수 있다. 매주 토요일이면 주변의 작은 마을과 소수민족들까지 합세해 큰 장이 선다. 식재료뿐만 아니라 옷, 장난감, 생활용품까지 다양한 물건을 판매한다.

Data 지도 312p-A
가는 법 반 농키아우. 다리에서 도보 15분
운영시간 06:00~08:00

| 므앙응오이 마을 소풍가기 |

시골 할머니 댁에 놀러가는 기분
므앙응오이 Muang Ngoi

배밖에 갈 수 없는 오지 마을. 심지어 2013년까지는 전기도 들어오지 않았던 시골 마을이 여행자들의 마음을 사로잡은 것은 왜일까. 모든 것이 가능하고 빠름이 미덕이 된 요즘, 조금 불편해도 설렘과 따듯함이 있는 아날로그의 향수를 므앙응오이는 채워주고 있다. 농키아우에서 약 1시간, 유유자적 물길을 따라 그림 같은 풍경이 펼쳐진다. 선착장에서 계단을 따라 올라가면 500m 남짓의 비포장도로가 나온다. 므앙응오이는 끝에서 끝까지 10분이면 다다를 수 있는 이 흙길 도로가 전부인 마을로, 현지 사람들의 삶을 가까이서 지켜볼 수 있다. 길을 따라 어설픈 울타리로 나눠진 나무집들이 늘어서 있다. 도로 위 물웅덩이에는 개, 닭, 오리들이 모여 있고 그늘 아래는 수다 떠는 아주머니들로 시끌시끌하다. 강변 쪽으로는 여행자들을 위한 숙소와 식당들이 있다. 여행자들은 남우 강이 보이는 해먹에 누워 아무것도 하지 않아도 되는 자유를 만끽한다. 선착장에서 북쪽으로 따라 올라가면 물놀이를 즐길 수 있는 백사장이 있다. 현지 사람들과 함께 즐기는 곳이니 노출이 과한 차림은 삼가자.

Data 지도 313p
가는 법 반 농키아우 선착장에서 매일 11시와 14시에 출발. 배로 약 1시간 소요

> **Tip** 최근 므앙응오이까지 도로가 완공되었다. 하지만 여전히 배를 더 많이 이용하고 여전히 '배로만 갈 수 있는 오지마을'이라는 낭만적인 타이틀을 사용하고 있다.

탁밧 Takbat

매일 아침 6시 스님들의 시주 행렬이 시작된다. 라오스 사람들의 생활에 불교가 얼마나 크게 자리잡고 있는지 생생하게 볼 수 있다. 사람들은 일찍 일어나 밥을 짓고, 단정히 차려입은 모습으로 스님들을 맞는다. 생일인 아이에게 축복을 빌어주고, 기도를 하는 할머니를 둘러싸고 불경을 외는 모습을 볼 수 있다. 관광객이 없어 훨씬 진지하고 경건하게 진행된다. 탁밧은 북쪽 끝에 있는 사원 왓 오깟싸이아람에서 시작하여 남쪽 끝까지 갔다가 돌아온다.

트레킹 Trekking

마을을 벗어나면 푸른 논밭이 펼쳐진 농촌 풍경이 나타난다. 대단한 볼거리는 없지만 풍경 자체가 워낙 좋아 산책 삼아 다녀오는 것을 추천한다. 30분 정도 걸으면 탐 깡 동굴과 탐 파깨우 동굴이 나온다. 베트남 전쟁 때 미국의 폭격을 피하기 위해 사용했던 동굴이다. 입장료 1만 낍. 옆 대나무 다리를 건너면 산에 둘러싸인 푸른 들판이 펼쳐진다. 30분 더 걸어가면 반 하 마을이, 1시간 더 걸어가면 반 훼이쎈 마을이 나타난다. 반 하 마을까지만 다녀와도 충분하다. 므앙응오이보다 훨씬 작은 오지 마을들이다. 아직도 물레와 베틀을 이용해 옷을 짓고 방아로 곡식을 빻는 모습을 볼 수 있다. 해가 뜨겁지 않은 아침에 길을 떠나보자. 아침이면 안개가 끼면서 구름모자를 쓴 산 할아버지들이 길동무를 해준다. 숙소와 식당에서 트레킹을 하는 투어를 쉽게 찾아볼 수 있다. 길이 하나밖에 없어 쉽게 찾을 수 있어 개별적으로 가도 무리는 없다.

| 농키아우 맛집 모음 |

있어줘서 고마워!
코코 홈 바&레스토랑 Coco Home Bar&Restaurant

농키아우 최고의 레스토랑. 음식 수준은 농키아우뿐만 아니라 루앙프라방에 견주어도 손색이 없을 정도로 훌륭하다. 라오스에서 현재 부인을 만나면서 정착했다는 친절한 스위스 사람이 운영하고 있다. 라오스와 서양식 모두 취급하는데 기대 이상이다. 라오스 전통 요리를 먹어보고 싶다면 다진 고기와 허브로 만든 랍 혹은 생선과 레몬그라스를 바나나 잎에 넣고 찐 목 파 Mok pa에 도전해보자. 파파야 샐러드 땀막홍도 인기메뉴다. 너무 짜지도 맵지도 않아 외국인의 입맛에 잘 맞는다. 스파게티로 쌀국수에 지친 입맛을 돋우는 것도 괜찮다. 스위스 오너답게 치즈만은 절대 양보할 수 없다면서 이탈리아 파마산 치즈를 공수해 사용한다. 오렌지와 생강으로 맛을 낸 오리 가슴살 요리와 페퍼 스테이크 등 이런 시골에서 상상도 못한 고급스러운 맛을 선보인다. 강가 바로 옆에 위치하여, 한가로이 남우 강을 즐기며 식사를 할 수 있다. 아름다운 뷰, 친절한 서비스, 맛있는 요리 삼박자가 어우러진 곳이다.

Data 지도 312p-C
가는 법 반 농키아우. 선착장 근처
전화 020-5613-1695
운영시간 08:00~23:00
가격 스파게티 40,000낍~, 목 파 40,000낍

정겨운 그 이름, 마마 알렉스
알렉스 레스토랑 Alex Restaurant

유쾌한 라오스 아주머니 '마마 알렉스'가 운영하는 레스토랑이다. 이름과 다르게 영어는 잘 못한다. 라오스와 서양 음식 모두 가능하다. 간단한 볶음밥과 샌드위치부터 스테이크와 바비큐까지 다양하다. 전통 스프인 오람과 북부지역에서 나는 버섯 요리, 직접 만든 라오스 스타일 소시지 등 특색 있는 요리들이 많다. 독일 소시지 중 하나인 크라카우우어 소시지, 레드와인 소스에 끓인 소고기 등 반가운 유러피안 메뉴들도 눈에 띈다. 마마의 훌륭한 손맛으로 여행자들 사이에서 입소문이 자자하다. 단, 주문과 동시에 요리를 시작해 주문이 밀리면 한참 기다려야 한다. 그래도 계속 찾게 되는 매력을 지닌 식당이다.

Data 지도 312p-C
가는 법 반 쏩훈. 싸바이 싸바이 레스토랑 옆 골목으로 도보 1분
전화 020-5544-0540
운영시간 06:00~23:00
가격 20,000~35,000낍

달콤한 디저트가 한가득
딜라일라스 플레이스 Delilah's Place

뉴질랜드에서 온 주인이 게스트하우스와 함께 운영하고 있는 카페이다. 여행자들의 편의를 위해 최선을 다한다. 비어라오 박스들로 대충 만든 듯한 테이블과 언제든 누울 수 있는 쿠션 등 백패커들이 많이 모이는 곳답게 자유분방한 분위기가 매력적이다. 벽에는 농키아우와 교통편에 관한 자세한 정보들이 붙어있다. 동남아 특히, 시골마을에서 보기 힘든 맛있는 디저트들이 가득하다. 달콤한 코코넛 아이스크림과 애플파이의 조합은 여행의 즐거움을 배가한다. 아침식사 메뉴만 21개나 된다. 달달한 디저트부터 든든한 식사 메뉴까지 갖추고 있다. 다양한 종류의 재료 선택은 물론 양까지 다르게 한 세심한 배려가 돋보인다. 맛있는 커피까지 갖추어 여행자들의 쉼터 역할을 톡톡히 하고 있다.

Data 지도 312p-C 가는 법 1C 도로. 반 농키아우. 다리 건너기 전 코너에 위치 전화 020-5439-5686
운영시간 07:00~22:00 가격 디저트 10,000~20,000낍, 조식 18,000~40,000낍

진한 커리가 땡길 때
딘 인디언 레스토랑 Deen Indian Restaurant

맛있는 인도 레스토랑을 쉽게 발견할 수 있는 것도 라오스의 장점이다. 딘 인디언 레스토랑은 커리와 탄두리, 케밥을 판매하며 채식주의자를 위한 메뉴가 따로 있다. 다양한 종류의 난과 로티, 인디언 팬케이크 도사를 맛볼 수 있다. 메뉴 첫 장에 익숙하지 않은 인도 음식 용어를 설명해주는 친절함을 갖췄다. 커리가 묽지 않고 진득한 페이스트에 건더기가 풍부해 포만감이 크다. 맛과 향이 강한 편이다. 세트메뉴도 있지만 단품 하나씩 시키는 편을 추천. 주류는 판매하지 않는다. 커리의 찰떡궁합 음료 라씨도 즐겨보자. 옆에 있는 인디언 레스토랑 첸나이도 괜찮다.

Data 지도 312p-D
가는 법 1C 도로, 반 쏩훈, 다리에서 도보 3분
전화 030-200-5374
운영시간 07:30~22:30
가격 커리 15,000~40,000깁

말 그대로 릴랙스~
큐 바 Q Bar

술 한잔하면서 게으름을 피울 수 있는 바. 안쪽에는 아예 두 다리 펴고 누울 수 있는 좌식도 마련되어 있다. 낮이든 밤이든, 혼자든 여럿이든 신경 쓰이지 않는 것이 큐 바의 장점이다. 주인은 물론, 직원 대부분이 영어가 가능하며 무척 친절하다. 주인 기분에 따라 라오스 위스키 라오라오를 서비스로 주기도 하고 시험용 칵테일을 테이스팅할 수 있는 기회가 오기도 한다. 술을 아끼지 않은 제법 칵테일다운 칵테일을 접할 수 있다. 스프링롤과 감자튀김, 카이판 등 안주하기 좋은 스낵도 판매한다. 카이판은 민물에서 나는 녹조류를 말린 후 튀긴 김으로, 계속 손이 가는 안주이다. 식사도 가능하다. 샤브샤브와 바비큐를 합친 라오스 바비큐 신닷이 인기가 좋다.

Data 지도 312p-D 가는 법 1C 도로, 반 쏩훈, 씨탄 게스트하우스 맞은편 전화 061-211-010 운영시간 10:00~20:00
가격 바비큐 70,000깁~, 칵테일 30,000깁

| 므앙응오이의 숨은 맛집 |

No.1 쿨 플레이스
게코 바 Gecko Bar

낮에는 낮대로, 밤에는 밤대로 분위기가 좋은 레스토랑이다. 낮에는 더위에 지친 여행자들이 쉬어갈 수 있도록 시원한 그늘과 음료를 제공한다. 싱싱한 민트 혹은 레몬그라스로 만든 티로 몸과 마음을 정화해보자. 티뿐만 아니라 맛있는 라오스 현지식도 맛볼 수 있다. 손으로 정성스럽게 쓴 메뉴판이 무척 인상적이다. 잔잔하던 음악은 노을과 함께 레게로 바뀌면서 흥을 돋운다. 저녁 6시에서 7시 사이 1+1 칵테일 해피아워를 실시하고 있다. 내부에서는 유기농 커피와 티, 수제 기념품을 판매한다. 음식 서빙은 느리지만 친절한 서비스로 호평받고 있다.

Data 지도 313p-F
가는 법 마을 남쪽 끝에 위치
전화 020-2295-2277
운영시간 07:00~22:00
가격 볶음밥 15,000낍, 민트 티 15,000낍

벨트 풀고 마음껏 먹어보자
펫다완 뷔페 Phetdavanh Buffet

리버뷰 방갈로와 함께 스웨덴-라오스 부부가 운영하는 레스토랑이다. 아침, 저녁으로 푸짐한 뷔페가 차려진다. 아침으로는 열대과일과 와플, 팬케이크, 오믈렛, 샌드위치 등이, 저녁으로는 볶음밥과 볶음국수, 커리 등 10가지 이상의 음식들이 제공된다. 비수기에는 아침과 저녁 중에 한 번만 운영이 되기도 한다. 뷔페 외의 시간에도 단품 주문이 가능하니 언제든지 즐길 수 있다. 오후 5시부터 7시까지는 1+1 칵테일 해피아워가 진행된다.

Data 지도 313p-B
가는 법 선착장에서 올라와 오른쪽에 위치
전화 020-2214-8777
운영시간 07:00~13:00, 18:00~22:00
가격 뷔페 25,000낍, 단품 20,000~50,000낍

소박한 시골밥상 느낌
비타 레스토랑 Vita Restaurant

럭트케오 게스트하우스에서 운영하는 레스토랑이다. 비슷비슷해 보이는 므앙응오이의 식당 중 맛과 넉넉한 양, 착한 가격으로 입소문 난 집이다. 라오스 요리를 취급하며 주문과 동시에 만들어주기 때문에 늘 신선하다. 전통적인 방법으로 찰밥을 만드는 것을 볼 수 있다. 추천 메뉴는 수지Suzy. 코코넛 밀크와 야채를 넣어 끓인 스프로, 개인의 입맛에 맞게 치킨, 포크 등을 추가할 수 있다. 커리와 비슷하지만 코코넛의 풍미가 더 살아있다. 호박을 베이스로 한 펌프킨 커리도 맛과 건강 둘 다 잡는 인기메뉴다.

Data 지도 313p-F
가는 법 마을 남쪽 럭트케오 게스트하우스 옆에 위치
전화 020-5294-9488
운영시간 08:00~21:00
가격 수지 20,000낍~, 쌀국수 15,000낍

숨은 맛집 발견
팍폰 싸바이 북 앤 아트 Pak Phon Sabai Books&Arts

가이드북에 없어도, 트립어드바이저에 없어도 저절로 발길이 끌리는 곳이 있다. 팍폰 싸바이가 딱 그런 곳이다. 그리고 안으로 들어서는 순간, 감이 옳았다는 것을 느낄 것이다. 실내는 예술가의 작업실을 연상케 할 만큼 그림과 책들로 가득 채워져 있다. 라오스 요리가 주메뉴이며 2인 이상이라면 여러 가지 음식을 한 번에 맛볼 수 있는 플래터를 추천한다. 다른 곳보다 간이 세지 않은 점도 장점이다. 중고 책 교환 및 기념품 구입도 가능하다. 반가운 한국 책도 있는 건 안 비밀.

Data 지도 313p-F
가는 법 마을 남쪽에 위치
전화 020-2879-9573
운영시간 07:30~23:00
가격 단품 15,000~35,000낍, 플래터 100,000낍

| 농키아우 숙소 BEST |

낭만이 넘실넘실
농키아우 리버사이드 Nong Kiau Riverside

강변에 위치해 남우 강의 수려한 풍광을 누릴 수 있는 리조트. 총 15개의 개별 방갈로로 이루어져 있으며 중심지에서 최고의 시설을 자랑한다. 대나무와 나무를 섞어 지은 방갈로는 아늑한 느낌을 준다. 넓은 내부에는 침대, 냉장고, 금고, 전기포트가 마련되어 있다. 특히 방콕의 5스타 호텔 체인에서 공수해온 매트리스는 누우면 일어나기 어렵다. 에어컨과 텔레비전은 없다. 해 질 무렵 발코니에서 보는 오렌지빛 카르스트 산과 강은 무척이나 낭만적이다. 방갈로들이 띄엄띄엄 있어 프라이버시도 보장된다. 로맨틱한 시간을 꿈꾸는 커플들에게 인기. 리버 뷰 레스토랑이 있으며 조식도 잘 나온다. 성수기에는 예약 필수. 홈페이지를 통해 예약하면 레드와인 한 잔을 웰컴 드링크로 준다.

Data 지도 312p-B **가는 법** 반 쏩훈. 다리 동쪽 골목으로 도보 3분 **전화** 071-810-004 **요금** 비수기 40달러, 성수기 56달러 **홈페이지** www.nongkiau.com

모던하게 즐기는 리버 뷰
남우 리버 로지 Nam Ou River Lodge

강변에 묵고 싶지만 목조 방갈로는 싫은 사람들을 위한 선택. 2층짜리 콘크리트 건물에 넓은 객실과 타일 바닥으로 쾌적하다. 모든 방에서 남우 강을 조망할 수 있으며 공용 발코니가 있다. 반 농키아우에 위치하고 있으며 다리가 있는 중심가까지는 도보로 약 10분 거리. 모닝 마켓과 탁밧, 므앙응오이 선착장과 가깝다. 바로 옆에 초등학교가 있는 것이 장점이자 단점. 부모님 오토바이 뒤에 매달려 등교하고, 친구들과 뛰어노는 모습들이 사랑스러우나 시끄럽다는 단점이 있다. 영어를 잘 하는 친절한 주인과 깨끗한 시설 덕에 인기가 높다. 객실이 8개밖에 없어 성수기에는 미리 예약을 하는 것이 좋다.

Data 지도 312p-A **가는 법** 반 농키아우. 다리 옆 서쪽으로 난 길을 따라 도보 10분 **전화** 020-5537-9661 **요금** 100,000낍 **이메일** mangkvj@yahoo.com

중급 숙소들 중 최고의 선택
미싸이 게스트하우스 Meexai Guesthouse

원래는 밤부 방갈로 위주의 저렴한 숙소였지만 콘크리트 건물을 지으면서 미싸이 방갈로에서 미싸이 게스트하우스로 다시 태어났다. 모던한 건물과 합리적인 가격으로 게스트하우스 중 가장 인기가 높다. 방도 넓은 편이며 타일 바닥과 큰 창문이 있어 쾌적하다. 욕실이 크고 온수 샤워의 수압도 좋은 편이다. 유쾌한 라오스 가족이 운영하며 식당은 없지만 룸서비스처럼 음식을 시킬 수 있다. 아들이 영어를 잘 하며 요청 시 투어들을 연결해준다. 방 앞에 개별 테이블이 놓인 공용 발코니가 있어 편리하다. 강변 뷰는 2층에서만 가능. 총 12개의 객실과 2개의 방갈로가 있으며 비성수기에는 5만 낍 정도지만 성수기에는 10만 낍까지 올라간다.

Data **지도** 312p-C **가는 법** 반 쏨훈. 싸바이 싸바이 레스토랑 옆 골목으로 도보 5분 **전화** 030-923-0762 **요금** 50,000~100,000낍 **홈페이지** www.meexaiguesthouse.com

뷰가 어메이징!
선라이즈 게스트하우스 Sunrise Guesthouse

오랜 시간 여행자들의 사랑을 받아온 농키아우의 터줏대감이다. 강변에 계단식 논처럼 층층으로 지은 게스트하우스는 남우 강의 풍경을 즐기기에 최적. 발코니마다 해먹이 걸려있어 강바람을 맞으며 유유자적하기 좋다. 점점 규모를 넓힌 것이기 때문에 방마다 컨디션이 다르다. 밤부 방갈로, 목조 방갈로, 최근에 지어진 콘크리트 방갈로까지 다양하다. 콘크리트 방갈로는 에어컨이 있다. 화장실도 수세식인 곳도 있고, 재래식인 곳도 있다. 방을 먼저 확인해보자. 반 쏨훈 마을 초입, 바로 다리 옆에 위치하며 조이 레스토랑을 함께 운영하고 있다. 레스토랑의 음식도 제법 괜찮은 편이다.

Data **지도** 312p-D **가는 법** 반 쏨훈. 다리 건너자마자 왼편에 위치 **전화** 030-985-3899 **요금** 60,000~150,000낍 **이메일** sunrisebungalow@hotmail.com

무난하게 지낼 수 있는
왕마니 게스트하우스 Vangmany Guesthouse

미싸이 게스트하우스와 쌍벽을 이루는 게스트하우스. 콘크리트 건물로 되어 있으며 인테리어와 발코니 모두 미싸이와 비슷하다. 방에는 텔레비전과 테이블, 행거가 있다. 욕실은 미싸이 게스트하우스가 더 크고 깨끗하다. 강변을 향하고는 있지만 2층의 일부에서만 강변 뷰가 가능하다. 탁 트인 아름다운 풍경을 감상하고 싶다면 12번과 14번 방을 선택하자. 물론 방값은 더 비싸다. 다리를 건너 반 쏩훈 마을로 넘어오면 오른쪽에 왕마니 레스토랑이 보인다. 레스토랑 안쪽으로 게스트하우스가 위치하고 있다. 레스토랑의 전체적인 평가는 그냥 그렇다. 레스토랑과 함께 스팀 사우나도 운영하고 있다.

Data 지도 312p-C
가는 법 반 쏩훈. 다리 건너 오른편에 위치
전화 020-5597-9886
요금 70,000~100,000낍
이메일 khammanh498@yahoo.com

착한 가격을 자랑하는
씨탄 게스트하우스 Sythan Guesthouse

저렴한 가격에 묵을 수 있는 콘크리트 숙소다. 2층 발코니 방을 5만 낍 정도에 묵을 수 있다. 각 문 앞으로 테이블과 의자가 있는 공용 발코니가 있다. 강이 잘 보이는 것은 아니지만 석회암 산으로 떨어지는 노을을 즐기기에는 부족함이 없다. 맛있는 식당들에 둘러싸여 있는 것도 장점이다. 내부는 침대와 테이블, 옷걸이로 베이직하다. 욕실도 크고 온수 샤워도 가능하다. 단, 좌변기지만 수세식이 아니라 직접 물을 부으면서 내려야 하는 변기가 아쉽다.

Data 지도 312p-D
가는 법 1C 도로. 반 쏩훈. 다리에서 도보 3분
전화 030-984-4286
요금 50,000낍

백패커들의 성지
딜라일라스 플레이스 Delilah's Place

저렴한 도미토리와 가족 같은 분위기로 백패커들의 넘버원 숙소. 특히 뉴질랜드에서 온 주인이 살뜰하게 여행자들을 보살펴줘 더욱 호평을 받는다. 타이거 트레일 여행사와 카페를 함께 운영하고 있다. 스태프들 역시 영어를 잘한다. 도미토리와 프라이빗 더블룸, 트리플룸으로 총 3개의 객실을 가지고 있다. 도미토리에는 개별 로커가 마련되어 있다. 공용 화장실 역시 청결하게 관리되고 있다. 1층에는 빈둥거리기 좋은 라운지가 있으며 쉽게 친구를 사귈 수 있는 열린 분위기이다. 와이파이도 빵빵한 편. 비수기와 성수기 가격이 똑같다는 점도 매력이다. 1층 카페에서 파는 디저트와 아이스크림을 놓치지 말도록!

Data 지도 312p-C
가는 법 1C 도로. 반 농키아우. 다리 건너기 전 코너에 위치
전화 020-5439-5686
요금 도미토리 35,000낍, 더블 55,000낍
이메일 deliahs.nongkhiaw@gmail.com

신선놀음하기 딱!
선셋 게스트하우스 Sunset Guesthouse

강 바로 앞에 위치하여 해먹에 누워 망중한을 즐기는 서양 여행자들에게 인기가 높은 숙소다. 목조 바닥과 대나무로 되어 있으며 다른 강변 방갈로들에 비해 널찍하고 시설과 욕실이 좋은 편이다. 최근 콘크리트 방갈로를 새로 지었다. 2인실과 3인실이 있으며 온수샤워가 가능하다. 리버뷰 레스토랑은 멋진 일몰을 볼 수 있는 숨겨진 장소다. 맛있는 음식과 저렴한 맥주는 덤. 영어와 불어 모두 가능한 주인이 직접 운영하는 보트 투어도 있다.

Data 지도 312p-C
가는 법 반 쏩훈. 싸바이 싸바이 레스토랑 옆 골목으로 도보 7분
전화 071-810-033
요금 80,000~150,000낍
홈페이지 www.banlaosunset.com

산에 둘러싸인 아늑함
생다오 치타왕 게스트하우스 Sengdao Chittavong Guesthouse

뒤로는 카르스트 산이, 앞으로는 남우 강이 흐르는 명당에 위치한 방갈로 숙소. 총 15개의 방갈로가 있으며 4개는 리버뷰를 가지고 있다. 넓은 정원에 대나무로 지은 방갈로부터, 목조, 콘크리트 건물까지 다 있다. 콘크리트 방갈로는 에어컨을 갖추고 있으며 강이 보이는 콘크리트 방갈로가 가장 비싸다. 밤부 방갈로는 낡았지만 탁 트인 공간에 있어 눅눅하지 않고 쾌적한 편. 라오스 가족이 레스토랑과 함께 운영하고 있다. 반 쏩훈으로 가는 다리를 건너기 전, 반 농키아우의 끝에 위치하고 있다. 다리 쪽보다는 안쪽 방갈로가 조용하다.

Data 지도 312p-C
가는 법 1C 도로. 다리 건너기 전 왼쪽에 위치
전화 020-5537-9677
요금 50,000~220,000낍

저렴한 방갈로를 원한다면
남훈 게스트하우스 Nam Houn Guesthouse

남우 강과 만나는 작은 물줄기인 남훈 강 쪽에 위치한다. 총 16개의 방갈로가 있으며 7개가 리버 뷰를 가지고 있다. 전부 대나무 방갈로로 낡았지만 나름의 운치가 있다. 방갈로마다 온수 샤워가 가능한 개별 욕실이 있고 해먹이 걸린 발코니가 있다. 조용하게 휴식을 취하기에 더할 나위 없다. 최근 콘크리트 방갈로를 지었지만 리버 뷰는 아니다. 자체 레스토랑은 없지만 주위에 음식점들이 많아 불편함은 없다.

Data 지도 312p-C
가는 법 반 쏩훈. 싸바이 싸바이 레스토랑 옆 골목으로 도보 5분
전화 020-5577-4462
요금 50,000~100,000낍

| 므앙응오이 숙소 BEST |

하나밖에 없는 길을 따라 숙소들이 있다. 수가 적은 만큼 시설대비 가격은 비싼 편. 성수기에도 방이 꽉 차지 않고 워크인과 가격차가 크니 굳이 예약할 필요는 없다. 찜해둔 곳이 인기 숙소라면 배에서 내려 서두르자. 수세식 화장실이 아닌 곳도 있으니 미리 체크하자.

므앙응오이 넘버 원
럭케오 선셋 게스트하우스
Lerdkeo Sunset Guesthouse

위치, 청결, 서비스 등을 따져보았을 때 므앙응오이 내 숙소 중 가장 한국인 기준에 부합하는 숙소이다. 모던한 콘크리트 방갈로에 모든 방이 리버 뷰이다. 채광이 좋아 쾌적하고 침구도 깨끗하다. 개별 테라스가 있으며 해먹에 누워 한가로운 시간을 보내기 좋다. 방갈로가 5개밖에 없어 프라이빗하고 메인 도로 안쪽에 위치하여 조용하다. 와이파이도 없으므로 오늘만큼은 오롯이 지금 이 순간을 만끽하자. 친절한 라오스 가족이 운영하는데 영어는 못하지만 정이 넘치는 할머니가 인기다. 저녁에는 대문을 잠그니 늦게 돌아올 예정이라면 미리 말을 해두어야 한다. 므앙응오이의 숨은 맛집 비타 레스토랑도 함께 운영한다. 만약 게스트하우스에 아무도 없다면 레스토랑으로 가보자.

Data 지도 313p-E 가는 법 마을 남쪽에 위치
전화 020-7730-5041 요금 100,000킵

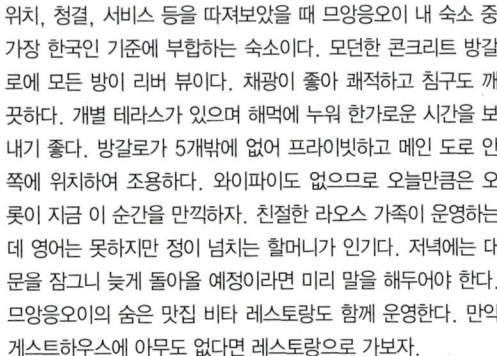

남국의 꽃이 가득한 정원을 가진
라타나윙싸 방갈로 Lattanavongsa Bungalows

선착장의 계단을 따라 올라오면 불발탄으로 장식된 숙소가 눈에 들어온다. 잘 꾸며진 정원에 16개의 방갈로가 'ㄷ'자 모양으로 둘러져 있다. 목조와 밤부 방갈로가 있으며 둘 다 상태가 좋은 편. 방갈로 치고 넓은 내부와 탁 트인 가든 뷰 덕분에 답답하지 않다. 욕실은 좁지만 수세식 변기, 온수 샤워 시설을 갖추고 있다. 리버 뷰는 아니지만 강변 레스토랑을 운영하고 있어 남우강을 즐기는 데 문제 없다. 와이파이는 레스토랑에서만 이용할 수 있다. 시크한 라오스 가족이 운영하며 아들만 영어가 가능하다. 투어 진행도 함께한다.

Data 지도 313p-B 가는 법 선착장에서 올라오는 계단 맞은편
전화 020-2386-3640 요금 80,000~100,000킵
이메일 touynoy.laos@gmail.com

전망과 시설 둘 다 잡았다
닝닝 게스트하우스 Ning Ning Guesthouse

시설 좋은 방갈로로 인기 높은 닝닝 게스트하우스. 선착장에서 왼쪽 골목에 위치하고 있다. 나무들이 무성한 정원에 목조 방갈로가 둘러싸여 있어 친자연적이다. 넓은 방갈로와 깨끗한 시설로 편안한 숙박을 제공한다. 단 하나 아쉬운 점은 전망. 강변의 레스토랑에서 아쉬움을 달래던 여행자들을 위해 최근 식당 위쪽으로 콘크리트 방갈로를 새로 지었다. 2016년에 오픈해 모던한 시설은 기본, 탁 트인 남우 강을 감상할 수 있다. 뛰어난 풍광을 자랑하는 레스토랑은 분위기도 좋고 음식도 만족스러운 편. 해질 무렵에 가면 무척 로맨틱하다.

Data 지도 313p-B 가는 법 마을 북쪽. 선착장 계단에서 왼쪽 전화 030-514-0863 요금 70,000~150,000낍

착한 가격의 콘크리트 숙소
레인보우 게스트하우스
Rainbow Guesthouse

콘크리트 숙소에 묵고 싶지만 예산이 빠듯하다면? 레인보우 게스트하우스가 답. 선착장에서 올라가는 길 오른쪽에 위치하고 있다. 2층짜리 건물로, 강이 보이는 2층이 인기다. 대나무 선베드가 깔린 공용 테라스가 있고 내부는 침대와 베드사이드 테이블로 기본에 충실하게 채워져 있다. 수세식 화장실과 온수 샤워가 가능하다. 불편한 점 없이 무난하게 쉬어가기 좋은 곳이다. 영어는 잘 못하지만 친절한 라오스 가족이 강변 레스토랑과 함께 운영하고 있다.

Data 지도 313p-B 가는 법 선착장에서 올라오는 계단 끝에 위치 전화 030-514-2296 요금 50,000~80,000낍

아무것도 하지 않을 자유
리버뷰 방갈로 Riverview Bungalows

시설은 낡았지만 동남아스러운 감성이 묻어있는 곳이다. 강을 따라 목조 방갈로가 옹기종기 모여 있으며 발코니에는 작은 테이블과 해먹이 매달려 있다. 모든 것을 내려놓고 쉬게 만드는 작은 도피처이다. 훌륭한 전망 덕분에 시설 대비 비싸다. 스웨덴인 주인이 개별적으로 투어를 진행하고 있다. 므앙응노이 투어를 하고 싶다면 문의해보자. 외국인의 관점에서 보는 흥미로운 라오스를 만날 수 있을 것. 주인이 완벽한 영어를 구사해 편하다. 펫다완 뷔페와 펫다완 게스트하우스도 함께 운영한다.

Data 지도 313p-E 가는 법 마을 남쪽에 위치. 럭케오 게스트하우스 옆 골목 전화 020-2214-8777 요금 80,000낍 이메일 pdvbugalows@gmail.com

Northern Laos By Area
03

루앙남타
LUANG NAMTHA

라오스는 동남아의 숨어있는 천국이다.
때 묻지 않은 아름다운 자연과 소박한 사람들이
있으며, 마주하는 것만으로 뭉클한 힐링을
선사한다. 그중에서도 루앙남타는 순수, 청정한
라오스의 매력을 오롯이 느낄 수 있는 곳이다.
태초의 자연을 간직한 울창한 원시림과,
그 속에서 자연과 더불어 살아가는 사람들이
있다. 각자의 방법으로 공동체를 이루며 살아가는
소수민족들은 놀랄 만큼 순수하며 지혜롭다.
자전거를 타고 조금만 외곽으로 벗어나면
만날 수 있는 또 다른 세계,
바로 우리가 꿈꿔왔던 라오스다.

Luang Namtha
PREVIEW

루앙남타는 '남타 강이 흐르는 도시'라는 뜻이다. 루앙남타 공항 주변으로 중심가가 형성되어 있었지만 베트남 전쟁 중 미군의 폭격을 맞았다. 1975년 이후 6km 떨어진 곳에 구시가지를 대신할 신시가지가 지어지며 여행자들에게 필요한 숙소와 레스토랑, 은행 등이 생겨났다. 남타 강 건너 소수민족 마을들을 줄지어 있다. 북쪽에 위치하고 있지만 날씨는 루앙프라방과 비슷하다.

ENJOY

라오스 에코투어의 중심지로 자연친화적인 액티비티가 가득하다. 태초의 자연을 엿볼 수 있는 숲을 걷고, 카약을 타고 강을 누빈다. 차로는 갈 수 없는 깊은 산골에 위치한 소수민족의 마을에서 하룻밤을 보내는, 어메이징한 경험도 할 수 있다. 신시가지 내 메인 거리에 있는 여행사에서 에코투어를 예약할 수 있다. 다양한 프로그램이 있으니 꼼꼼히 따져보자. 투어가 아니더라도 도심을 조금만 벗어나면 전혀 다른 모습을 볼 수 있는 것도 루앙남타의 매력이다. 자전거 혹은 오토바이를 빌려 남타 강 너머로 산책을 떠나보자. 논밭이 펼쳐진 한적한 풍경과 풍경보다 아름다운 현지인들의 미소들을 만날 수 있을 것이다.

EAT

여행자거리 중심에 먹거리 전문 야시장이 있어 다양한 현지 음식을 저렴하게 맛볼 수 있다. 쾌활함이 느껴지는 왁자지껄한 분위기에서 여행자와 현지인들 모두 즐겁게 어우러져 식사를 즐긴다. 야시장 주위로 여행자들을 위한 레스토랑이 모여 있다. 다른 지역에서 찾아보기 힘든 소수민족의 요리를 맛볼 수 있다.

SLEEP

관광 산업에 눈을 뜨면서 신설 게스트하우스들이 많이 생겼다. 신시가지의 메인 도로에 모여 있으며 시설도 괜찮은 편이다. 자연에 둘러싸여 한적하게 시간을 보내고 싶다면 남타 강 근처 방갈로를 알아보자. 예약보다는 워크인이 일반적이며 더 저렴하다.

Luang Namtha
BEST OF BEST

루앙남타의 최대 매력은 남하 국립보호구역과 주위의 소수민족 마을이다. 태초의 자연과 현지 사람들의 생활을 가까이서 볼 수 있다. 미지의 세계 루앙남타에서 꼭 해봐야 할 경험들을 알아보자.

볼거리 BEST 3

라오스 최대의 원시림,
남하 국립보호구역

여정이 즐거운,
탓 루앙남타

발길 닿는 대로,
한적한 마을 산책

먹을거리 BEST 3

골라먹는 재미가 있는,
야시장

북부를 대표하는 국수,
카오쏘이

오독오독한 식감이 좋은,
죽순볶음

즐길거리 BEST 3

정글 숲을 지나서 가자!
트레킹

소수민족 마을에서,
홈스테이

남하 강에서 멱도 감고,
고기도 잡고!

Luang Namtha
GET AROUND

어떻게 갈까?

루앙남타는 지리적으로 태국과 중국, 라오스를 연결하는 역할을 한다. 태국 북부 도시 치앙마이와 루앙프라방 중간에 있으며, 중국 국경 모한과도 가깝다. 많은 여행자들이 태국 혹은 중국에서 내려와 라오스 여행을 시작하는 출발점이 되기도 하며, 다른 나라로 가기 위한 라오스 여행의 종착역이 되기도 한다.

1. 비행기

구시가지 쪽에 국내선 공항이 있다. 라오항공은 매일 1회, 라오스카이웨이는 주 3회 비엔티안-루앙남타 노선을 운항한다. 시간은 55분 소요되며, 금액은 10만 원 정도. 자세한 것은 항공사 홈페이지를 참조. 공항에서 중심가까지 툭툭을 이용해야 한다. 금액은 약 2만 낍.

Data 라오항공 www.laoairlines.com
라오스카이웨이 www.laoskyway.com

2. 미니밴, 버스

라오스 주요 북부 도시 루앙프라방과 훼이싸이 등에서 루앙남타행 버스 혹은 미니밴을 쉽게 이용할 수 있다. 여행사 미니밴은 야시장 주변 중심가에 내려주지만 버스로 루앙남타에 들어올 경우 메인 버스터미널에 내리게 된다. 신시가지에서 11km 거리지만 시내를 오가는 공용 썽태우가 있어 이동하기 어렵지 않다. 합승 시 1인당 1만 낍, 한 대를 빌리면 4만 낍 정도. 야시장에서 내려준다.

어떻게 다닐까?

중심가(3A 도로)에 숙소와 식당, 여행사들이 모여 있어 걸어서 다니는데 문제 없다. 야시장 뒤쪽으로 정부에서 운영하는 관광안내소가 있다. 루앙남타뿐만 아니라 남하국립보호구역과 소수민족에 대한 정보들도 찾아볼 수 있다. 강매가 없는 라오스지만 루앙남타의 거리에서는 기념품을 강요하는 소수민족 할머니들을 자주 마주하게 된다. 구매를 원하지 않는다면 딱 잘라 거절하는 것이 좋다. 자전거나 오토바이를 빌려 외곽으로 나가면 목가적인 풍경과 소수민족 마을들을 마주할 수 있다. 많지는 않지만 택시처럼 이용할 수 있는 툭툭이 있다. 보이지 않을 때는 숙소나 식당에 부탁하면 불러준다.

| 다른 도시로 이동하기 |

루앙남타에는 2개의 버스터미널이 있다. 메인 버스터미널은 남쪽으로 11km 떨어져있으며 국제버스를 포함한 장거리 버스를 탈 때 이용한다. 로컬 정류장은 야시장에서 500m 떨어진 곳에 위치하여 도보로 갈 수 있다. 루앙남타 주에 속한 주변 도시를 오가는 썽태우와 미니버스들이 출발한다. 소수민족으로 유명한 또 다른 도시 므앙씽행 버스를 탈 수 있다. 중국 국경과 가장 가까운 도시 보텐에 갈 때도 이곳에서 차를 탄다. 단, 중국으로 바로 넘어갈 예정이라면 메인 버스터미널에서 국제버스를 타는 것이 더 낫다. 중국은 비자가 필요한 국가이므로 미리 발급받아야 한다. 국경에서의 비자 발급은 금지되어 있고 여행사에서 예매 대행을 해준다. 약간 비싸지만 픽업이 포함되어 있어 편리하다. 훼이싸이를 들렀다 태국의 치앙마이로 가는 미니밴 역시 가능하다.

메인 버스터미널

목적지	출발시간	가격(낍)	소요시간
비엔티안	08:30, 14:30	200,000	18시간
루앙프라방	미니밴 08:40, VIP 09:00	110,000, 100,000	8시간
우돔싸이	08:30, 12:00, 14:30	40,000	4시간
훼이싸이	09:00, 13:30	60,000	4시간
중국 멍라	08:00	55,000	5시간
중국 진훙	08:00	90,000	8시간
베트남 디엔비엔푸	07:30	130,000	8시간

로컬 버스터미널

목적지	출발시간	가격(낍)	소요시간
므앙씽	08:00, 09:30, 11:00, 12:30, 14:00, 15:00	25,000	2시간
보텐	08:00, 09:30, 11:00, 12:30, 14:00, 15:30	25,000	2시간

※현지 사정에 의해 달라질 수 있습니다.

NORTHERN LAOS BY AREA 03
루앙남타

Luang Namtha
ONE FINE DAY

1일차

15:00
라오스 청정구역
루앙남타에 입성

16:00
탓 루앙남타로
산책가기

19:00
야시장에서
이것저것 골라먹기

2일차

08:00
남하 국립보호구역
트레킹 도전

19:00
소박하지만 따듯한
현지 식탁 함께하기

17:00
수줍게 반겨주는
소수민족 마을 도착

13:00
울창한 정글 속을
걷고 또 걷기

12:00
자연에서 즐기는 점심

21:00
라오스 전통 가옥에서
홈스테이 하룻밤

3일차

09:00
다시 트레킹 시작

12:00
전날과 다른
소수민족 마을 방문

13:00
오순도순 둘러앉아
함께 점심 식사

남하 국립보호구역을 빼놓고는 루앙남타를 여행했다고 할 수 없다. 자연을 벗 삼는 트레킹과 소수민족들이 사는 오지 마을까지 동시에 경험해보자. 1박 2일과 2박 3일 코스를 많이 이용한다. 트레킹이 생각보다 힘드니 바로 떠나기보다 하루 이틀 푹 쉬면서 재정비하는 것이 좋다.

18:00
드디어 문명의 세계로!
루앙남타로 컴백

19:00
맛도 보람도 최고!
화덕피자 즐기기

| 생태 투어와 소수민족의 중심지 |

미니 탓 루앙
탓 루앙남타 That Luang Namtha

비엔티안의 탓 루앙을 축소시켜놓은 듯한 황금불탑이다. 뒤로는 부처가 누워있는 와불상과 작은 불상들이 놓여있는 동굴이 있다. 모두 황금색으로 반짝반짝하다. 2009년에 새로 지은 것이라 고풍스럽지는 않다. 하지만 이곳에서 내려다보는 풍경은 값지다. 여행자거리에서 북서쪽으로 1.5km 떨어져 있는 언덕에 위치하고 있다. 오가는 길 여행자거리에서 벗어나 사람 사는 마을을 구경하는 것은 언제나 즐거운 일이다. 언덕에 오르면 루앙남타 도시 일대가 펼쳐진다. 일몰 때는 오렌지 빛으로 물들어가는 마을을 볼 수 있다. 소수민족의 중심지답게 입구에는 라오스를 대표하는 소수민족 동상들이 서있다. 전통의상을 입고 있는데 모자를 쓴 것이 몽, 가운데가 라오스 대표 민족인 라오, 까만 옷이 크무 족이다.

Data 지도 340p-A
가는 법 중심가에서 북서쪽으로 1.5km 도보로 약 20분
요금 입장료 5,000낍

소박한 생활을 엿볼 수 있는
루앙남타 박물관 Luang Namtha Museum

소수민족들의 생활용품과 사진을 전시해놓은 박물관이다. 전통의상과 물레, 그릇, 사냥할 때 쓰던 물건 등이 전시되어 있다. 화려한 외부에 비해 잘 정리되지 않은 물품과 부족한 설명이 아쉽다. 어수선한 물품들 사이 역사적인 가치가 있는 보물들이 있음을 알아낸 외국 단체들이 후원의 손길을 내밀고 있으니 점점 발전할 것으로 예상된다. 중심가에 있어 방문하기 편리하다.

Data 지도 340p-D 가는 법 3A 도로, 나이트마켓에서 북쪽으로 도보 10분
운영시간 08:30~15:30(점심시간 11:15~13:15) 요금 입장료 5,000낍

하루쯤은 오롯이 자연
남하 국립보호구역 트레킹 Nam Ha National Protected Area Trekking

루앙남타에 가야만 하는 이유! 남하 국립보호구역은 총 면적이 2,000㎢가 넘는, 라오스에서 가장 큰 국립보호구역이다. 줄여서 남하 NPA라고 부른다. 해발 2,000m의 산악지역으로 라오스 최대의 원시림을 이루고 있으며 약 300여 종의 야생 동물과 25개의 소수민족이 자연과 더불어 살아가고 있다. 전문가이드 없이는 출입할 수 없어 반드시 투어를 이용해야만 한다. 말 그대로 자연 자체를 느끼는 트레킹이다. 하루 6시간 정도 울창한 원시림을 걷는다. 분명 숨은 찬데 폐 속까지 맑아지는 느낌이다. 사람을 위해 길을 낸 것이 아니기에 때때론 숲을 헤치며 나아가기도 하고 나무뿌리를 잡고 가파른 산도 올라야 한다. 인간은 잠시 자연을 방문한 손님일 뿐이다. 강에 뛰어들어 땀을 식히고 자연에서 채취한 재료로 식사를 만든다. 숙박은 소수민족 마을에서 홈스테이를 하거나 자체 캠핑 사이트에서 한다. 1박 2일, 2박 3일 트레킹 코스가 있으며 금액은 사람 수에 따라 달라진다. 8인 기준으로 1박 2일 40만 킵 정도. 가격이 지나치게 싼 곳은 싼 값을 하니 주의하자. 남하 NPA 입구 쪽만 돌다올 가능성도 있다. 체력적인 부분이 요구되며 잠시 문명생활과 떨어져야 하는 불편함도 감수해야 한다. 힘들지만 성취감은 최고다. 두고두고 꺼내먹을 수 있는 초콜릿 같은 기억이 될 것이다.

Data 추천 여행사
포레스트 리트리트
020-5556-0007
www.forestretreatlaos.com
그린 디스커버리
086-211-484
www.greendiscoverylaos.com

EAT

| 색다른 미식체험 BEST |

마음대로 골라먹는 재미
야시장 Night Market

저녁이 오면 중심가에 있는 공터에 하나둘씩 노점이 들어선다. 옷이나 생필품보다는 대부분이 먹거리다. 'ㅁ'자 모양의 공간에 주위에는 노점이, 가운데는 테이블이 마련되어 있어 푸드코트가 형성된다. 음식은 쌀국수, 볶음밥, 샐러드, 스프링롤, 바비큐 등 다양하다. 안으로 들어가면 라오스 가정식 반찬가게들이 늘어서 있다. 매일 저녁 현지인, 여행자들이 섞여서 식사와 맥주를 즐기는 모습을 볼 수 있다.

Data 지도 340p-D
가는 법 3A 도로. 중심가에 위치
운영시간 17:30~22:00
가격 10,000~40,000낍

요즘은 피맥이 대세
밤부 라운지 Bamboo Lounge

화덕 피자를 맛볼 수 있는 곳이다. 기름기를 쫙 빼 혼자 한 판을 다 먹을 수 있을 만큼 담백하다. 피자와 파스타, 샌드위치, 부리토 등 친근한 메뉴를 갖추고 있다. 다양한 종류의 비어라오를 만나볼 수 있으며, 칵테일도 제법 괜찮다. 두 눈이 부릅뜨고 있는 살벌한 간판과는 다르게 사랑스러운 레스토랑이다. 저녁이면 초록빛 조명이 켜지면서 신비로운 숲속 분위기를 연출한다. 루앙남타와 사랑에 빠진 뉴질랜드 부부가 운영하며 현지인들을 교육시켜 일자리를 제공하고 있다. 수입의 20%를 현지 교과서 구입에 기부하고 있다. 현재까지 2,800권을 기부했으며 1인 1 교과서를 가지는 날을 목표로 하고 있다.

Data 지도 340p-F **가는 법** 3A 도로. 나이트마켓에서 오른쪽으로 도보 3분
전화 020-2964-3190 **운영시간** 07:00~23:30 **가격** 샌드위치 25,000낍~,
피자 60,000낍~ **홈페이지** www.bamboloungelaos.com

맛도 가격도 착하다
주엘라 레스토랑 Zuela Restaurant

주엘라 게스트하우스에서 함께 운영하는 식당이다. 라오스 음식부터 서양 음식까지 다양한 메뉴를 갖췄다. 추천 메뉴는 스테이크. 착한 가격으로 맛볼 수 있는 스테이크는 소도시에서 보기 힘든 퀄리티이다. 야채와 감자튀김이 곁들여 나온다. 음식뿐만 아니라 빵과 커피도 맛있어 조식을 위해서도 많이 찾는다. 인기가 많아서 그런지 서비스는 무뚝뚝한 편이다.

Data 지도 340p-D
가는 법 마니콩 베이커리 카페 옆 골목으로 도보 1분
전화 020-2239-1966
운영시간 06:30~22:30
가격 조식 20,000~40,000낍, 스테이크 50,000낍
홈페이지 www.zuela.asia

한가로이 쉬어가기 좋은
마니콩 베이커리 Manikong Bakery

직접 구운 빵과 커피를 파는 곳이다. 오후 늦게 가면 크루아상과 머핀은 이미 다 팔리고 없다. 카페 문화가 발달하지 않은 라오스에서 커피나 아이스크림을 즐기며 더위를 피하기 좋은 곳이다. 베이글과 파니니, 과일 뮤즐리 등 든든하게 하루를 시작할 수 있는 메뉴를 갖추고 있다. 베이커리 겸 식당으로 볶음밥과 커리 등 일반 식사도 가능하다.

Data 지도 340p-D
가는 법 3A 도로, 중심가에 위치
전화 020-2863-4334
운영시간 06:30~22:00
가격 커피 6,000~15,000낍, 햄치즈 크루아상 12,000낍

업그레이드 라오 요리
마이너리티 레스토랑 Minority Restaurant

이름에서 알 수 있듯 소수민족의 요리를 맛볼 수 있다. 메인도로에서 포레스트 리트리트 사인을 따라 들어가면 바로 옆에 붙어 있다. 열대우림에서 나는 버섯과 바나나꽃, 죽순, 꿀, 허브 등을 이용해서 만든 요리들을 취급한다. 대표 소수민족 중 하나인 타이담 족의 치킨요리 솜 람Som lam도 인기 메뉴다. 다른 곳에서 먹기 힘든 요리이니 먹어보자. 생강과 마늘, 야채를 사용해 생각보다 입맛에 잘 맞는다.

Data 지도 340p-F
가는 법 독참파 호텔 맞은편 골목으로 직진
전화 020-299-8224
운영시간 07:00~22:00
가격 20,000~35,000낍

믿고 추천하는 현지식당
라이스 플레이스 Lai's Place

겉보기에는 평범한 로컬 식당이지만 입소문을 타면서 트립어드바이저 2위를 차지했다. 메뉴는 다양하지만 그중 라오스 음식을 추천한다. 직접 재료를 고르면 볶아주는 볶음 요리Stir fried와 찹쌀밥은 환상의 궁합을 자랑한다. 바나나꽃과 민트를 넣은 샐러드 사Sa는 북쪽 지역 특색이 담긴 음식이다. 째우Jeow는 밥과 소시지 등을 찍어 먹는 소스로 우리 입맛에 잘 맞는다. 가격도 저렴해 다양한 종류의 째우를 부담 없이 맛볼 수 있다. 소수민족 아카와 타이담 족 요리도 가능하다.

Data 지도 340p-D
가는 법 독참파 호텔 옆 골목으로 도보 3분
전화 020-2393-9111
운영시간 07:00~22:00
가격 15,000~40,000낍

| 시설+위치+가격 모두 잡은 숙소 |

루앙남타 최고의 시설
툴라싯 게스트하우스 Thoulasith Guesthouse

상큼한 노란색 콘크리트 건물로 딱 보기에도 쾌적함이 느껴진다. 원래 2층짜리 건물 하나였지만 최근 옆에 3층 건물을 증축했다. 총 34개의 객실이 있으며 스탠더드, 슈피리어, 트리플로 나뉜다. 본관에 있는 스탠더드룸은 방이 좁은 편. 신관에 위치한 슈피리어와 트리플룸은 방이 더 크고 욕조도 있다. 제공되는 타월에는 '툴라싯'이라고 이름이 쓰여 있어 숙박업소로서의 전문성이 느껴진다. 타월과 침대 시트가 무척 깨끗하다. 메인 도로와 연결된 작은 골목에 위치해 접근성과 조용함 모두를 갖췄다. 라오스 가족이 운영하며 영어는 서툴지만 무엇이든 도와주려고 노력한다.

Data 지도 340p-D
가는 법 3A 도로. 나이트마켓에서 남쪽으로 도보 5분
전화 086-212-166
요금 70,000~100,000낍
이메일 infothoulasith@gmail.com

게스트하우스 급 호텔
독참파 호텔 Dokchampa Hotel

마을 규모에 비해 눈에 띄는 큰 건물로 '라오스 기준' 제법 호텔다운 외관을 갖추고 있다. 4층짜리 건물에 총 60개의 객실이 있다. 모든 방에는 에어컨과 텔레비전, 뜨거운 물이 나오는 정수기가 있으며 가장 넓은 VIP 더블룸은 욕조를 갖추고 있다. 메인 도로에 위치해 소음으로부터 자유로울 수 없는 것이 단점. 혼자 여행하는 사람들을 위한 싱글룸도 마련되어 있다. 호텔이라고는 하지만 주위 시설 좋은 게스트하우스들이 있어 경쟁력이 다소 떨어진다. 바로 옆에 야시장이 있고, 주위에 식당과 여행사들이 몰려있어 편리하다.

Data 지도 340p-F 가는 법 3A 도로. 나이트 마켓에서 남쪽으로 도보 5분
전화 086-260-003 요금 싱글 80,000낍, 더블 100,000낍
홈페이지 www.dokchampahotel.com

내 집 같은 편안함
주엘라 게스트하우스 Zuela Guesthouse

루앙남타에서 가장 인기 좋은 숙소. 2006년 오픈해 현재 옆에 나무와 벽돌 건물 1개씩을 더 지었다. 총 3개 건물에 17개의 객실이 있으며 방마다 온수 샤워가 가능한 개별 욕실이 있다. 방은 2인실부터 4인실 패밀리 룸까지 다양하다. 발코니가 있는 2층이 더 비싸다. 내부는 침대와 데스크, 옷장으로 베이직하게 꾸며져 있지만 무척 안락하다. 침구는 라오스 소도시에서는 보기 힘들 정도로 푹신하고 쾌적하다. 레스토랑과 오토바이 렌털숍을 함께 운영하고 있으며 투숙객이 아니더라도 찾을 만큼 인기가 높다. 현지 발음으로는 '쑤엘라'라고 한다. 메인 거리와 연결된 골목에 있어 접근성이 좋으면서도 조용하다.

Data 지도 340p-D
가는 법 마니콩 베이커리 카페 옆 골목으로 들어가 도보 1분
전화 020-2239-1966
요금 2인실 100,000낍
홈페이지 www.zuela.asia

배낭여행자들 모엿!
마니찬 게스트하우스 Manichan Guesthouse

저렴한 방과 도미토리가 있어 배낭여행자들이 많이 찾는 곳이다. 라오스 가족이 운영하며, 마니찬은 영어를 잘하고 싹싹한 여주인의 이름이다. 건물은 낡았지만 잘 관리한 덕분에 가격 대비 괜찮다는 호평을 받고 있다. 같은 가격이라도 방마다 채광, 크기 등 차이가 있으니 꼭 먼저 방 상태를 확인하자. 더블과 트윈룸이 있는데 더블룸이 방이 작아 더 싸다. 에어컨과 선풍기 중 선택할 수 있다. 도미토리는 공용 욕실을 사용해야 하는데 청결함은 기대하지 않는 것이 좋다. 모든 방에서 온수 샤워가 가능하다. 1층에 레스토랑을 함께 운영하고 있다. 중심에 있어 접근성 굿!

Data 지도 340p-D
가는 법 3A 도로. 중심가에 위치
전화 086-312-209
요금 더블 룸 70,000낍, 도미토리 30,000낍

여행준비 컨설팅

세상에서 가장 설레는 시간이 아닐까 싶다. 여행 계획 짜기!
물론 가보지 않은 나라다 보니 기대만큼이나 걱정도 크겠지만 아래 미션들을 하나하나
클리어하다 보면 어느덧 걱정 대신 설렘으로 가득 찰 것이다. 여행준비 또한 여행의
일부이니 달력을 펼치고 디데이를 세어보자. 손꼽고 기다릴 때가 더 짜릿한 법이다.

MISSION 1 여행 일정을 계획하자

1. 내 여행 스타일은?

만족스러운 여행의 첫 시작은 자신의 여행 스타일을 고민하는 데서 시작한다. 혼자가 편한 사람도 있고, 함께라서 두 배로 행복한 사람도 있다. 한량한량 천천히 시간을 낚는 여행을 할 것인지, 이것저것 다 도전해보는 뜨거운 여행을 할 것인지도 고민해봐야 한다. 꼼꼼히 준비하는 것을 즐기는지, 따라다니는 것이 마음 편한 타입인지도 중요하다. 원래는 자유여행이 대세였지만 유명세를 타면서 패키지도 많이 늘었다. 여행자들이 많이 찾는 도시의 경우 간단한 영어만으로도 크게 어려움이 없으며 관광객들에게 친절한 편이다. 청춘들이 많이 찾는 나라인 만큼 자유여행으로 와서 블루라군 투어 등 원하는 일정만 데이투어를 이용하는 경우가 많다. 도시마다 개별 투어가 잘 이루어져 있어 편리하다.

2. 언제 출발하지?

날씨로 따지면 여행하기 좋은 시기는 건기 중에서도 12~3월이다. 지나치게 덥지도 않고 쾌적하다. 4~5월은 가장 더운 시기이며 남부 지방은 35도 이상까지 올라간다. 또 우기 전 농사 준비를 위해 들판에 불을 질러 공기가 탁하고 하늘이 뿌옇다. 4월 중순에는 라오스의 가장 큰 축제 삐마이에 참석하기 위해 많은 사람들이 루앙프라방을 찾는다. 남북으로 긴 라오스의 지리적 특성상 북부와 남부 지방 기온차가 큰 편. 11~1월 북부지방은 밤에 0도까지 내려가니 두툼한 점퍼를 꼭 챙겨야 한다. 국내 여름 휴가철인 7~8월은 우기지만 스콜성이라 여행에 큰 지장을 주지 않는다. 남부는 낮에, 북부 지방은 밤에 주로 비가 온다.

> **Tip** *라오스로 가는 또 다른 방법*
> 에어아시아에서 방콕-비엔티안, 방콕-루앙프라방을 잇는 항공편을 무척 저렴하게 판매하고 프로모션 티켓도 많아 방콕과 연계해서 여행하는 사람들이 늘고 있다. 프로모션 티켓으로 방콕까지 간 후 방콕에서 기차로 국경까지 이동, 라오스로 입국하는 경우도 있다.
> **Data** 에어아시아 www.airasia.com

D-50
MISSION 2 항공권을 득템하자

여행 경비에서 가장 큰 부분을 차지하는 것이 항공권이다. 현재 라오항공, 대한항공, 진에어, 티웨이항공에서 인천-비엔티안 직항을 운행한다. 라오스 국적기인 라오항공은 일주일에 3번 부산-비엔티안 노선도 갖추고 있다. 성수기와 비수기 스케줄이 달라지니 미리 체크하자. 인천-루앙프라방 직항은 없어졌으나, 수요에 따라 생길 수도 있다.

1. 어디서 살까?
항공권은 평균 40~50만 원. 성수기에는 70만 원까지 올라간다. 항공편이 많지 않아 원하는 시간과 가격대를 맞추려면 미리 예약하는 것은 필수다. 땡처리로 다녀올 수 있는 다른 동남아 국가들보다는 조금 일찍 항공편 서치에 나서는 것을 추천한다. 프로모션을 이용하면 20~30만 원에도 득템 가능하니 항공권 비교사이트 및 항공사 SNS를 자주 살펴보자. 최근 라오항공에서 한국 승객을 위한 공식 판매지사를 두어 훨씬 편리해졌다. 항공권 특가를 알려주는 모바일 앱 '플레이윙즈'에 관심국가를 등록해놓으면 특가가 뜰 때마다 알려준다.

한국 공식 라오항공 www.e-laoair.com
진에어 www.jinair.com
티웨이항공 www.twayair.com
스카이스캐너 www.skyscanner.co.kr
익스피디아 www.expedia.co.kr

2. 주의할 점은?

탑승자명을 확인하자
항공 티켓과 여권의 영문 이름이 똑같아야 한다. 발권이 안될 수도 있으니 확인 또 확인!

공항세Tax를 확인하자
사이트에 명시된 금액에 유류할증료, 출국세, 공항세 등 모든 텍스를 포함한 최종 항공권 가격이 얼마인지를 미리 확인하는 것은 필수.

티켓의 조건을 확인하자
항공권의 유효기간을 확인하고 날짜 변경, 취소 가능 여부 등에 대한 조건도 사전 확인이 필요하다. 저가 항공일수록 환불 및 교환이 어렵다.

추가요금 주의
저가 항공일 경우 정말 기본적인 서비스만 제공하는 경우가 대부분이다. 공항 체크인, 좌석 지정, 기내식, 담요, 수하물 등 모두 추가로 금액을 지불해야 한다. 기본요금만 지불하고 탑승할 것이 아니라면 추가 비용을 꼼꼼히 따져보는 것이 좋다. 인터넷 결제 시 신나게 YES를 클릭하다 보면 최종가격은 처음의 그 가격에서 멀어져 있다. 여행자 보험을 든 사람이라면 보험여부에 NO를 클릭해 이중 지출이 없도록 하고 수하물의 수를 줄이는 것이 싸게 가는 방법이다. 또한 수하물 무게 한도에 무척 엄격한 편이라 무게를 초과하면 추가 요금을 지불해야 한다. 기내식과 담요는 미리 주문하지 않아도 원하면 비행 중에 주문할 수도 있다.

발권일을 지키자
예약해놓고 발권을 하지 않으면 좌석이 취소될 수 있다. 기간 내에 결제해 발권까지 해야 진정한 내 표가 된다.

D-40
MISSION 3 여권을 체크하자

라오스에 입국하려면 출발일을 기준으로 유효기간이 최소 6개월 이상 남은 여권이 필요하다. 단수여권 역시 사용가능하다. 해외여행 준비에서 여권 체크는 필수. 없다면 발급받도록 하자.

1. 어디에서 만들까?
서울에서는 외교통상부를 비롯한 대부분의 구청에서, 그 외 지역에서는 도청이나 시청의 여권과에서 발급받을 수 있다. 인터넷 검색창에 '여권 발급 기관'을 검색하면 자세한 정보를 얻을 수 있으니 가까운 곳을 선택해 방문하면 된다.

2. 무엇이 필요할까?
- 여권발급신청서
- 여권용 사진 1매(6개월 이내 촬영한 사진)
- 사진이 부착된 신분증
- 병역관계서류
- 가족관계 기록사항에 관한 증명서

(수수료: 일반 10년 복수여권 기준 24면 50,000원, 48면 53,000원)
※**외교부 여권안내 홈페이지**
www.passport.go.kr

3. 어떻게 만들까?
전자여권은 발급 대행이 불가능하기 때문에 본인이 신분증을 지참하고 직접 신청해야 한다. 단, 18세 미만은 대행 신청이 가능하다. 여권은 접수 후 3~7일 정도 소요된다.

4. 여권을 잃어버렸거나 기간이 만료됐다면?
재발급 절차는 여권을 발급받을 때와 비슷하지만 재발급 사유서 서류가 추가된다. 분실 시는 분실 신고서를, 여권이 훼손되었을 경우는 훼손 신고서를 구비해야 한다. 연장 신청은 여권 만료일 1년 이내에 할 수 있으며 유효기간이 남은 구여권은 반납해야 한다.

> **Tip** *라오스에서 여권을 분실했다면?*
> 잃어버린 관할지역 경찰서에 가서 사건경위서를 발행하는 것이 첫 번째. 그 후 비엔티안에 있는 라오스 이민국에서 임시 여권 또는 여행증명서를 발급받은 후 라오스 영사국에서 출국허가를 받아야 출국할 수 있다.
> ※**주 라오스 대한민국대사관 영사관**
> 전화 021-5557-0527(긴급)
> 홈페이지 laos.mofa.go.kr

5. 군대 안다녀온 사람은?
복수 여권의 발급은 가능해졌지만 25세 이상의 군 미필자는 여전히 허가를 받아야 한다. 병무청 홈페이지에서 신청서를 작성하면 이틀 후 국외여행허가서와 국외여행허가증명서를 출력할 수 있다. 국외여행허가서는 여권발급 시, 국외여행허가증명서는 공항에 있는 병역신고센터에 제출하면 된다.

D-30
MISSION 4 숙소를 예약하자

1. 라오스에는 어떤 숙소가 있나?

비엔티안과 루앙프라방 같은 큰 도시에서는 리조트, 호텔, 게스트하우스 등 다양한 숙소를 찾을 수 있다. 여행자들이 많이 찾는 방비엥에도 제법 큰 규모의 호텔들이 들어서는 추세다. 주요도시 세 곳을 벗어나면 게스트하우스가 대부분이다. 게스트하우스 중에서도 콘크리트, 목조, 대나무 순으로 가격이 달라진다. 현지인 혹은 현지인과 결혼한 외국인 부부가 운영하며 대부분 작은 식당을 함께 가지고 있다.

2. 예약 vs 워크인

한국에서 미리 예약을 하고 갈 것인가, 도착 후 발품을 팔아 구할 것인가에 대한 질문을 많이 받는다. 도시마다 게스트하우스가 많은 편이라 찾는데 큰 어려움은 없다. 다만, 비엔티안의 경우 미리 예약하는 것을 추천한다. 국내항공을 타고 갈 경우 저녁 늦게 도착하는데 밤에 낯선 도시를 돌아다니며 숙소를 구하는 것이 쉽지 않기 때문. 항공권과 함께 나오는 에어텔 상품을 잘 이용하는 것도 저렴하게 숙소를 예약하는 방법이다. 방비엥은 호텔이나 리조트에서 묵는다면 미리 예약을 추천하고 게스트하우스라면 워크인도 괜찮다. 루앙프라방은 세계 각국의 여행자들이 몰리는 곳이다. 인기 숙소는 금방 만실되며 중급 숙소의 경우에도 워크인과 금액 차이가 크지 않아 미리 예약을 추천한다. 물론, 발품을 팔수록 저렴한 곳을 구할 수 있다. 그 외의 도시에는 직접 찾아가서 방을 보고 결정하는 것이 일반적이다. 미리 예약할 시 금액은 3배 정도 차이가 난다. 〈라오스 홀리데이〉에서는 한국인 기준으로 만족할 만한 수준의 숙소들을 엄선해서 소개하고 있다.

아고다 www.agoda.com
익스피디아 www.expedia.com
트립 어드바이저 www.tripadvisor.co.kr
에어비앤비 www.airbnb.co.kr

D-20
MISSION 5 여행정보를 수집하자

1. 책을 펴자
라오스의 최신 정보를 담은 〈라오스 홀리데이〉를 펼쳐보자. 여러모로 검증된 정보와 책에서 소개하는 즐길 거리를 바탕으로 나만의 여행코스 밑그림을 그려볼 것. 단, 출간 시일에 따라 철 지난 정보가 있을 수 있으니 감안하고 봐야 한다.

2. 인터넷을 켜자
다수의 사람들이 실시간으로 쏟아내는 정보들이 인터넷 안에 있다. 블로그나 트립어드바이저 같은 사이트들을 통해 생생한 여행 후기를 접할 수 있다. 단, 지나치게 주관적인 부분은 감안해서 참고하도록 하자. 여행자들을 위한 커뮤니티가 잘 발달되어 있어 궁금한 점이 있다면 실시간으로 피드백 받을 수 있다. 요즘은 지도와 여행 정보가 담긴 모바일 어플리케이션도 출시되어 미리 다운받아 가면 편리하다. 대표 커뮤니티로는 빠삭한 동남아 정보를 얻을 수 있는 '태사랑'과 라오스 여행 전문 '고알라'가 있다. 페이스북 페이지 'Thailand, Cambodia, Laos and Vietnam Backpacker'에서는 전 세계 여행자들과 정보 교환은 물론, 여행 동행자 찾기, 물건 사고팔기가 가능하다. 여행 어플 '설레여행'은 실시간 여행 리뷰와 동행자를 찾는 데 도움이 된다.

태사랑 www.thailove.net
고알라 cafe.naver.com/goalla
트립어드바이저 www.tripadvisor.co.kr
트래블 피쉬 www.travelfish.org

D-10

MISSION 6 알뜰하게 환전하기

라오스에서는 공식 통화인 낍kip을 사용한다. 여행 중에는 대부분 현금으로 지출하되 비상용으로 신용카드를 준비하는 것이 좋다. 현금카드 기능이 있는 신용카드라면 ATM을 이용하여 인출할 수 있다. 웬만한 도시와 마을에는 은행, ATM을 갖추고 있지만 작은 섬에는 없으니 미리 체크하자.

현금 환전

국내 은행에서는 낍으로 직접 환전이 불가능하다. 따라서 미국 달러로 바꿔가 현지에서 낍으로 바꿔야한다. 환율은 1$=8,000K(낍) 정도이며, 1만 낍에 1,500원 정도라고 생각하면 편하다. 공항이나 호텔은 환율을 상대적으로 낮게 쳐준다. 은행 혹은 거리 환전소를 이용하는 것이 좋다. 큰 도시일수록 환율이 좋다. 비엔티안 〉루앙프라방 〉방비엥 순이다. 지폐별로 적용 환율이 다르며 100달러짜리가 가장 높은 환율을 받을 수 있다. ATM 이용 시 하루 70만 낍까지만 인출 가능하며 2만 낍의 수수료가 발생한다.

MISSION 7 여행자보험 가입하기

1. 여행자 보험 꼭 들어야 할까?

타지에서 여행을 하면서 어떤 일을 겪게 될지는 누구도 예상할 수 없다. 외부 활동이 많아지는 만큼 다치거나 아파서 병원에 갈 확률도 높아지고 귀중품을 도난당하는 일도 생긴다. 이런 경우를 대비하는 것이 바로 여행자 보험이다. 특히 라오스는 병원비가 비싸고, 소도시에서는 의료 시설이 잘 갖춰져 있지 않아 큰 도시, 심할 경우 태국까지 가야 한다. 다치지 않는 것이 최선이지만, 여행자 보험은 최악의 상황에서 짐을 덜어주는 역할을 한다.

2. 어떻게 가입할까?

여행자 보험은 인터넷이나 여행사를 통해 신청할 수도 있고 출발 직전 공항에서 가입할 수도 있다. 당연히 공항에서 드는 보험이 가장 비싼 편. 요즘은 여행 어플리케이션을 통해 더욱 쉽게 가입할 수 있다. 사실 여행자가 겪게 되는 일은 도난이나 상해가 대부분이니 이 부분에서 보장이 얼마나 잘 되어 있는가를 꼼꼼히 확인해보자.

3. 증빙 서류는 똑똑하게 챙겨 제대로 보상받자

서류가 미비하면 제대로 보상을 받기 힘드니 도난을 당하거나 사고로 다쳤을 경우 경찰서나 병원에서 받은 증명서와 영수증 등은 잘 보관해두어야 한다. 귀국 후에는 보험회사로 연락해 제반 서류들을 보내고 보상금 신청 절차를 밟는다. 병원 치료를 받은 경우 병원 진단서와 병원비 및 약품 구입비 영수증 등을 꼼꼼하게 첨부한다. 도난을 당했을 경우 '분실Lost'가 아니라 '도난Stolen'으로 기재된 도난증명서를 제출해야 한다. 도난 물품의 가격을 증명할 수 있는 쇼핑 영수증도 첨부할 수 있다면 더 좋다.

D-1
MISSION 8 완벽하게 짐 꾸리기

꼭 가져가야 하는 준비물

여권 없으면 출국부터 불가능하다. 사진이 있는 첫 페이지를 핸드폰에 찍어두고 사본으로 몇 장 가지고 가면 혹시 모를 사고 시 빛을 발한다.

항공권 전자항공권 이티켓 시대지만 출력해 가지고 다니면 혹시 모를 상황에 요긴하다.

호텔 바우처 숙소 예약을 확인할 수 있는 바우처를 출력해가자. 지방으로 갈수록 중복 예약 혹은 예약이 되어있지 않는 등 문제가 생기는 경우가 종종 있다. 이때 해결을 용이하게 해준다.

여행경비 현금, 신용카드, 현금카드 등 빠짐없이 챙기기. 단위가 큰 지폐가 환율이 가장 잘 쳐주지만 공항과 도착하자마자 쓸 돈은 작은 단위로 가지고 가는 것이 좋다. 대형 호텔과 고급 레스토랑 외 신용카드 사용은 거의 불가능하다고 보면 된다.

카메라 남는 건 사진밖에 없다. 충전기를 빼먹는 경우가 많으니 충전기와 넉넉한 메모리 카드는 체크 또 체크. 물놀이나 액티비티가 많아 액션캠, 방수팩이 있으면 더 즐거운 추억을 남길 수 있다.

가방 돌아다닐 때 들 작고 가벼운 가방과 물놀이할 때 귀중품을 보호해줄 방수팩이 있으면 편리하다.

의류 가벼운 옷차림 위주로 준비. 지역별로 기온차가 크니 가는 도시의 날씨를 미리 체크하자. 우리나라 겨울 시기에 북쪽 도시는 생각보다 무척 쌀쌀하다.

신발 발 편한 신발이 최고다. 강과 계곡, 동굴이 많아 아쿠아슈즈, 미끄럼 방지 신발 등이 있으면 편리하다.

선크림 이글거리는 태양 아래 피부를 보호해줄 선크림은 필수!

수영복 블루라군과 꽝시 폭포, 메콩 강이 우리를 기다리고 있다.

비상약 평소 복용하는 약 외에 설사약, 감기약, 항생제, 멀미약, 밴드 등을 준비하자.

세면도구 호텔과 리조트 어메니티는 기대하지 않는 편이 좋다. 샤워용품과 클렌징, 치약, 칫솔은 챙겨가자. 물론 구입도 가능하다.

화장품 꼭 필요한 만큼 작은 용기에 덜어가거나 샘플을 사용하면 편리하다. 요즘은 다양한 브랜드에서 트래블 팩을 선보이고 있다.

가이드북 아무리 인터넷이 발달했다지만 매번 검색할 순 없다. 지도와 정보가 가득한 가이드북은 여행을 훨씬 수월하게 도와준다.

가져가면 편리한 준비물

모자 뜨거운 태양을 막아주고 패션리더로 등극시켜줄 모자 하나쯤 있으면 좋다. 현지에서도 저렴하게 구입 가능하다.

선글라스 휴가지에서 빠지면 섭섭한 아이템. 강력한 자외선으로부터 눈을 보호하자.

우산 우기라면 갑작스런 소나기에 대비하여 작은 3단 우산 하나 챙기는 센스.

셀카봉 배경과 함께 최상의 내 모습을 담기 위한 준비물.

비닐봉투 젖은 옷이나 빨래할 옷을 분리하고 잡동사니를 담는 등 다양한 용도로 사용 가능하다. 지퍼백은 남은 음식이나 영수증 보관에 탁월하다.

휴대용 과도 망고와 열대과일을 신나게 먹기 위한 준비물. 출국 시 수화물에 넣어야 하며 현지 슈퍼에서도 살 수 있다.

빗&드라이기 빗과 드라이기가 구비된 숙소는 거의 없다. 있다 하더라도 드라이기 바람이 광장히 약한 편. 드라이가 생명인 사람이라면 가져가는 것이 좋다.

손톱깎기 없으면 섭섭한 물품 1호.

생리용품 그날이 예상된다면 자신이 쓰던 제품을 준비해가는 것이 여행을 덜 힘들게 할 것이다.

어댑터 220V인 한국과 다르게 라오스는 230V다. 하지만 웬만한 전자 기기는 무리 없이 작동하며 콘센트 또한 똑같다. 다만 시골에는 11자 콘센트가 있기도 하니 멀티 어댑터를 가져가면 편리하다.

MISSION 9 무사히 입국하기

1. 서류 작성하기

입국신고서만 잘 작성하면 별 문제없이 입국이 가능하다. 비행기에서 승무원이 출입국 신고서와 세관신고서를 함께 나눠준다. 영문으로 작성해야 하며 도착지 주소는 호텔 이름으로, 여행 목적은 'Holiday'나 'Travel' 정도로 적으면 된다.

- 세관 신고서
- 입국 신고서
- 출국 신고서

> **Tip 겨울에 출국 시 외투 보관하기**
> 국내 겨울에 출국할 때마다 처치곤란이 되는 두툼한 코트! 외투를 맡아주는 서비스를 이용하여 가볍게 여행을 떠나보자.
> **클린업에어** 인천공항 지하 1층 **전화** 032-743-1523
> **마이코트룸**(픽드롭 서비스 제공) **전화** 010-8300-9848 **홈페이지** www.mycoatroom.com

2. 입국 심사 받기

입국 심사대에 여권과 미리 작성한 출입국 신고서를 제출하자. 심사원이 여권에 출국 신고서를 붙여주며 머물 수 있는 날짜(15일)를 적어준다. 대체로 관광객에게 많은 것을 물어보지 않는다. 날짜가 제대로 적혔는지 확인하는 것이 좋다.

중요! 15일 이상 체류를 원할 경우

공항과 국경에서 30일 단수 비자를 신청할 수 있다. 비행기 승무원에게 비자 신청서를 요청하면 준다. 입국 심사대 전 'visa on arrival'에서 발급받을 수 있다. 30달러와 증명사진 (2.5x3) 2매를 지참해야 한다. 날짜가 남았다 하더라도 라오스를 출국하면 비자는 자동 소멸된다. 비자 날짜를 어기면 하루당 10달러의 벌금을 내야 한다.

3. 수하물 찾기

탑승했던 항공편이 표시된 레일로 이동해 짐을 찾는다. 다른 짐과 구분할 수 있는 네임텍 등을 달아놓으면 찾기 쉽다. 수하물 분실 시 해당 항공사에 분실 신고를 해야 한다.

4. 세관

세관신고서를 작성 후 신고할 것이 없으면 녹색 사인Nothing to declare 쪽 줄에서 대기하면 된다. 면세 한도는 1인당 50달러, 담배 500개피, 주류 1리터까지 반입가능하다. 1만 달러 이상의 현금 혹은 물품을 소지 시 신고해야 한다.

• 비자신청서

꼭 알아야 할 라오스 필수 정보

라오스는 동남아시아의 중심에 위치, 태국과 캄보디아, 베트남, 미얀마, 중국에 둘러싸인 내륙 국가이다. 18개의 주州로 나뉘며 수도는 중부 비엔티안 주에 위치한 비엔티안이다.

언어
공식 언어는 라오어이다. 태국어와 비슷하며 성조가 있어 외국인이 따라 하기 쉽지 않다. 주요 관광지에서는 영어가 공용으로 사용된다. 소수민족들은 그들만의 고유 언어를 사용한다.

시차
한국보다 2시간 느리다.

면적
약 236,800㎢로 한반도의 1.1배이다.

인구
약 700만 명

종교
65% 이상이 불교를 믿는다. 주류민족인 라오족은 90% 이상이 불교신자다. 소수민족들이 믿는 다양한 토착신앙이 존재한다.

기후
연평균 29도로 1년 내내 더운 아열대성 기후. 11~5월 건기, 6~11월 우기로 나뉜다.

통화
라오스 낍kip를 사용하며 표기는 K로 한다. 지폐단위는 500, 1000, 2000, 5000, 10000, 20000, 50000, 100000로 나뉜다. 동전은 거의 사용하지 않는다.

전압
230V. 플러그는 똑같다. 간혹 시골에서 11자 콘센트를 사용하기도 한다.

전화
로밍을 하거나 스마트폰일 경우 현지 유심을 사서 금액 충전 후 끼우면 바로 사용가능하다. 국가 번호는 856이다. 비엔티안 주의 지역번호는 021, 루앙프라방 주는 071, 팍세는 031이다. 현지에서 전화를 걸 때에는 0을 누르고 번호를 눌러 전화를 한다.
※예: (0을 길게 누르면 +로 바뀐다)+856(국가번호)-21(지역번호)-123-4567

비자
입국일 기준으로 여권의 유효기간이 6개월 이상 남아 있을 경우 15일 무비자 입국 가능하다. 15일 이상 머물 시 공항 혹은 국경에서 비자를 신청해야 한다.

S.O.S 라오스

주라오스 한국 대사관
Embassy of the Republic of Korea
주소 Lao-Thai Friendship Road, Ban Watnak, Sisattanak District, P.O.Box7567 Vientiane
전화 021-352-031, 근무시간 외 020-5829-0080
홈페이지 lao.mofa.go.kr

재라오스 한인회
주소 Unit 05, Ban Hisok, Chantaburi Distric, Vientiane
전화 020-5555-2112, 070-8899-1133
홈페이지 homepy.korean.net

주요 긴급 연락처
경찰 191
소방서 190
비엔티안 앰뷸런스 195
비엔티안 Mahosot International Clinic 021-214-022,
응급실 021-240-656

INDEX

ENJOY

100 폭포 투어	316
LVJ 마사지	142
MAG	294
UXO 생존자 센터	295
골든 부다	229
국립 박물관	088
꽝시 폭포	183
남우 강	314
남하 국립보호구역 트레킹	342
노천온천	296
농키아우 모닝마켓	317
농키아우 전망대	315
대통령 궁	088
돈 뎅	233
돈 콘	264
동굴 튜빙	135
딸랏 다오흐앙	228
땃 로	231
땃 판	231
루 한 맹인 마사지	295
루앙남타 박물관	341
리피 폭포	265
만다리나 마사지	142
메콩 강	262
몽족 마을	296
므앙 쿤	292
므앙응오이	318
반 쌍하이	185
반 판루앙&반 쌍콩	184
볼라벤 고원	230
부다 파크 (씨엥쿠안)	093
블루라군	137
빠뚜싸이	086
사바이디 타이	142
쎈다오 마사지	141
썬셋 튜빙	263
암벽등반	136
열기구	140
왓 루앙	228
왓 마이	178
왓 미싸이	085
왓 씨므앙	084
왓 씨사켓	082
왓 씨앙통	175
왓 위쑨나라	178
왓 푸	234
왓 호 프라깨우	084
왕궁박물관(호 캄)	176
짚라인	134
쫌 펫	185
참파 스파	095
참파싹	232
참파캄 마사지 앤 스파	095
카약 투어	266
카약킹	134
코프 방문자 센터	087
콕싸앗 소금마을	092
콘파펭 폭포	265
탁밧	182
탐 파톡	317
탐 피우	294
탐짱 동굴	140
탓 담	087
탓 루앙	083
탓 루앙남타	341
탠저린 가든 스파	094
튜빙	133
트리톱 익스플로러	236
파 폭 동굴 전망대	140
파우 동굴	179
푸 시	177
항아리 평원	290

EAT

가 모어 바&레스토랑	270
3 페드 퓨전	196
게리스 아이리쉬 바	152
게코 바	323
그린 레스토랑	149
네이키드 에스프레소 카페	108
노이스 프루트 헤븐	109
누들 숍	298
니샤 레스토랑	298
다오린 레스토랑&커피	241
델타 커피	244
도가니 국수	097
독마이 이탈리안 레스토랑	243
딘 인디언 레스토랑	322
딜라일라스 플레이스	321
라오 팔랑 레스토랑	297
라오라오 가든	201
라오키친	100
라이스 플레이스	345
랑캄 쌀국수	241
레게 바	271
레이스 그릴	104

루앙남타 야시장	343	스위트 무	109	큐 바	322
루앙프라방 나이트마켓	189	스트리트 뷰	267	크레이터스	298
루앙프라방 베이커리	151	쑤언마이 레스토랑	242	키아스 백패커 파라다이스	267
르 바네통	108	씨앙통 국수	190	타마린드	193
르 바네통 카페	201	아담스 바	270	탱고	196
르 실라파	103	아더사이드	149	팍폰 싸바이 북 앤 아트	324
르 트리오 커피&코코 앤 코	105	아미고스 방비엥	147	퍼 쎕	096
르 파노라마	239	아텐스	240	펫다완 뷔페	323
마니콩 베이커리	344	알렉스 레스토랑	321	폰싸이 레스토랑	299
마이너리티 레스토랑	345	얼스 리사이클 바&레스토랑	152	푸캄 농수산 시장	299
막펫	101	엣 홈	111	피자 루카	146
만다 드 라오스	194	엔 싸바이	200	피자 판루앙	195
미스 솜시 국수	190	완탕 국수	098	피핑 쏨스	145
미스터 빈스 티&커피 하우스	269	위앙싸완	102	하누만스	269
바나나 레스토랑	148	유토피아	191	하싼 레스토랑	243
밤부 라운지	343	자스민 레스토랑	269	하이싼 베트남	242
밤부즐	297	재지 브릭	111	한 쌈 으아이 닝	097
방비엥 원조 돼지구이 BBQ점	145	정글 파티	153	해피 바	271
보 빼 냥 레스토랑&바	110	조니스 레스토랑	268		
뷰포인트 카페1	92	조마 베이커리 카페	106, 201	**BUY**	
블루라군	197	주엘라 레스토랑	344	딸랏 사오 몰	113
비다 베이커리 카페	245	찬토마 돈 콘 레스토랑	272	루앙프라방 모닝마켓	202
비아비아	104	참파 라오 더 빌라	151	루앙프라방 야시장	203
비원	148	촉 디 카페 벨기에 비어 바	110	비엔티안 강변 야시장	112
비타 레스토랑	324	카페 시눅	107, 244	비엔티안 센터	113
빅 트리 카페	200	카페 에에	150	홈 아이디얼	113
사쿠라 바	153	캄마니사이	268		
사프론 커피	199	캄퐁 보트 레스토랑	240	**SLEEP**	
생알룬	272	컵 짜이 더	101	D3 나가스 루앙프라방 엠겔러리 바이 소피텔	208
순타라	099	코코 홈 바&레스토랑	320	골든 로터스 플레이스	212
		코코넛 가든	198	그린 게스트하우스	275
		쿵스 카페	102	그린 뷰 리조트	155

INDEX

그린 파크 부티크 호텔1	15
나이스 게스트하우스	302
남우 리버 로지	324
남차이 게스트하우스	302
남훈 게스트하우스	329
낭노이 게스트하우스	250
녹노이 란쌍 게스트하우스	214
농키아우 리버사이드	324
닝닝 게스트하우스	331
더 루앙사이 레지던스	206
더 벨르 리브	209
더 엘리펀트 크로싱 호텔	156
더 힐사이드 레지던스	301
도몬 게스트하우스	157
독참파 호텔	346
돈뎃 방갈로	276
드림홈 호스텔	123
딜라일라스 플레이스	328
라오 오키드 호텔	119
라오스 헤븐 호텔 앤 스파	159
라타나웡싸 방갈로	330
랑캄 호텔	251
럭케오 선셋 게스트하우스	330
레인보우 게스트하우스	331
리버뷰 방갈로	331
리버사이드 부티크 리조트	154
리틀 에덴	274
리피 미싸이 게스트하우스	303
마니찬 게스트하우스	213
마니찬 게스트하우스	347
마마 루어스&르 비쥬	275
마이 라오 홈 부티크 호텔	212
메종 수완나폼 호텔	209
메콩 리버뷰 호텔	207
무궁화 게스트하우스	215
문라이트 참파	121
미스터 토스 방갈로	277
미스터 파오스 리버뷰 게스트하우스	277
미싸이 게스트하우스	325
미싸이 파라다이스	122
미쏙 인&미쏙 게스트하우스	122
바나나 방갈로	157
바바 게스트하우스	273
방비엥 부티크 호텔	158
블루 게스트하우스	157
비엔티안 가든 호텔	118
비엔티안 스타 호텔	120
빅토리아 씨앙통 팰리스	205
빌라 산티 호텔	208
사바이디 2 게스트하우스	251
살라 돈 콘 호텔&리조트	278
살라나 부티크 호텔	116
샌다오 치타왕 게스트하우스	329
샌아룬 호텔	249
샌알문 리조트	279
샌타완 리버사이드 호텔	120
선라이즈 게스트하우스	325
선셋 게스트하우스	328
선셋 방갈로	277
센트럴 백패커스	160
셋타 팰리스 호텔	114
소피텔 루앙프라방	204
솜짓 게스트하우스	214
수파폰 게스트하우스	121
스파트 게스트하우스	123
실버 나가 호텔	156
씨탄 게스트하우스	326
아누락 켄 라오 호텔	300
아테나 호텔	248
안사라 호텔	117
알리사 게스트하우스	250
오버지 살라 인펭	118
왕마니 게스트하우스	326
이비스 비엔티안 남푸	119
인티라 방비엥	158
젠니다 게스트하우스	300
조니스 플레이스	276
주막 게스트하우스	161
주엘라 게스트하우스	347
찬탈라 게스트하우스	159
참파삭 그랜드 호텔	246
참파삭 팰리스 호텔	248
콩 깨오 게스트하우스	301
테나 게스트하우스&방갈로	276
통베이 게스트하우스	213
툴라싯 게스트하우스	346
파카 게스트하우스	279
팍세 호텔	247
판스 플레이스	160
판타손 게스트하우스	215
펑키 멍키 호스텔	123
품차이 게스트하우스	159
피다오 호텔	249
화이트 오키드 게스트하우스	303

내 생애 최고의 휴가
Holiday

"당신의 여행 컬러는?"

최고의 휴가는 **홀리데이 가이드북 시리즈**와 함께~

꿈의지도